Max Küng • Die Rettung der Dinge

W0108733

Max Küng
Die Rettung der Dinge

KEIN & ABER
POCKET

Ebenfalls von Max Küng:
Wenn du dein Haus verlässt, beginnt das Unglück

Die Texte im vorliegenden Band sind eine überarbeitete Auswahl
von Kolumnen der Jahre 2009 bis 2017 aus *Das Magazin*.

Inhaltsverzeichnis

Gebrauchsanweisung zur korrekten Handhabung des Buches *Die Rettung der Dinge*

Zuerst möchte ich mich herzlich für den Kauf dieses Buches bedanken. Ich verspreche Ihnen, dass ich mit meinem Anteil am Verkaufserlös keinen Blödsinn anstellen werde. Ich werde das Geld anständig und wohlüberlegt investieren. Vor allem aber hoffe ich, dass Ihnen das Buch lange Freude bereitet. Damit dem so sein wird, möchte ich Ihnen ein paar Worte zur Anleitung zum richtigen Umgang mit auf den Weg geben. Lassen Sie mich deshalb kurz erklären:

»Früher« ist ein schwieriges Wort. Kolumnisten verwenden es gerne, um damit Texte zu beginnen. Sie können davon ausgehen, dass »früher« funktioniert, denn es ist eine Art Dosenöffner zum Öffnen der Büchse der magischen Geheimnisse der Vergangenheit. Weil doch alle wissen, dass früher alles besser war, schöner, menschlicher. Früher hatte man noch kein Handy, sondern Zeit und Muße. Früher war das Leben beschaulich. Früher musste man die Haustüre nicht abschließen. Früher grüßten sich die Leute auf der Straße. Früher waren die Jugendlichen freundlich. Früher tat einem der Rücken nicht weh. Früher ... ach, früher.

Früher zieht immer, denn für viele Menschen scheint das JETZT nicht wirklich zufriedenstellend – und noch schlimmer: Die Zukunft wartet unausweichlich, bedrohlich wie ein finsterer Schläger in einer dunklen Gasse. Also blickt man anstatt in das schwarze Loch namens Zukunft gerne zurück in die bunt schillernde Vergangenheit. Es ist so, wie einen Film zu sehen, den man schon einmal gesehen hat: Man weiß, was geschieht.

Früher, da fing alles an: Die erste fixe Kolumne schrieb ich für *Cashual*, ein Lifestyleableger der Wirtschaftszeitung *Cash* aus dem Hause Ringier. Nach wenigen Ausgaben wurde *Cashual* bereits wieder eingestellt, aber eben: Damals und dort fing alles an. Nicht viel später entstanden meine ersten Kontakte zur Redaktion von *Das Magazin,* und es war im Jahr 1999, als meine erste Kolumne in der Serie *Enzyklopädie des Alltags* erschien (sie handelte von der Schönheit der VHS-Kassette, war nostalgischer Natur ... es ging also früher schon um früher ...). Und am 25. März 2000 erschien die allererste Kolumne unter dem Label *Küng*, mit dem Titel *Winds of Change,* und sie handelte von der Vermutung, dass das Programm von Radio DRS 3 (heute Radio SRF 3) junge Menschen in die Drogensucht trieb. Ja, und seit- her schreibe ich Kolumnen für *Das Magazin*, Woche für Woche. Ich bin also schon ein Weilchen im Geschäft (siehe dazu auch S. 65: *Liebe Hazel Brugger*), und es ent- standen in diesen Jahren wohl knapp tausend Kolum- nen, präzise weiß ich es nicht. Natürlich könnte ich sie zählen, aber ehrlich gesagt, habe ich dazu keine Lust. Lust aber hatte ich, die besten Kolumnen auszusuchen und in dieses Buch zu packen. Es sind Texte, welche zwischen 2009 und heute erschienen sind.

Und nun sollte ich endlich dem Titel dieses Vorworts gerecht werden, mit dem Gerede von früher aufhören und erklären, wie dieses Buch zu handhaben ist.

2.

Früher war ich DJ. Es war in einem Leben, in dem die Wohnungsmiete dreistellig war, es noch keine eigenen Kinder gab und auch sonst wenig Verpflichtungen an- standen. Die Wochen bestanden aus Spaß, Party und wenig Arbeit – das Leben schien eine ins zeitlich Un- bestimmte ausgedehnte Pubertät. DJ wurde ich eher aus Zufall, oder besser gesagt: Um meinem Hobby eine soziale Note zu verleihen. Mein Hobby war das Sammeln von Schallplatten. Und je schwieriger eine solche Schallplatte zu beschaffen war, desto begehrens- werter erschien sie mir. Früher konnte man sich die

Ware nicht im Internet bestellen, downloaden schon gar nicht, man musste zu den Dingen hinreisen, sie in den Plattenläden in Brüssel oder Berlin aufstöbern. Ja, früher …

Am liebsten legte ich Platten auf, zu denen man nicht tanzen konnte. Western-Filmmusik. Japanische Versionen von *Hair*. Streicherversionen von *Light My Fire*. Das war nicht selten Musik, die bloß mir gefiel – was dann und wann ein Problem darstellte. Denn es ließ sich nicht vermeiden, dass man auch an Anlässen auflegte, an denen die Menschen eindeutig das Bedürfnis hatten, zu tanzen. Menschen tanzen gerne. Manchmal habe ich das Gefühl, Tanzen ist eine Art physische Version des Sich-an-früher-Erinnerns. Und wenn einen Tanzwillige erwartungsvoll bis bedrohlich anblicken, dann kann man natürlich schlecht ein Stück aus Pierre Henrys Komposition *Variations pour une porte et un soupir* spielen, sosehr man es auch mag. Also: Man kann schon, aber nicht gleich. Man muss die Leute zu jenem Punkt hinführen, an dem sie einem vertrauen – respektive abwarten, bis sie so betrunken sind, dass sie zu allem tanzen, eben auch zu knarzenden Türen.

Mit der tanzbaren Musik ist es nämlich so eine Sache, denn einerseits weiß man, was funktioniert, andererseits hat man gewisse Ansprüche, Standards, einen gewissen

Stolz auch, nicht die simpelsten, dumpfsten, abgenu-
deltsten Werkzeuge zu gebrauchen.

Die 80er-Jahre funktionierten damals meistens recht
gut, denn sie erinnerten an ein nicht zu fernes Früher.
Es war das eigene Früher, nicht das schreckliche Früher
der Eltern. Und so wie manche Songs Werkzeuge waren, um das Eis auf dem Tanzboden zu brechen, so gab
es andere Platten mit anderen Funktionen.

Eine Scheibe aus den 80ern, welche ich oft spielte, war
Just Can't Get Enough von Depeche Mode aus dem mu-
sikalisch recht fruchtbaren Jahr 1981. Die Normalver-
sion dieses Songs dauert 3 Minuten und 41 Sekunden.
Das ist für einen Hitsong eine gute Länge, auf jeden
Fall nicht zu kurz. Songs sind ja ähnlich wie Bücher. Es
kommt auf die richtige Länge an. Zu kurz: Schlecht,
denn die Leute haben das Gefühl, um etwas betrogen zu
werden, nicht genug für ihr gutes Geld zu bekommen.
Zu lang: Auch schlecht, denn die Leute haben Angst vor
der Unbewältigbarkeit einer zu schweren Aufgabe. (Bei
Büchern gilt scheinbar: Alles unter 400 Seiten ist gerade
noch in Ordnung, perfekt übrigens sind 365 Seiten.)

Nun aber gab es von *Just Can't Get Enough* auch eine
Maxisingle-Version von knapp neun Minuten Spiel-
dauer. Neun Minuten ist für einen Song sehr lange,

mag er noch so super sein. Neun Minuten sind aber sehr praktisch für den DJ, der es in dieser Zeit auf die Toilette und zurück schaffen kann. *Just Can't Get Enough* war also meine Toilettengangplatte. Jedoch verbunden mit Folgen: Ich kann diesen Song seither nicht mehr hören, ohne den Drang zu spüren, auf die Toilette zu gehen, auch wenn gar kein echtes physisches Bedürfnis danach vorhanden ist. Und so gut er auch sein mag, die Aussage seines Titels ist falsch: Meine Ohren haben ihn mindestens einmal zu oft gehört. Und so ist es mit allen Dingen, die einem lieb sind. Man muss sorgfältig und sachte mit ihnen umgehen.

Was ich damit sagen möchte: Lesen Sie dieses Kolumnenbuch nicht allzu hoch dosiert, sondern maßvoll. Lesen Sie höchstens zwei Kolumnen am Stück. Kolumnen sind nicht dazu geeignet, in großer Menge konsumiert zu werden. Und tun Sie es an einem schönen Ort.

Ich wünsche Ihnen viel Vergnügen.

Max Küng

PS: Ich bin übrigens tendenziell gegen früher. Ich bin für heute. Und noch mehr bin ich für morgen. Auch wenn früher tatsächlich alles besser gewesen ist, also: war. Manchmal lese ich eine alte Kolumne, lese Wort für Wort, Satz für Satz, lächle, und bald nässen Tränen der Rührung das Papier, den Schreibtisch, den Fußboden – und ich denke: »Früher ... da konnte ich noch ... so schön schreiben.« Dann folgt Pantomimisches: Zum Himmel emporgereckte Hände mit ge-krümmten Fingern, Zuckungen, leises Wimmern eventuell noch. Aber auch HEUTE wird MORGEN FRÜHER sein. So gesehen, spielt es keine große Rolle.

Kugeln kugeln

3. Januar 2009

Wir waren zwei Väter. Wir waren zwei Mütter. Wir waren zwei Kinder. Und wir alle waren gut eingepackt, als wir das kleine Haus unterhalb der großen Berge verließen und Wolken ausstießen, als wir in die Kälte gingen mit steifen Bewegungen, so als wären wir dampfbetriebene Roboter.

Bald waren wir dort und bald an der Arbeit. Wir rollten eine Kugel aus Schnee. Die Kugel wurde zu einer größeren Kugel, die mit jeder Umdrehung, ganz flugs, noch größer wurde und schwerer, und es knarzte laut, als ob die Kugel ächzte.

Das ist das Schönste am Schnee: die Geräusche. Die, die es gibt, und die, die der Schnee schluckt wie ein Schalldämpfer in gewichtiger Manier. Einst ging ich im Schnee, ein Auto in Ketten fuhr vorbei mit dumpfem, prasselndem Rasseln, und ich dachte: So etwas Schönes habe ich noch nie gehört. Bis jemand in Moonboots vorbeiknirschte, mit styroporenem Stöhnen.

Zwei Väter und zwei Kinder rollen weiße Kugeln zur Größe von Planeten. Die Mütter stehen mit verschränkten Armen im Hintergrund. Sie reden. Mütter haben viel zu reden. Die eine trampelt langsam auf der Stelle, tritt Schnee. Sie müsste diese silberfarbenen Thermo-Einlegesohlen in ihren Schuhen haben, denke ich, die, die die NASA entwickelt hat. »Keine kalte Nase dank der NASA«, denke ich, und dass man immer gerne großmäulig sagt, die Raumfahrt sei zu nichts nütze, dabei hat sie doch diese silberfarbenen Thermosohlen hervorgebracht. Das ist schon recht viel. Wir sollten dankbarer sein, dass dafür jemand zum Mond geflogen ist.

Ich musste die Jacke ausziehen. Kugeln kugeln ist ganz schön anstrengend. Wir wuchteten die eine Kugel auf die andere Kugel und obendrauf nochmals eine Kugel, in die wir eine Karotte steckten, zwei Marroni als Augen, ein Ast ließ den aus menschlicher Sicht problematisch proportionierten kalten Kerl grinsen, und vor Freude klatschten die Kinder in die behandschuhten Hände, und die Mütter nickten anerkennend mit noch immer verschränkten Armen, und die Väter waren sehr stolz. Als uns allen die Kälte in die Knie kroch, da ließen wir den Schneemann lächelnd zurück. Wir hatten ihn auf einem Kinderspielplatz gebaut, der zugedeckt war mit einer dicken Decke aus Kristallen der letzten Nacht. Wir hatten ihn vor einer Schaukel aufgebaut. Es sollte so aussehen, als schaukle der Schneemann. Es sah aber nicht so aus.

In der Nacht schneite es nur ein paar Zentimeter, und als wir am nächsten Tag den Schneemann besuchen wollten, kamen wir an unserem auf dem Parkplatz stehenden Auto vorbei. Jemand hatte etwas mit dem Finger in den Neuschnee auf der Heckscheibe geschrieben. »Stronz«, stand da.

Wir gingen weiter, und wir sahen: Vom Schneemann war nicht viel übrig geblieben. Er war nach den Regeln der Kunst massakriert worden. Verdammte Dorfjugend im Drogenwahn! Die Kinder fragten, wo denn der lustig lachende Schneemann geblieben war. Die Mütter sagten dasselbe wie die Väter: dass er weggegangen war, wohl in den Wald hinein, von wo er aber schon bald zurückkehre, doch, doch, sicher, bestimmt. Die Kinder fragten: Warum?

Ich hob die Karotte vom Boden auf, rieb den Schnee von ihr ab und steckte sie in die Tasche, so wie ein korrupter Polizist in einem mittelmäßigen Krimi einen Beweis einsackt. Eine Marroni blieb verschwunden. Die andere trat ich mit der Stiefelspitze tief in den weichen, weißen Grund.

Dann nahm ich Anlauf, und mit lautem Brüllen rannte ich auf einen nicht zu mächtigen Baum zu, rammte meine Seite in den Stamm, der von meiner Wucht kaum erzitterte, aber der Schnee fiel von den

kahlen Ästen, an denen im Sommer dicke, wespenum-
schwärmte Birnen hängen, fiel und fiel und wollte gar
nicht mehr aufhören, bis ich unter dem Weiß begraben
war und verschwunden, taub, stumm und blind.

98 Wörter

Du musst dein Leben ändern.« Ich las den Satz erneut und blickte dann aus dem Fenster des Cafés hinaus, wo auf der gegenüberliegenden Straßenseite eine Frau mit frecher Frisur eben versuchte, mit ihrem ziemlich großen Auto in eine ziemlich enge Parklücke zu kommen, und dabei von zwei rauchenden und lachenden Bauarbeitern beobachtet wurde, die sich auf ihre Schaufeln stützten. Ich war voller Bewunderung für die beiden, weil ich zuvor schon sah, dass beide rauchen konnten, ohne ihre Hände zu benutzen.

Die Zigaretten klebten zwischen ihren Lippen, als sie redeten. Ich hatte dies auch schon versucht, doch nie schaffte ich es, dass der Rauch nicht in meine Augen stieg, sie tränen ließ und ich jammernd den jämmerlichen Versuch in Coolness verrecken ließ.

Es gibt Dinge, die kann man. Und es gibt Dinge, die kann man nicht. Man findet beides besser schnell heraus und sich dann damit ab.

»Du musst dein Leben ändern.« Ich kannte den Satz. Es sind die letzten sechs eines insgesamt 98 Wörter umfassenden Gedichtes von Rilke. Aber ich hatte keine Ahnung, wer diesen Satz in mein Notizbuch geschrieben hatte. Die Schrift kam mir gänzlich unbekannt vor, so ungelenk und krakelig, wie von kranker Hand – es sah ganz so aus, als seien dies die letzten Worte von jemandem, geschrieben in einem Flugzeug, kurz bevor es nach tausend Metern im freien Fall auf der Oberfläche des Meeres aufschlägt, um dann langsam, langsam, still und zerborsten in tausend Teile Stück für Stück auf den Grund zu sinken, nochmals fünfhundert Faden tiefer. Nur: In dem Fall hätte niemand geschrieben: »Du musst dein Leben ändern«, sondern eher »oje«. Ich konnte mich nicht erinnern, diesen Satz selber geschrieben zu haben. Aber wer sonst hätte es tun sollen? Rilke selbst wohl kaum. Vor Jahren fand ich einmal ein Notizbuch. Damals arbeitete ich an einem Theater in einer anderen Stadt und führte ein anderes Leben. Ich war jung, und – wie es junge Menschen an sich haben – dumm: Ich dachte, dass das Theater etwas sein könnte, was sich zu tun lohnt. Wem das Notizbuch gehörte, wusste ich nicht. Ich fand es während einer langweiligen Probe zu Shakespeares *Sturm* im stillen Dunkel des Zuschauerraumes zwischen zwei gepolsterten Klappstühlen. In dem Notizbuch stieß ich im Schein meiner Taschenlampe auf einen Satz, es war der letzte vor vielen, vielen noch unbeschriebenen karierten Seiten: »Herausfinden, was ich wirklich will im Leben.« Ich musste laut auflachen. Ein junges Lachen in einem dunklen, leeren Theatersaal. Was für ein Idiot, dachte ich. Schreibt in das Buch: »Herausfinden, was ich wirklich will im Leben.« Ich lachte, damals.

»Du musst dein Leben ändern.« Die Frau mit dem dicken Auto hatte echte Mühe mit der engen Lücke und die Bauarbeiter großen Spaß an dem kleinen Spektakel. Sie klatschten Beifall. Die Frau ließ sich nicht beirren und drehte am Lenkrad hin und her, als ringe sie mit einem wilden Tier. Wenn sie so weiterrang, dann würde das Tier bald tot sein.

Sowenig ich mich daran erinnern mochte, diesen Satz geschrieben zu haben, so sehr war ich von seiner Richtigkeit überzeugt. Ja, ich musste mein Leben ändern. Ich nahm meinen Stift und schrieb auf die nächste Seite: »Wie ich mein Leben ändern könnte:« Dann legte ich den Stift wieder ab und dachte nach. Ich dachte sehr lange nach. Ein Psychiater sagte einmal, dass man Dinge 800-mal anders machen muss, bevor man sie wirklich anders macht – sein Verhalten zu ändern, ist ein Unterfangen, ähnlich schwierig, wie einen Bierdeckel zu essen, ohne dabei mit Flüssigkeit nachzuspülen.

Als ich nochmals aus dem Fenster blickte, da waren

die Bauarbeiter wieder an der Arbeit, und der Wagen stand geparkt in der Lücke, leer und verschlossen. Ich griff in meine Manteltasche, zählte Münzen ab, legte sie auf den Tisch, stand auf und ging.

14. Januar 2017

Liebe Langeweile

Du bist so altmodisch wie ein Gehstock, eine Pfeife, ein Monokel. Niemand mag dich. Niemand will dich. Niemand braucht dich. Du bist so was von gestern, das totale Auslaufmodell. Denn du bist eine Nervensäge, weil: Du machst das Vergehen der Zeit spürbar. Deshalb bist du so unerträglich, so unheimlich, so unaushaltbar: Wir fühlen, dass da irgendwo am Ende der Zeit unser eigenes Ende wartet. Es ist, als erführen wir dank dir einen mit Verwesung parfümierten hauchigen Duft einer Wahrheit, von der wir lieber nichts wissen möchten. Horror: Du zwingst uns zum Nachdenken über unser Leben. Und deshalb suchen wir immerzu einen Zeitvertreib, um dich aus der Welt zu schaffen. Was für ein Wort: Zeitvertreib. Als gälte es, die Zeit zu vertreiben wie einen räudigen Hund.

Die letzten zehn Jahre waren echt hart für dich, liebe Langeweile, denn das iPhone und andere Gerätschaften gingen dir an den Kragen, das Eingemachte, die Eier.

Es steht schlecht um dich. Du bist vom Aussterben bedroht. Ja, du gehörst schleunigst auf die Rote Liste der gefährdeten Arten.

Ich muss gestehen, liebe Langeweile, auch ich habe dich in letzter Zeit schlecht behandelt, vernachlässigt und mit allen Mitteln bekämpft, ziemlich erfolgreich gar, und es wurde immer schlimmer, vor allem wegen eines Spiels namens *Carcassonne*. Kennst du es? Eigentlich ist *Carcassonne* ein klassisches Legespiel für zwei bis fünf Spieler, welches in einer großen Kartonschachtel daherkommt und für das man idealerweise einen großen Tisch als Spielfläche verwenden sollte. Es ist ein sehr erfolgreiches Spiel übrigens, mehrfach prämiert, millionenfach verkauft. Ich muss gestehen: Ich kannte es nicht. Aber du weißt, wie das ist: Plötzlich hat man Kinder, und Kinder schleppen so manches mit ins Haus, dreckige Stiefel, ungekämmte Worte, Grippeviren in all ihren fantastischen Erscheinungsformen oder – ganz schlimm – Freizeit. Und mit Letzterem einhergehend kommen dann auch Dinge wie eben *Carcassonne*. Nun, es dauerte bloß Minuten, und schon war ich süchtig danach, denn es kommt meiner natürlichen Veranlagung sehr entgegen: Man kann es auch spielen, ohne viel nachzudenken.

Das Problem jedoch: Um es zu spielen, benötigt man eben andere Menschen und einen Tisch. Schwierig, diesen in den Bus zu bekommen. Oder in den Zug.

Oder durch die Drehtür ins Café. Blöd, immer so ein Möbel mit sich rumzuschleppen und Freunde obendrein. Also habe ich mir halt einfach die App auf mein iPhone runtergeladen. Tja. Und seither hocke ich, wo auch immer, mit geneigtem Haupt da. Man könnte meinen, ich bete, in Demut versunken, aber ich bete nicht, sondern baue Burgen, lege Wege, leite Flüsse dorthin, wo sie mein künstlicher Gegner nicht will, besetze Gebiete, gewinne, verliere, beginne neu. Als ich gestern ins Bett wollte, was sagte ich zu mir selbst? »Hey, bloß noch eine Partie.« Heute Morgen, die Augenlider noch klebrig versiegelt von der Schwere der Nacht? »Nur eine vor dem Kaffee.« Als ich den Schlüssel ins Bürotürschloss einführte? »Eine Partie, dann gehts mit der Arbeit gleich los.«

Ja, liebe Langeweile, du bist mir echt abhandengekommen. Und das stimmt mich traurig, denn ich vermisse dich. Ja. Sehr sogar. Weil: Ich brauche dich. Du bist wichtig. In dir werden die Ideen geboren. »Wenn der Schlaf der Höhepunkt der körperlichen Entspannung ist, so die Langeweile der geistigen.« Walter Benjamin hat das gesagt, oder? Das wäre ein super Spruch für deinen Grabstein. Aber so weit ist es nun doch noch nicht ganz, oder? Nicht, wenn es nach mir geht. Ich will dich zurück.

Ich weiß: Um dich auszuhalten, braucht es eine mächtige Portion Zuversicht, Mut und Nervenstärke.

All dies möchte ich aufbringen, denn du bist meine liebe Freundin, der ich viel zu verdanken habe. Und deshalb werde ich deine Feindin killen, die *Carcassonne*-App von meinem iPhone löschen. Und dann: Langeweile! Ich freue mich auf dich. Vorher aber ein einziges Spielchen noch. Zum Abschied. Ganz sicher nur eines! Versprochen. Jetzt. Schnell, schnell.

Viele Grüße! Max

PS: Song zum Thema (passt zwar nur bedingt, dafür ist der Videoclip von Sofia Coppola schön langweilig): *I Just Don't Know What To Do With Myself* in der Version von The White Stripes, Album *Elephant*, 2003.

Haare (nicht das Musical)

16. Januar 2010

Sie sagte: »Es war ärgerlich. Der Abfluss meines Lavabos im Bad war verstopft. Lange benutzte ich einfach das andere Lavabo. Ich hab ja zwei Becken in meinem Bad, aber irgendwann musste ich das Problem angehen. Zuerst versuchte ich mit allem, was sich anbot, um den Abfluss wieder freizubekommen. Ich nahm chinesische Essstäbchen und stocherte wie wild, aber es funktionierte nicht. Dann rammte ich eine Fonduegabel rein, als wolle ich jemanden erstechen, als wäre ich Sharon Stone in *Basic Instinct*. Dann griff ich zum Staubsauger und wollte das Dreckloch aussaugen. Doch nichts half. Also ging ich in die Drogerie, um zu holen, was mir helfen würde. Die Frau dort war sehr nett. Sie lächelte. Ich sagte ihr, ich hätte eine Verstopfung, sie sagte: ›Kein Problem, das kommt vor.‹ Ich sagte, es sei wirklich eine hartnäckige Verstopfung, sie dauere nun schon eine Weile, und die Sache sei mittlerweile etwas unangenehm, ja gruselig gar. Das Loch sei so richtig verstopft. Ich hätte es mit allem versucht, mit dem Finger, mit Essstäbchen, mit der Fonduegabel, mit dem Staubsauger gar, aber nichts habe geholfen.

›Wissen Sie‹, sagte ich mit gesenkter Stimme, ›als ich letzthin Freunde zu Besuch hatte, da beklagten die sich.‹ Es rieche nicht gut, sagten sie, es stinke. ›Ich will ja nicht meine Freunde wegen einer Verstopfung verlieren! Und es hat Haare drin. Haare! Gott weiß, wessen Haare dies wohl sind. Die von Krishna wohl nicht.‹ Nun ja, das mit Krishna sagte ich nicht wirklich. Aber ich sagte, dass sie mir helfen müsse, unbedingt. Diese Verstopfung raube mir den letzten Nerv.

Irgendwann lächelte die Frau ein bisschen weniger, und irgendwann lächelte sie gar nicht mehr. Ihr Gesicht war wie eine Blüte im Zeitraffer in einer dieser TV-Dokumentationen, die am frühen Nachmittag im Fernsehen laufen, die *Blumenpracht der Savanne* oder so.

Ich sagte ihr noch, ich wolle aber um Himmels willen nichts Chemisches, denn ich sei für natürliche Lösungen. Ich wolle nicht, dass die Fische zu Schaden kämen. ›Vielleicht‹, sagte ich, ›gibt es etwas Mechanisches? So was wie einen Stöpsel?‹ Die Frau nickte und verschwand hinter einem Vorhang. Ich schaute mich um und sah ihren Kollegen im weißen Kittel, der mich doch relativ komisch anstarrte. Sein Mund stand offen. Ich schwöre, sein verdammter Mund stand offen, und der Mann starrte mich an, während er so tat, als tippe er etwas in einen Computer.

Die Frau kam mit einer ziemlich großen Schachtel zurück. Sie öffnete sie, packte Dinge aus und fing an zu erklären. Zuerst dachte ich, es sei so etwas wie ein sehr komischer iPod, was sie da vor mir auslegte. Aber es war kein komischer iPod. Es war ein Einlauf. Ein Klistier. Ich verstand kein Wort von dem, was sie sagte, hörte nichts, bloß das Rauschen des Blutes in meinen Ohren. Ich schaute zu Boden und ging einfach. Und ich wusste dann zwei Dinge sehr genau: erstens den Unterschied zwischen einer Drogerie und einer Apotheke, dem bunten Stern und dem grünen Kreuz; und zweitens, dass ich mich in dieser Apotheke nie mehr werde blicken lassen können.« Dies erzählte sie.

Dann schwieg sie.

Ich sagte nichts, aber ich dachte: einen Orden für den, der einst alle Missverständnisse erfand. Einen Orden und einen Toast.

Schöne Wörter, die mit »A« beginnen

17. Januar 2009

Abdrosselung; abbimsen; Accrochage; Achsschenkelbolzen; Achtflach; Agar-Agar; Aküsprache; Alles-inklusive-Urlaub; Alpingendarmerie; Ameisenhaufen; Analysand; Andergeschwisterkind; Anlageberater; Anranzer; Antifouling; Antimachiavell; Apostelkuchen; Après-Ski-Kleidung; Äquatorialguineerin; Äquilibrist; Are; Armesünderglocke; Arschbombe; Aspik; aufgagen; Ausdehnungskoeffizient; ausixen; Auspuffflamme; Autocoat; Axolotl; azorisch.

In einer besseren Gegend

17. Januar 2009

S tronzo.« Genau. Ich würde »Stronzo« in den Staub der Heckscheibe schreiben, stünde der Wagen vor der Villa am Hügel, dort wo er letztes Mal stand mit laufendem Motor, und ich davor, das Herz schnell schlagend und mit rotem Kopf. Nun ja, ich wusste nicht, ob mein Kopf rot war. Es fühlte sich jedenfalls so an, an jenem Tag, in jener Minute, dort.

Es war eine Weile her, aber es fiel mir wieder ein, als ich an der Straße vorbeispazierte, deren Namen ich nicht kannte und an der renovierte Villen stehen, in denen niemand mehr lebt. Es hängen Messingtafeln an den Eingängen, graviert mit langen Namen, die nicht Menschen gehören, sondern Firmen, Gesellschaften, Räuberbanden. Ich ging damals die steile, enge Straße hoch, die Gravität zog an meinen Knochen.

Ein Wagen schoss in meinem Rücken heran, er kam aus dem Nichts, fuhr so dicht an mir vorbei, dass mir flau wurde im Magen und mein Mantelsaum flatterte.

Das Auto bremste brüsk und hielt vor einer der Villen am Hügel. Ein dicker Mann kletterte aus dem hohen eckigen Geländewagen, ohne den Motor abzustellen, öffnete den Kofferraum und verschwand zur Hälfte darin. Als ich bei ihm war, schlug mein Puls schnell, hoch beschleunigt vom Schreck, der mir in die Knochen fuhr.

»Entschuldigen Sie«, rief ich. Wie gesagt: Ich wusste nicht, ob mein Gesicht rot war. Sein Gesicht war rot, und es war fett, und mittendrin klebte ein Schnauzer unter einer dicken, grobporigen Nase, die ihm wie eine überreife insektenzerfressene Birne im Gesicht hing. »Was?«, fragte er. »Vielleicht haben Sie es nicht bemerkt«, sagte ich, »aber Sie sind mir eben fast über die Füße gefahren.« Der Mann schaute mich einen Moment an. Er schüttelte langsam den Kopf und sagte erneut: »Was?« Die Kombination von Mensch und Maschine bringt zuweilen prächtige Exemplare der Widerlichkeit hervor.

Ich sagte, in Ermangelung einer guten Antwort auf seine kurze Frage, was ich bereits gesagt hatte: »Sie sind mir eben fast über die Füße gefahren.« Der Mann erwiderte: »Haben Sie so große Füße?«

Es fiel mir nichts ein, was ich darauf hätte sagen können. Er wendete seine kurzen Arme wieder dem Inneren des Hinterteils seines Wagens zu. Ich blieb noch kurz stehen, dann ging ich weiter, enttäuscht von mir selbst, dass mir nichts einfiel, was ich hätte sagen können – ihm aber schon.

Man hat nie parat, was man parat haben sollte. Schlag-fertigkeit sollte ein Schulfach sein. Ich würde sofort in den Buchladen gehen und *Das große Buch der richtigen Worte zur richtigen Zeit* kaufen. Ich würde einen *Schlag-fertig-in-12-Tagen*-Intensivkurs belegen.

Später würden mir Antworten einfallen. Eine fiel mir ein, als ich an einem Schuhgeschäft vorbeispazierte, in dem ich einst Schuhe kaufte, die mir zwei Nummern zu klein waren. Ich hätte sagen sollen: »Ja. Ich habe große Füße. Und einer von den beiden steckt bald in Ihrem Hinterteil.« Aber damals fiel mir das nicht ein.

Ich ging also zu jener Villa. Es stand kein Wagen davor, der auf die Beschreibung des Gefährtes der Er-innerung von Häuptling Kraternase gepasst hätte. Ich schaute an dem Haus hoch. Es sah wunderschön aus. Dann holte ich einen Zettel aus meiner Tasche, einen billigen Kugelschreiber, auf dem verschnörkelt der Name eines mittelmäßigen Hotels steht, schrieb auf den Zettel in wackeliger Schrift »STRONZO!«, suchte mir den Briefkasten mit dem längsten Firmennamenwurm drauf und warf den Zettel in den Schlitz.

Mein Lachen war noch zu hören, als ich bereits um drei Ecken verschwunden war.

Lady Chatterleys Ledersattelriemen

23. Januar 2010

Frauen, so sagt man, sind klüger als Männer. Sie können besser Auto fahren, Gefühle zeigen, Geld verwalten, Kopfrechnen. Sie haben mehr Selbstvertrauen und sind multitaskingfähiger. Und sie verfügen über einen weitaus ausgeprägteren Geschmacks- und Geruchssinn, verglichen mit den Frauen, sind wir Männer auf diesem Gebiet grunzende Tiere. So denkt auch ein befreundeter Architekt, der nicht nur gerne sehr hohe Häuser baut, sondern auch ein feuriger und fanatischer Bordeaux-Liebhaber ist, der über einen bombig bestückten Weinkeller verfügt. Er ist tief überzeugt von der totalen weiblichen Charakterisierungs-Überlegenheit. Das wusste ich, als wir ihn in Basel besuchten, und weil ich dies wusste, büffelte ich noch etwas Vokabular, um ausdrücken zu können, was ich später empfinden würde: »Ligusterhecke« prägte ich mir ein, und »Bienenwachs« und »großer Atem«. Tief würde ich meine Nase in das weite Glas tauchen und dann verkünden:

»Ah, Lebkuchen, Datteln, ungeheuer maskulin und flei-
schig, aber auch mit einem Hauch von Lady Chatterleys
Ledersattelriemen.«

Dekantiert warteten auf dem Sideboard des Architekten nebst Weinen zur Vor- und zur Nachspeise zwei
Flaschen für den Hauptgang. Es waren zwei unter-
schiedliche Jahrgänge aus dem Hause Château Cheval
Blanc. Ich verzog mich gleich auf die Toilette, zückte
mein iPhone und ging online, um mir Informationen
zu beschaffen. »Der Wein von Cheval Blanc wird als
einer der exotischsten und zugleich profundesten Bor-
deaux-Weine angesehen. Er ist gekennzeichnet von
einer eleganten Zurückhaltung, bei voller Präsenz aller
Elemente hervorragenden Rotweines, Fruchtaromen,
Tannine, Textur, langer Nachhall, Ausgewogenheit.«
Das las ich, und ich merkte es mir. Dann las ich leider
auch: Der Cheval Blanc kostet locker tausend Schweizer
Franken pro Flasche. Schweiß trat auf meine Stirn.

Wir aßen. Wir tranken. Und dann gelangten wir zur
ersten Flasche Cheval Blanc, von dessen verschnörkelter
Schrift auf dem Etikett mir schon schwindlig wurde.
Dann zur zweiten. Der Gastgeber schenkte ein und
fragte meine Frau direkt: »Und was findest du? Wie
verhält sich nun der 1982er im Vergleich zum 1990er?«
Ich hüstelte, um das Geräusch zu übertönen, das aus
dem Kopf meiner Frau zu kommen schien. Es klang wie
das Scheppern einer kaputten Computerharddisk. Sie

dachte nach. Sie nahm nochmals einen Schluck, schloss die Augen, verschob die Flüssigkeit in ihrem Mund wie Zahnspülwasser. Der Gastgeber schaute neugierig. Die Ohren am Tisch wurden größer und größer. Dann setzte meine Frau an, etwas zu sagen, und es klang eher wie eine Frage denn wie eine Antwort. Sie sagte: »Ähm ... er ist ... äh ... weniger sauer?«

Als wir nach Hause fuhren, da wusste ich, dass wir nie wieder von des Architekten Bordeaux in Basel trinken würden. Und so war es auch.

Es gibt eine Theorie. Diese Theorie besagt, dass Frauen gar nicht besser schmecken und riechen als die Männer, sondern bloß besser verbalisieren können, was sie schmecken oder riechen. Ihnen fallen die Wörter leichter und schneller ein. Aber auch diese Theorie halte ich für ganz und gar falsch. Und ich glaube, behaupten zu dürfen, dass ich weiß, wovon ich spreche.

Das hätte eine super Kolumne
werden können

31. Januar 2015

Das Ritual des Zähneputzens ist eine langweilige Angelegenheit, eine öde Pflicht. Aber wie es stumpfsinnigen Dingen oft eigen ist: Man kann dabei sehr gut nachdenken. Weil wir nichts denken müssen, denkt es sich so gut, wie von allein und nicht zu viel; und so ging es mir auch kürzlich.

Während die feinen Borsten am Kopf der Schallzahnbürste mit 42 000 Bewegungen pro Minute über die archaische Landschaft meines Gebisses gepeitscht wurden und die kleinsten Überbleibsel einer Pizza Fantasia aus den Schründen, Spalten und auch jener tiefen Senke fegten, wo einst der Zahn stand, der die Wurzelbehandlung nicht überlebt hat, da fiel mir etwas ein. Ein Gedanke, ich weiß nicht, woher er kam, aus welcher Richtung, er war einfach plötzlich da, aus dem Nichts, so wie man beim Wandern durch einen Wald auf eine Lichtung tritt und nichts erwartet, und plötzlich steht dort, den Kopf hebend, einen anblickend: eine Wildsau.

Diesem Gedanken folgte – wie ein Frischling der Wildsaumutter – ein zweiter, nämlich: »Dieser Gedanke, den ich eben hatte, der war großartig. Der Gedanke ist eine grandiose Idee für eine Kolumne! Darauf folgender Ruhm und Reichtum nicht ausgeschlossen.« Wie immer, wenn man großartige Gedanken hat, werden Glücksgefühle ausgeschüttet. Die sonst eher wenig motivierten Arbeiter im chemischen Betrieb in meinem Gehirn kippten dann auch wie verrückt kübelweise rosarote Farbe in die Nervenbahnen.

Als ich die Zähne fertig geputzt hatte, ging ich, von diesem Glücksgefühl angefeuert, hastig in die Küche, setzte mich an den Küchentisch, schlug mein Notiz buch auf, schraubte die Kappe vom Kaweco-Sport-Füller und wollte die Idee niederschreiben. Aber: Da war keine Idee mehr. Die harte Feder aus Stahl lag mit ihrer Spitze schon auf dem fein karierten Papier, die Tinte floss heraus, das Papier sog sie begierig auf, aber die Hand ruhte, denn: Es gab nichts zu schreiben. Die Idee, die geniale, gloriose, grandiose Idee: Sie war verschwunden. Nichts davon war noch da, bloß ein immer größer werdender Tintenfleck in meinem Notizbuch und die Erinnerung daran, dass da etwas gewesen war. Ein Echo des glücklichen Gefühls, das ich gespürt hatte, als mir der Gedanke gekommen war. Ganz so, wie die

Wärme eines menschlichen Körpers in einem Bett noch vorhanden ist, aus dem er eben geschlüpft ist, morgens, wenn der Mensch schon im Bad unter der Dusche steht.

Dabei wäre es eine super Kolumne geworden. Da war ich mir sicher. Ich schüttelte den Kopf und ein paar andere Körperteile, in der Hoffnung, die Idee habe sich irgendwo verhakelt, sei irgendwo stecken geblieben, so wie die Kugel eines Flipperkastens hinter einer Rampe. Ich dachte, die Sache brauche bloß einen kleinen Schubser, aber: Tilt – sie war verloren, weg.

Und ich frage mich: Wohin gehen die Gedanken und Ideen, die man vergisst? Kommen sie in ein »Land der vergessenen Gedanken« und hocken dann dort in einer Bar und blasen Trübsal? Bestellen sich noch einen Whisky, und der eine vergessene Gedanke sagt zum anderen: »Was hätten wir leisten können, wären wir nicht vergessen gegangen? Wir hätten die Welt retten können! Hätte der Idiot mich doch etwas schneller notiert.« Und der andere sagt: »Halt die Klappe.«

Oder warten sie auf einen neuen Einsatz? Warten sie darauf, dass aus einem Lautsprecher eine Stimme ertönt: »Gedanke 2492 bitte zur Einsatzzentrale! Gedanke 2492 bitte sofort zur Einsatzzentrale!«

Ich klappte das Notizbuch zu, ging schlafen, träumte nichts – und am nächsten Tag verlor ich keinen Gedanken mehr an den verlorengegangenen Gedanken.

Jazzy Classic Zen

2. Februar 2013

Der aktuelle Film der Regisseurin Kathryn Bigelow ist ziemlich verstörend. Der erste Teil von *Zero Dark Thirty* ist geprägt von der naturalistischen Darstellung der Folterung eines Mannes namens Ammar durch einen CIA-Agenten namens Dan. Nebst Fesselungen und Dauerbeschallung mittels Heavy Metal kommt vor allem die Methode namens Waterboarding großzügig zum Einsatz, das simulierte Ertränken eines Menschen, für das es gar nicht viel braucht, bloß ein paar starke Arme, ein Tuch für über den Kopf und einen Eimer Wasser. Als ich einem Freund davon erzählte, fragte er: »Wer hats erfunden?« Ich wusste es nicht. »Waterboarding ist eine französische Spezialität«, sagte er, »die haben das im Algerienkrieg im großen Stil praktiziert. Deswegen kommen auch in zwei Filmen von Jean-Luc Godard Waterboarding-Szenen vor, 1963 in *Le Petit Soldat* und 1965 in *Pierrot le Fou*.« »Das kann ich mir fast nicht vorstellen. Die Franzosen haben doch das Liebemachen erfunden, Autos mit Luftfederung und den Croque-Monsieur! Außerdem: Wenn die Franzosen Waterboarding erfunden hätten, dann hieße es heute doch ›torture par l'eau‹. Die Franzosen hassen doch englische Begriffe. Allerdings klingt ›torture par l'eau‹ sehr nach ›Wasserschildkröte‹, was zu furchtbaren Verwechslungen führen könnte, vor allem in chinesischen Restaurants.«

Später, im Büro, kroch ich in meinen Computer und fand heraus, dass ich recht hatte: Auch die Spanier setzten schon Waterboarding ein, während der Inquisition und als Exportschlager in ihren Kolonien in Südostasien.

Dann klingelte das Telefon. Ganz neu steht es auf meinem Schreibtisch. Es heißt »ip touch 4038« und sieht so aus, wie solche Dinge heute aussehen: Es ist von einer banalen, schwarz-grauen Büroapparatehässlichkeit. Hergestellt wurde es in China für den in Frankreich sitzenden Konzern Alcatel-Lucent. Ich erschrak. Einerseits erschrak ich, weil mein Telefon eigentlich nie klingelt, andererseits, weil der Klang des neuen Telefons noch sehr unvertraut war. Das Telefon bietet eine reiche Auswahl an Klingeltönen. Sie heißen »Cold River«, »Xylofun« oder »Jazzy«. Lange konnte ich mich nicht entscheiden, welchen Klang ich wählen sollte. »Zen«? »Orchid«? Oder »Party«, denn ich mag Partys und alles, was danach klingt. Aber allen Klängen in dem Gerät ist eines gemein: Sie tönen furchtbar, es sind abscheulich schäbige Klänge. Und das hat natürlich – wie alles auf der Welt – einen Sinn. Ich denke, es war so: Die Telefonherstellerin, also Alcatel-Lucent, lud diverse Chefs von diversen Firmen ein zu einem Workshop in ihrer Pariser Zentrale. Dort wurde nach den Tönen gesucht, die möglichst unangenehm sind und die Mitarbeiter dazu bringen, die Telefone möglichst schnell abzunehmen (damit der Betrieb beschleunigt wird und am Quartalsende das Betriebsergebnis nochmals gesteigert werden konnte). Sehr wahrscheinlich waren auch Folterspezialisten des französischen Geheimdienstes dabei, die (seit der Algerienkrieg 1962 zu Ende ging) sich neuen Tätigkeitsfeldern zuwenden mussten.

Beim Klingelton »Classic« etwa handelt es sich nicht, wie der Name vermuten lassen könnte, um klassische Musik im klassischen Sinne, sondern um eine digitale Interpretation eines klassischen Telefonklingelns, als noch kleine Glocken diesen Klang mechanisch erzeugten – es ist ein ununterbrochener Klingelton. Zwar ist die Kollektivstrafe gemäß Genfer Konventionen verboten (Artikel 87), sie wird aber dank diesen Telefonen in die Zweier-, Vierer- und Großraumbüroschlachtfelder unserer Dienstleistungsgesellschaft getragen.

Verständlich: Wäre mein Klingelton beispielsweise die *8. Symphonie in C-Dur* von Franz Schubert, ich würde lange zuhören, bevor ich zum Hörer greifen würde. Ebenso, wäre mein Klingelton das Hörbuch zu Prousts *Auf der Suche nach der verlorenen Zeit*.

Bei »Classic« von Alcatel-Lucent aber, da schnellt meine Hand Roger-Federer-mäßig hervor, zack!, schon ist der Hörer am Ohr, und ich höre mich bellen: »Küng. Beschwerdeabteilung Redaktion *Das Magazin*, Ihr Anruf ist uns wichtig! Wie kann ich Ihnen helfen?«

Die Franzosen also mögen zwar das Waterboarding nicht erfunden haben – dafür haben sie uns »Classic« geschenkt: heute bereits ein Klassiker der Weißen Folter.

Alle Wörter mit zwei Buchstaben
(im Scrabble gültig)

7. Februar 2009

A A, AB, AD, AH, ÄH, AI, AM, AN, AR, AS, ÄS,
AU, BI, BÖ, DA, DO, DU, EH, EI, ER, ES, ET,
EX, EY, FA, GO, HA, HÄ, HE, HI, HM, HO, HU,
HÜ, IM, IN, IX, JA, JE, LA, MI, MY, NA, NE, NÖ,
NU, NY, OB, OD, ÖD, OH, ÖL, ON, OS, PI, PO, QI,
RE, SÄ, SI, SO, ST, TI, TÖ, TU, ÜB, DU, UH, UI,
UL, UM, UR, UZ, WO, XI, ZU

Lunch mit Jack Wolfskin

9. Februar 2013

Einer der Vorzüge der Konstruktion des menschlichen Körpers ist, dass dank einer aus Haut und Drüsen und Muskeln bestehenden Falte namens Augenlid eine Verschließung der Augen möglich ist, wenn dem Menschen danach ist.

Mir war in jenem Moment sehr danach. In einem Zug saß ich, er fuhr durch das Limmattal, ich wusste: Ich würde nicht viel verpassen. Also machte ich von der hervorragenden Option des Schließens der Augen Gebrauch und fiel in ein gemütliches Dösen. Der Zug hielt in Turgi, es stiegen Leute aus, und es stiegen Leute ein, langsam schlossen sich die Türen, aber meine Augen öffnete ich nicht.

Ich hörte, wie sich jemand gegenüber hinsetzte. Ich hörte das insektenhafte Singen eines groben Reißverschlusses einer funktionalen Jacke, dann das Schränzen eines Klettverschlusses einer Tasche, die aufgerissen wurde, dann ein knisterndes Rascheln. Eindeutig das

Geräusch von Papier, ich tippte auf einen kleinen Sack, wohl ein Seitenfaltbeutel aus maximal 40-grämmigem Papier. Ein Räuspern. Ein Hüsteln. Turnschuhsohlen, die vorbeiquietschten. Dann ein Geräusch, recht nah, was war das? Es war ein Kaugeräusch – es klang, als ob jemand vier großkalibrige kubanische Zigarren zu essen versucht. Es klang aber auch, als ersticke einer. Ein leises Würgen, dann und wann, wie von einem Hund, der ein paar Tage nichts zu essen hatte und sich dann über ein Kilo Rindsgulasch hermachen kann. Ein saftiges Schmatzen, rhythmisch, dann wieder ein Innehalten, ein Würgen, ein Schlucken, ein Rascheln, ein Schmatzen. Irgendwie klang es auch wie der Soundtrack zweier sich fortpflanzender Wesen nicht näher spezifizierbarer Art.

Außerdem vernahm ich einen feinen Geruch, der lebrig war, so wie er frisch geöffneten Büchsen mit Katzenfutter häufig eigen ist. Einer der Nachteile der Konstruktion des menschlichen Körpers: Man kann seine Nasenlöcher nicht verschließen. Doch es gibt körpereigene Strategien: Man kann durch den Mund atmen. Die Ohren jedoch liefern unentwegt Informationen. Ich hörte wieder Rascheln, Schmatzen, Schlucken, Würgen. Ich wäre gern ein Flusspferd gewesen in diesem Moment, denn ein Flusspferd kann die Ohren verschließen. Andererseits wäre es für ein Flusspferd in einem Zug sicherlich ziemlich unbequem, vor allem beim Ein- und Aussteigen oder auch beim Besuch der Zugtoilette.

Ein weiteres Problem des Menschen findet sich innen drin: Auch wenn man seine Augen geschlossen hält und nichts sieht, sieht man ständig Bilder, gespeist aus der Videothek der Erinnerung an all die Bilder und Filme, die man in seinem Leben schon gesehen hat – da rächt es sich dann, dass man in der Jugend nicht schon konsequent auf die Streifen von Theo Angelopoulos setzte, sondern dass auch der eine oder andere Horrorfilm dabei gewesen ist *(Tarantula, Die Fliege, Ein Zombie hing am Glockenseil).*

Und so glaubte ich langsam, aber sicher, je mehr ich hörte und hörte und hörte, mir müsse ein Monstrum gegenübersitzen, mit dem Kopf einer sabbernden Schabe, einer Gottesanbeterin, einer Gespensterschrecke – und bald würde ich gefressen, verschlungen, hinabgewürgt, um mich aufzulösen im Magensaft dieser Bestie.

Ich öffnete die Augen und sah einen Mann um die fünfzig mit Bart und Brille, in einer Jack-Wolfskin-Jacke, er blickte aus dem Fenster und hielt eine Tüte von »Moser's Backparadies« vor sein Gesicht. Zuerst dachte ich, ihm sei schlecht, und er erbreche sich, oder er habe einen Anfall von Hyperventilation und wolle sich durch das Einatmen der eigenen Atemluft beruhigen. Dann aber sah ich, dass etwas aus dem »Moser's Backparadies«-Sack lugte, das der Mann in seinen Mund schob: ein Sandwich. Ein ganz normales Sandwich. Er biss ab, er kaute, er schluckte. Schnell schloss ich die Augen wieder, und ich hörte, wie die Stimme aus den Lautsprechern sagte: »Killwangen-Spreitenbach«.

Ein sehr einfacher Traum

14. Februar 2009

Es war nach Mitternacht, und die Sonne schien auf das Haus aus weiß getünchtem Stein. Es stand auf einem Felsen, und von seiner mit gemütlichen Holzliegen vollgestellten Terrasse hatte man einen gewaltigen Blick auf die smaragdfarbene Ewigkeit, die man Meer nennt. Das Haus war kein Haus. Es war eine Villa auf einer mittelgroßen Insel im Mittelmeer.

Es war nach Mitternacht, und ich hörte das leise Klicken aus dem Zimmer nebenan. Meine Frau hatte die Nachttischlampe gelöscht, und sie würde in das dicke Kissen sinken und dann in einen Traum, zu dem ich keinen Zugang hatte. Das ist das Schöne an den Träumen: Sie gehören nur einem allein. Und auch wenn man sie später erzählen wird, die Stücke, an die man sich am Morgen noch erinnert, die Fragmente, welche die Erinnerung anspült, die Teile: Teilen kann sie niemand, nie.

Das Haus aus Stein kostete in der Hochsaison zehntausend Franken pro Woche, das las ich in dem Ferienkatalog, welcher am Morgen im Briefkasten lag. Das ist das Schöne an Zahlen: Sie sind einfach zu verstehen. Sie sind direkt und klar, wie Dinge selten sind. Aufrechte Kerle. Ich sagte leise: »Zehntausend pro Woche – das ist viel Geld. Sogar für mich!« Das ist das Gute an Witzen, die man macht, wenn niemand zugegen ist: Sie müssen nicht gut sein.

Ich träumte von Ferien am Meer. Je länger der Winter dauerte, desto heftiger träumte ich von Ferien am Meer. Es ist ein sehr einfacher Traum – aber sicherlich auch ein sehr einfach nachvollziehbarer.

Ich saß in meiner Bibliothek, die natürlich keine Bibliothek ist, sondern bloß ein Zimmer mit ein paar Büchern in einem Regal – Bücher, die ich zumeist nicht fertig gelesen habe – und einem kleinen Tischlein, an dem ich saß und feststellte, dass die Heizung seit Stunden nicht mehr lief. Die nur in Socken steckenden Füße wurden zu trägen Karpfen am Grund eines trüben Teiches. Ich beugte mich über den farbigen Prospekt und schaute mir die Bilder an. Prächtige Bilder, die mich noch müder machten, als ich schon war.

Ich ging ins Bett, nicht ohne zuvor einen tiefen Seufzer in den Flur zu schicken: Ferien am Meer. Und weil ich noch nicht schlafen konnte, obwohl ich müde war, las ich in einem Buch. Ich war irgendwo mittendrin. Ich wusste nicht mehr, was vorher war. Ich wusste nicht, was kommen würde. Und ich hatte keine Ahnung, was gerade geschah. Ich wusste nicht einmal auf Anhieb den richtigen Titel. Fragte mich jemand, was ich gerade las, so antwortete ich, »Das Buch, das auf Englisch *Smoke of Tree* heißt oder so ähnlich, geschrieben von Don Johnson«. Aber ich las tapfer weiter, las in die Nacht hinein, als sei ich auf einer langen Wanderung, einem Marsch. Ich dachte, ich müsse einfach durchhalten und weiterlesen, am Ende würde sich schon ein Sinn ergeben, die Teile würden sich zu einem großen Ganzen zusammenfügen, ganz so wie im Leben. Aber ich war froh, als mir dann doch die Augen zufielen und ich gerade noch das Buch zuklappen und den Nachttischlampenschalter drücken konnte. Wer braucht Schlafmittel, wenn es Bücher gibt, dachte ich. Es klickte. Dann war es so dunkel, dass ich nicht einmal die Zimmerdecke sehen konnte, und bald schien die Sonne strahlend hell hinter den geschlossenen, schweren Lidern, auf ein Haus aus Stein, stehend am Meer, das stillstand, und man konnte nichts hören, nichts außer dem lauten Knarren des Gebälks meines Gehirns und irgendwo im Hintergrund das feine, nasse Keuchen einer kleinen, kübelgroßen Maschine, die man Luftbefeuchter nennt.

Ein Humbug namens Astrologie und Freiheit namens Freiheit

18. Februar 2012

J e weiter weg vom gesunden Menschenverstand sich etwas befand, desto mehr war sie ihm zugetan. Sie legte Steine auf meinen Bauch – Rosenquarz, Malachit, Lapislazuli. Sie brachte mich dazu, Oberton zu singen, und wir fuhren sommers in ein Meditationscamp im Bleniotal. Auf Weihnachten bekam ich von ihr nicht etwa eine Salami oder Filzpantoffeln, sondern sie ließ ein vielseitiges Horoskop erstellen. Und ich las das Horoskop, begierig, denn ich hoffte, darin die Bestätigung zu finden für das, was ich vermutete, ahnte: dass ich ein bescheidener, einfühlsamer, supertoller, starker, gescheiter und wunderbarer Mensch bin. Darin aber fand ich vor allem das eine: eine Warnung, eventuell gar eine Prophezeiung. Als Fisch mit Aszendent Krebs attestierte mir das Computerhoroskop eine großartige Affinität für alle Süchte, die die Welt für die Sensibelsten bereithielt. Schnaps. Opium. Lösungsmittel. Popcorn. Was immer.

Ich sah mich schon mit einer Nadel im Arm durch das weitere Leben wanken, »He, wotsch Eitsch, Goggi, Hasch?« flüsternd.

Bald darauf trennten wir uns. Und ich wurde und wurde einfach nicht süchtig. Ich spritzte kein Heroin, fing nicht an zu saufen und trieb mich weder in Bordellen noch in Kasinos oder Kirchen herum.

Dass Astrologie Humbug ist, das erfuhr ich spätestens an dem Tag, an dem ich einen Typen traf, der am 9. März des Jahres 1969 zur Welt kam, am selben Tag wie ich – mein astrologischer Zwilling. Dieser Kerl aber war mir auf Anhieb unsympathisch. Also sagte ich: »Aha, du bist sicher sehr früh am Morgen auf die Welt gekommen.« Er: »Nein, um den Mittag herum!« So wie ich. »Ah, aber in Patagonien, oder?« – »Nein, gleich hier in der Nähe. Sag mal, trägst du immer so ›lustige‹ Schuhe? Ist das jetzt Mode, oder ist schon Fasnacht?«

So ein Idiot war mein astrologischer Zwilling, dass ich wusste: alles Käse.

So war es. So ist es. Und wie alle Süchtigen bin auch ich natürlich ein großer Lügner. Denn selbstverständlich bin ich abhängig, schwer sogar. Und zwar vom Internet. Ich verspüre beispielsweise den Zwang, immerzu meine Mails zu checken. Würde ich so oft meinen Briefkasten vor der Tür leeren, ich wäre nur noch im Treppenhaus unterwegs.

Eine Sucht kommt selten allein. Ich bin auch hochgradig scrabblesüchtig. Und natürlich kann man Scrabble online spielen, was ich tue, wann immer ich kann (und leider kann ich sehr oft). Außerdem habe ich den Zwang, auf E-Bay diverse Dinge zu suchen, die ich nicht brauche; bei Onlinehändlern die aktuellen Preise für 50-mm-Fotoobjektive zu vergleichen für eine Kamera, die ich gar nicht besitze; bei Autoscout ein günstiges Auto zu finden mit Ledersitzen mit Massagefunktion, fast neu, mit allen Sicherheitsfeatures, Allrad und aber auch ultrawenig Verbrauch; und sicherlich gibt es auf YouTube ein neues lustiges Video von einer Katze, die zum virtuosen Spiel eines nordkoreanischen Akkordarbeiter-Akkordeonquintetts tanzt. Es ist viel los dort draußen, es gibt viel zu sehen, die ganze Zeit über. Vor allem dann, wenn man eigentlich etwas ganz anderes tun sollte, zum Beispiel arbeiten.

Dass diese Kolumne überhaupt geschrieben werden konnte, dass ich sie anfangen und sogar beenden konnte, das habe ich »Freedom« zu verdanken. »Freedom« ist meine Rettung: ein Computerprogramm, das ich für 10 Dollar vom Netz heruntergeladen habe. »Freedom« blockiert radikal den Zugang zum Internet für eine individuell wählbare Zeitspanne von zwischen 15 und 480 Minuten.

Dank »Freedom« habe ich alles im Griff. Noch muss ich 28 Minuten warten, bis ich wieder Zugriff auf das

Internet habe. Bald nur noch 27 Minuten. Dann 26. Und dann werde ich mich mit »Freedom« gleich erneut blockieren für nochmals zwei, vielleicht sogar drei Stunden – ich kann es kaum erwarten.

Wo nicht einmal Krebse hausen

21. Februar 2009

W as?«, rief sie durch die geschlossene Türe.
Er rief mit Nachdruck: »Komm herein, ich muss dir etwas zeigen.«

»Ich wüsste nicht, was so dringend sein könnte.«

»Es sind Worte! Sie stehen auf einer Zeitschrift. Komm herein!«

Sie kam nicht herein, und er rief noch ein paar Mal nach ihr, aber sie antwortete nicht mehr, weil sie ihn nicht mehr hörte.

Später ging er mit der Zeitschrift, die er im Badezimmer gefunden hatte, zu seiner Frau. Sie stand in der Küche und schälte mit schnellen Bewegungen Karotten, um sie in kleine Würfel zu schneiden, die bald in einer Pfanne schwitzen würden. Sie versuchte, die Würfel so klein und doch so präzise wie möglich zu schneiden.

Er knallte die Zeitschrift auf den Küchentisch, als wollte er eine Fliege erschlagen. Es war eine Zeitschrift für Frauen. Es war ihre Zeitschrift. Sie hatte sie gekauft, aber vergessen, dass sie sie gekauft hatte. Vom Herumliegen neben der Badewanne war die Zeitschrift wellig geworden. Wellig, feucht und schwer. »Da!« Er hielt seinen Finger auf eine Schlagzeile, und während sie mit dem Schneiden innehielt und die Schlagzeile still las, sprach er laut aus, was dort stand: »Warum eine Affäre (manchmal) die Beziehung retten kann. Klingt absurd – aber so ist Liebe.«

Seine Frau sah ihn an. »Ich würde Dinge, die in Frauenzeitschriften stehen, mit äußerster Vorsicht genießen – vor allem die, die auf dem Titelblatt stehen. Und außerdem: Gestern«, sagte sie, »da sagtest du doch, unsere Beziehung ähnle einem Felsen in der Brandung an einer Küste am Ende der Welt. Waren das nicht deine Worte?« Er nickte. »Ja. Mehr oder weniger waren das meine Worte, ja. Ich glaube aber, ich sagte nicht: ›einer Küste am Ende der Welt‹, sondern: ›einer schroffen, bizarren und gar unwirtlichen Küste, wo nicht einmal Krebse hausen, am äußersten Ende von dem, was man Welt schimpft‹.«

Sie schnitt weiter Würfel. Es waren nicht einfach klein geschnittene Karotten, sondern wirkliche Würfel, wie Lehrmittel für den Geometrieunterricht von Zwergen.

»Beziehungen«, sagte er, in der Küche stehend, laut genug, um den Dampfabzug zu übertönen, »sind wie die Achsen von Intercityzügen. Alle behaupten, sie seien stabil und hielten bis in die Ewigkeit. Aber diese Achsen, die müssen so viel tragen. Die Belastung ist enorm. Es entstehen gewaltige Kräfte, die auf diese Achsen wirken.«

»Die Achsen des Bösen«, murmelte sie. Aber er hörte es nicht und fuhr fort: »Feinste Risse an diesen Achsen können zu fatalsten Folgen führen. Haarrisse!«

Seine Frau schnitt nun Stangensellerie klein. Sie mochte Stangensellerie. Es war ihr Lieblingsgemüse. »Haarrisse«, sagte sie, »finde ich hirnrissig. Und bei deinem schütteren Haar ist dieser Vergleich – entschuldige – doch mehr als problematisch.« Er schnaubte, zog sich ins Arbeitszimmer zurück und dort die Kappe von seinem billigen gelben Plastikfüller, drückte die stahlharte Feder in das weiche Papier, schrieb, dass es kratzte: »Mit wem ich eine Affäre haben könnte:«

Er überlegte eine Weile. Dann legte er den Füller auf das Papier, stand auf und ging ins Fernsehzimmer, um auf ein paar Knöpfe zu drücken, merkte nicht, dass der Füller vom Papier rollte, über den Tisch, herunterfiel ohne Krach, auf dem Teppich landete und dort langsam, langsam die königsblaue Tinte in den Teppich sickerte.

In der Küche zischte es, und auf dem Tisch lag die Zeitschrift, wellig, feucht und schwer.

50 Shades of Grey

21. Februar 2015

Worum es in der aktuellen Kolumne gehe, wollte meine Frau wissen. Hocherfreut, dass sie sich für meinen Beruf interessierte (dies ist in ehelichen Verbindungen, die länger als fünf Jahre andauern, ja nicht mehr immer der Fall), sagte ich mit vor Glut der Begeisterung bebender Stimme: »Es geht um ein ganz tolles Thema. Es geht um Rennveloräder.« – »Hm«, machte sie. Aus dem recht kurzen, leisen Geräusch schloss ich, dass dieses Thema bei ihr auf wenig Interesse stieß. »Super, oder?«, fragte ich forschend. Sie sagte: »Du, wir brauchen noch Kaffee, neue Fixleintücher und Milch.« Ich kann nicht von meiner Frau auf alle Frauen dieser Welt schließen, aber ich hegte doch den leisen Verdacht, dass ein Thema wie Rennveloräder bei der weiblichen Leserschaft auf kein großes Interesse stoßen könnte – und das wäre fatal, denn wenn heute überhaupt noch jemand liest, dann sind es die Frauen. In einer Welt ohne Frauen gäbe es in den Buchläden höchstens noch die Abteilung »Technik«

oder ein paar Restexemplare von *333 Profi-Angeltricks* von Henning Stilke oder *Deutsche Artillerie-Geschütze: Eisenbahngeschütze, Flak und Raketenwerfer 1933–1945* von Alexander Lüdeke.

Also hatte ich die Idee, dieser Kolumne einen Titel zu geben, der absolut verlockend wirken sollte, unwiderstehlich; so wie der Duft eines Menschen mit süßem Blut Stechmücken kilometerweit anlockt, so musste dieser Titel Frauen dazu bringen, einen Text über das faszinierende und wichtige, aber völlig vernachlässigte Thema »Fahrrad« zu lesen – denn mit dem Film, auf den der Titel anspielt, dem Film, den ich nicht gesehen habe, der auf dem äußerst erfolgreichen Buch basiert, welches ich nicht gelesen habe, das dem Hörensagen nach von Praktiken handelt, welche ich Bauernbub nur vom Hörensagen her kenne – damit hat dieser Text ganz und gar nichts zu tun.

Hier geht es um Räder, denn sie sind des Velos wichtigste Teile, und sie bestehen wiederum aus verschiedenen Einzelteilen, welche alle von größter Bedeutung sind: der Nabe, den Speichen, den Speichennippeln, der Felge, dem Schlauch, dem Reifen und so weiter. Wer nun meint, ein Schlauch sei einfach ein Schlauch, dem sei entschieden widersprochen. Der Unterschied zwischen einem günstigen Gummischlauch aus einer Fabrik in Kunshan in der bezirksfreien Stadt Suzhou in der südchinesischen Provinz Jiangsu und einem hierzulande handgefertigten aus Latex, beispielsweise, mag zwar optisch klein erscheinen, ist jedoch riesig. Es sind unsichtbare Dinge, die die Unterschiede machen, etwa der Dehnungskoeffizient von Latex von annähernd 700 Prozent.

Man weiß: Ein feinster Stein im Schuh kann jeden Schritt zur Qual machen – und es fühlt sich ganz und gar anders an, ob man mit Skischuhen durch die Welt geht oder barfuß. Mit Gartenhandschuhen an den Händen etwa streichelt sich das Haupthaar der Liebsten anders als ohne. Ganz so verhält es sich bei der Wahl des Schlauches und des Reifens, der Speichen, der Naben, all der Teile, die ein Rad ausmachen. Es sind die feinsten Dinge, die die größten Unterschiede bewirken, denn der Mensch ist eine gewaltige Feedback-Maschine: Er spürt alles.

Bevor ich mich auf den Weg machte, um Kaffee, ein neues Spannbetttuch und Milch zu kaufen, nahm ich zum hundertsten Mal an diesem Tag mein neues Hinterrad in die Hand, tags zuvor kam es per Kurier aus Belgien. Ich fuhr mit den Fingern über die glatte Felge aus mattem Karbon, lauschte der drehenden Nabe, die klang wie eine wütende Hornisse im Sturzflug, betrachtete die harten Speichennippel, die scharfen Speichen, und ich dachte: Auch Fräulein Ana Steele aus dem Buch, das ich nicht gelesen habe – der könnte das vielleicht gefallen, so ein Rennradrädchen. Aber dies ist natürlich reine Vermutung.

4. März 2017

Liebe Hazel Brugger

Also kurz Hazel, weil: Wir sind ja per Du seit dem letzten Weihnachtsessen. Nochmals vielen Dank, dass du mich zu deiner Talkshow im Kleintheater Luzern eingeladen hast. Ich musste heute daran denken, denn heute war der erste Tag des Jahres, an dem ich wieder die Rennradmontur anzog, also in die enge Pelle schlüpfte, als würde ich als Cervelat an die Fasnacht gehen. In Luzern hast du gesagt, das erste Mal hättest du mich gesehen auf dem Cover dieses Magazins, auf einem Alpenpass stehend und in ebensolcher Rennradmontur. Du sagtest, du hättest dir damals bei diesem Anblick ernsthaft überlegt, lesbisch zu werden. Das war sehr lustig.

Auf dem Alpenpass stand ich im Sommer des Jahres 2003. Du warst damals zehn Jahre alt. Als ich das realisierte, bekam ich echt einen Schock – nicht, weil du damals so jung warst, sondern ich heute so alt bin. Man geht durchs Leben und fühlt sich, wie man sich fühlt:

gar nicht mal so übel. Dann erblickt man sein Eben-
bild in einem Schaufenster, in einem Spiegel, am Boden
einer Chromstahlpfanne und denkt: »Was ist denn das
für ein alter Knacker. Was will denn der von mir? Hau
ab, Penner! Ich hab kein Geld für dich. Stutz dir mal die
Haare! Zieh Leine!«

Zu akzeptieren, dass man alt wird, dieser unerbittlichen, bitter schmeckenden Unausweichlichkeit mit offenem Visier zu begegnen, das ist eine der großen Leis-
tungen, die uns abverlangt wird. Eine Leistung, welche
ich jedoch noch nicht habe erbringen können.

Es gibt auch alte Dinge, die ziemlich gut sind. Das
spendet Trost und gibt Hoffnung. Letzte Woche fuhr
ich spätnachts nach einer Lesung in Vaduz in meinem
Opa-Skoda durch den dunklen Regen nach Hause. Ich
war gut gelaunt, weil die Leute in Vaduz alle sehr nett zu
sein scheinen (also jene wenigstens, welche ins Schlöss-
lekeller-Theater gekommen waren), zudem hatte ich
die Gage bar in der Tasche – und mir war nach Musik.
Ich mag Musik, deshalb stelle ich eigentlich nie das Radio an, denn die Musik, welche im Radio gespielt wird,
ist meist furchtbar. Es lief *Sounds* auf DRS 3. Und sofort
war ich wieder sechzehn Jahre alt. Damals hockte ich
nachts immer im Zimmer vor meiner Stereoanlage und
hörte *Sounds*. Ich erinnere mich, wie ich das erste Mal
Johnny The Moondog Is Dead von den Cleaners From
Venus gehört hatte oder *Death Of The European* von The

Three Johns und all die Songs, welche mein Leben präg-
ten, als ich noch jung war und nicht wusste, dass ich
dereinst alt sein würde.

Und so fuhr ich durch die Nacht, die Tunnel und
den Regen und hörte die *Sounds*-Platte der Woche,
von einer Band namens Sacred Paws, merkte mir den
Namen und den Vorsatz, sie gleich tags darauf zu kaufen. *Sounds* ist Nostalgie und eine nach naher Zukunft
riechende Gegenwart zugleich. Und eine Sendung, bei
der man immer etwas lernen kann. Sogar als alter Typ.
Oder: gerade als alter Typ. Dafür muss ich mich bei der
Sounds-Redaktion unbedingt mal schriftlich bedanken.
Also, liebe Hazel, wenn ich dir noch einen Ratschlag
geben darf, einen Ratschlag von einem alten Mann,
der dein Vater sein könnte, in manchen Kulturen gar
dein Großvater: Bleib, wie du bist. Und hör *Sounds* auf
DRS 3.

So, jetzt muss ich aber los, mich wieder in die enge
Rennvelomontur zwängen, ächzend, stöhnend, als zöge
ich die Haut meiner Jugend an, als schlüpfte ich in eine
andere Zeit. Um dann über die Hügel zu fahren und die
Berge mit ihren vor Alter krummen Rücken.

Grüße aus Lycra: Max

PS: Song zum Thema: *Old And In The Way* von der feministischen
Countrysängerin Hazel Dickens. Hazel Dickens: Was für ein Name,
oder? Auch einen anderen Song möchte ich erwähnen: *Help The*

Aged von Pulp, der mit diesen schönen Worten beginnt: »Help the aged / One time they were just like you, drinking, smoking cigs and sniffing glue.«

PPS: Am 7. März hat der Rallyefahrer Walter Röhrl Geburtstag, er wird 70. Am 8. März ist der Internationale Frauentag. Am 9. März hab ich Geburtstag. Am 10. März kommt der Kater. Am 11. März der Katzenjammer. Und so weiter. Die Zeit, sie naht, sie jagt, sie nagt. Es geht Schlag auf Schlag.

Ein Loch in der Zeit

5. März 2016

Im *Brockhaus* schlug ich nach, um herauszufinden, wer Filippo Turati war. Doch im 24-bändigen Lexikon steht nichts über einen Turati, und die nach ihm benannte Straße in Turin wirkt für einen Touristen nicht besonders verlockend. Niemals im Leben wäre ich wohl zu Fuß in sie eingebogen, gäbe es dort nicht die Hausnummer 14, deren schwere Holztüre mit einem kunstvoll geschmiedeten Griff aus Eisen verschlossen war. Auf der Türe sträubte sich eine geschnitzte schwarze Katze, daneben fand ich eine Klingel. Einmal gedrückt, dauerte es nicht lange, und ich wurde eingelassen. Ich betrat das Gatto Nero: ein Restaurant. Jedoch betritt man vor allem etwas anderes: die perfekte Vergangenheit.

Einen Negroni brauchte es als Aperitif, noch saß der Schreck in den Knochen vom nachmittäglichen Besuch des Lingotto, der in den 1920er-Jahren erbauten Autofabrik von Fiat, mit der kilometerlangen Teststrecke auf dem Dach. Einst war dieses betörend schöne Betongebäude Zeugnis davon, dass Italien die Speerspitze des durch die Zeit vorwärtsrasenden Jetzt war. Heute ist das monumentale Betongebäude nicht mehr die Kathedrale des Fortschritts, sondern eine geschändete Ruine, gefüllt mit italienischer Shoppingmall-Gegenwartstristesse: Wo früher Autos vom Fließband liefen, dudelt heute Musik aus schmuddeligen Läden für chinesischen Unterhaltungselektronikschrott und anderen Wohlstandsmüll. Der Fiat Cinquecento 500 wird längst nicht mehr in Turin gebaut, er kommt aus dem serbischen Kragujevac. Der Seicento wird in Esztergom in Ungarn gefertigt. Der Freemont in Toluca in Mexiko.

Im Gatto Nero nahm sich Gilberto Vannelli Zeit, um mit dem Teller aus der höhlenartigen Küche an den Tisch zu kommen. Tadellos weiß gewandet steht der 78-jährige Patron noch jeden Tag in seinem Restaurant. Auf dem Tellerchen unter einem grünen Kräutermantel lag eine Sardelle, eingerahmt von getoastetem Brot und einem Kubus salziger Butter. Es folgte ein mit Perlhuhn gefüllter Kohlwickel. Dann ein Block Parmigiana. Dann ein Teller großzügig mit Olivenöl veredelter Ribollita, einer Gemüsebrotsuppe. Ein Teller mit hausgemachten Nudeln an Entenragout. Ein Teller Tagliata mit grünem Pfeffer und gebackenen Artischocken. Zum Dessert Bonet: ein piemontesischer Schokoladenpudding mit einem hohen spezifischen Gewicht. Selbstverständlich wird jeweils neues Silberbesteck aufgetragen, so wie

man es immer schon gemacht hat. Aber ich möchte festhalten: Es geht hier gar nicht um das Essen – wenigstens
für mich nicht –, obwohl ein jeder Gang grandios war
(das komplette Menü übrigens kostet 60 Euro). Nein,
das Essen hätte auch furchtbar sein können, trotzdem
wäre ich der Magie des Ortes erlegen, gänzlich, diesem
einzigartigen Loch in der Zeit.

Der ehemalige Fiat-CEO Umberto Agnelli saß bei
der Eröffnung des Gatto Nero im Speisesaal. Das war
1958, am 13. März. Seither ist am Corso Filippo Turati 14
nichts passiert, außer dass die Zeit verging, ohne zu ver-
streichen, und man die Pflanzen gegossen hat, die über
die prägnanten roten Backsteinwände des Restaurants
herunterfließen. Noch immer ist das vom damals jungen Architekten Pietro Derossi eingerichtete Lokal mit
den originalen Möbeln jener Epoche ausstaffiert, noch
immer pumpt man das Wasser auf der schmuck geka-
chelten Toilette per Fuß in den Hahn des Lavabos, noch
immer verhängen geraffte Vorhänge das Draußen und
die Gegenwart, noch immer steht der Rattanstuhl mit
dem roten Kissen bei der Garderobe, an der Marcello
Mastroianni oft seinen Mantel abgegeben hat.

Dass man in einer anderen Welt gewesen ist, in einem
zeitlichen Paralleluniversum, das spürt man heftig, sobald man aus dem Lokal auf das Trottoir tritt und in das
wartende Taxi klettert, einen hässlichen Hybriden, erfüllt vom synthetischen Odeur eines Duftspenders und

von aus dem Radio sabberndem Coldplay-Gejammer. »Wohin wollen Sie?«, fragte der Taxifahrer, durchaus freundlich. »Zurück in die Vergangenheit«, hätte ich gern gesagt. Aber es ging dann doch in die Zukunft, in die unmittelbare.

Alle Krähen heißen Hansi

7. März 2009

Den Fernseher schalte ich aus. Das Bild verschwindet mit einem Knistern. Die Zeitung zerknülle ich. Dumpf klingt der Aufprall des papiernen Balls im Müll. Das Buch schlage ich zu. Es fällt zu Boden. All die Zeitverschwendung. All der Blödsinn.

Dann bin ich draußen auf der Straße, an der Station, warte, steige ein, fahre mit dem Tram an den Rand der Stadt. Bald bin ich im Wald. Es ist nicht der Wald, an den ich mich erinnern mag. Es ist nicht der dichte, dunkle, drängende Wald der Kindheit, dieser tannennadelübersäte, fast nachtdunkle Hänsel-und-Gretel-Wald, aber es hat, weshalb ich kam: Bäume.

Manchmal sind Bäume die einzigen Freunde. Bäume sind dicke Kumpel.

Auf den Bäumen sitzen Raben. Oder Krähen. Mir war und ist der Unterschied zwischen Rabe und Krähe unklar, so wie zwischen Fernseher mit LCD- und Plasma-Bildschirm, jedoch aber möchte ich gleich anfügen, dass mir Raben oder Krähen weitaus lieber sind als Fernseher, egal ob LCD oder Plasma.

»Hallo Hansi«, rufe ich. Denn alle Krähen heißen Hansi. Alle Krähen heißen Hansi, seit ich zwölf Jahre alt bin.

Als ich zwölf Jahre alt war, fuhr ich ins Nachbardorf, auf einem baumgesäumten Weg, der einen schmalen Fluss entlangführt, der nach jeder Ortschaft, die er durchfließt, seinen Namen ändert. Ich war mit meinem schlecht gewarteten Rad unterwegs, Marke Tour de Suisse, ein grüner Fünfgänger mit unzuverlässiger Schaltung, schwer wie ein U-Boot, das Vorderrad mit einer üblen Acht, sodass der Reifen am Schutzblech entlangschleifte und bei jeder Umdrehung ein kurzer Pfiff zu hören war, wie von einem Murmeltier, einem Murmeltier, welches ziemlich panisch klang, wenn ich schnell unterwegs war.

Am Bach sah ich Krähen. Sie kreisten. Oder saßen auf einem Baum. Es waren recht viele. Ein schwarzer Schwarm. Ich hielt und stieg vom Velo, schob den Ständer mit dem Fuß herab. Ich ging zum Bach. Am Bord in der Wiese im hohen Gras hockte eine Krähe. Es schien ganz so, dass sie verletzt war. Ein Flügel lahmte. Die Krähen über mir krähten. Ich versuchte mit meinen zwölf Jahren und zwei linken Händen, die verletzte Krähe zu fangen und sie in den Korb zu stopfen, den ich auf dem Gepäckträger hatte, einen Weidenkorb, mit dem ich im

Nachbardorf im Coop hatte für die Mutter Einkäufe erledigen wollen (als Lohn hatte ich mir ein Heftchen namens *Rallye Racing* ausbedungen), aber der Vogel ließ es nicht zu. Das ging recht lange so. Dann gab ich auf. Die Krähen über mir krähten: Sie lachten mich aus.

Was dann geschah, war wie Magie. Die verletzte Krähe hüpfte von sich aus auf den Henkel des Korbs. Ich trug den Korb mit dem mächtigen Vogel zum Velo, befestigte ihn, die Krähe saß still. Wir fuhren zusammen nach Hause. Dort lebte die Krähe mit mir und zwanzig Hühnern. Ich war gut zu ihr. Sie fraß und wurde gesund, und als sie gesund war und wieder fliegen konnte, da blieb sie. Ich nannte sie Hansi. Hansi folgte mir. Kam ich aus dem Schulhaus, da saß Hansi auf dem Baum gegenüber und krähte, als ich von dem dicken Nachbarsbub abgefangen und in den Schwitzkasten genommen wurde. Hansi flog mit mir ins Nachbardorf. Hansi war immer da, wo immer ich war, ein schöner, großer Vogel, glänzend, mit einem Schnabel, der groß war und stark. Hansi war mein bester Freund.

»Hallo Hansi«, rufe ich. Die Krähe sagt nichts. Sie hüpft herum und sieht mich an, und es ist mir, als versuche sie, sich zu erinnern. Ich suche mir einen Baum, der gerade recht ist. Ich schlinge meine Arme um ihn. Dann beginne ich zu klettern. Langsam, so schnell es geht.

Halt mal die Luft an

7. März 2015

Als ich meine erste digitale Armbanduhr mit Stopp-funktion geschenkt bekam, gab es zwei Dinge, die man damals damit tat. Erstens versuchte man, so schnell es ging, hintereinander den Start- und Stoppknopf zu drücken. Das konnte man locker einen halben Tag lang machen, ohne dass einem langweilig wurde – etwa bis man sich von 13 auf 12 Hundertstel verbessert hatte. Das Zweite war, in der Badewanne zu liegen und zu stoppen, wie lange man die Luft unter Wasser anhalten konnte. Das tat man so oft, bis das Wasser kalt und die Fingerbeeren runzelig waren wie Schnitze von Dörr-birnen. Es waren einfache Vergnügen, die einem eine billige Digitaluhr mit Stoppfunktion bescherte, damals, kurz bevor sich das Leben der Kinder dank *Parachute*, *Donkey Kong Jr.* und allem, was noch folgen sollte, für immer verändern würde.

Der Weltrekord im Luftanhalten wird zurzeit von einem Franzosen gehalten, er heißt Stéphane Mifsud. Er nennt sich Mif, und er kommt 11 Minuten und 35 Sekunden ohne Luft aus. Das ist ziemlich lange. Eigentlich ist diese »statisches Apnoetauchen« genannte Sportart eine tolle Sache, denn es geht darum, möglichst nichts zu tun. Man liegt in einem Pool im warmen Wasser, Gesicht gegen unten, und hält die Luft an, alle paar Minuten hebt man den Zeigefinger etwas, um den Anwesenden zu zeigen, dass man noch lebt. Es gilt, jede zusätzliche Bewegung zu vermeiden, und sei sie noch so minimal, denn jede zusätzliche Bewegung ist eine Anstrengung, und eine jede Anstrengung verbraucht Sauerstoff, verkürzt also die Zeit des Luftanhaltens. Erst kurz vor der nahenden Ohnmacht holt man wieder Luft.

Die Luft anhalten: Manche täten gut daran, das mal zu versuchen – denke ich immer wieder, wenn mir aus Versehen die Fernseh-Fernbedienung auf den Boden fällt und der TV dadurch angeht und zufällig gerade *Zischtigsclub* läuft oder die *Arena*. Vielleicht bin ich aber auch einfach eifersüchtig, dass gewisse Menschen zu allem eine Meinung haben.

Trotz der bestechenden Schönheit ist »statisches Apnoetauchen« kein Sport für mich. Ich würde es nämlich niemals schaffen, 11 Minuten und 35 Sekunden lang meine Mails nicht zu checken oder im Internet nicht nach interessanten Dingen zu stöbern, denn das Internet ist voller interessanter Dinge. Erst kürzlich stieß ich während einer längeren Google-Stafette auf die bemerkenswerte Tatsache, dass die erste bildliche Darstellung einer Brille auf Fresken des großen Tommaso da Modena im Dominikanerkloster in Treviso zu sehen ist. Ohne Internet hätte ich dies niemals erfahren. (Und die Reise nach Treviso ist schon geplant, denn die erste bildliche Darstellung einer Brille sollte natürlich jeder Nasenveloträger mit eigenen Augen gesehen haben.)

Auf Venezianisch heißt Treviso übrigens Trevixo. Antonino Rocca wurde im April 1928 dort geboren, der von Stanislaus Zbyszko trainierte Wrestler, der DER Pionier des High-Flying Style werden sollte und immer barfuß kämpfte, um sich und die Welt an die Armut zu erinnern, aus der er gekommen war. Weiß ich alles dank dem interessanten Internet.

Meine von mir selbst diagnostizierte Abhängigkeit von Internet und Ähnlichem entwickelt sich jedoch derart, dass ich mir derzeit ernsthaft Sorgen mache. Erst vor Minuten saß ich im Tram – und alle, aber auch wirklich alle Köpfe waren geneigt, aber nicht in Demut, sondern der Blick war versenkt in Bildschirme kleiner elektronischer Geräte. Was für ein unheimliches Bild einer gestörten Gesellschaft, dachte ich und schüttelte ungläubig den Kopf, um ihn bald zu senken und mich wieder der kniffligen Situation bei einer Online-*Scrabble*-Partie zu widmen. Für ein paar Sekunden hielt ich die Luft an.

Meine kleine Pfeife

9. März 2013

Schon immer wollte ich über meine Pfeife schreiben. Sie ist recht klein – das ist wohl mit ein Grund, warum ich bisher nie in Erwägung gezogen habe, über sie zu schreiben. Ich dachte immer: Sie ist so unbedeutend, meine kleine Pfeife, so nichtig, so bescheiden, so zierlich, verglichen mit der schieren Größe dieser Welt, wer soll sich denn, bitte schön, für meine Pfeife interessieren? Niemand, denn sie ist nichts.

Es ist auch gar keine echte Pfeife, sondern eine Miniatur, nicht länger als sechs Zentimeter, sie hängt an einer feingliedrigen, goldfarbenen Kette aus nicht zu hartem Stahl, an deren Ende sich ein verschließbarer Ring findet: Sie ist ein Schlüsselanhänger. Ein ganz gewöhnlicher Schlüsselanhänger. Allerdings muss ich sagen, dass sie sehr gut gemacht ist, denn sie sieht tatsächlich verblüffend nach einer echten, ernsthaften Tabakspfeife aus. Das schwarze Mundstück ist aus Bakelit gefertigt, der Kopf aus hartem, hitzeresistenten Bruyère-

Holz. Theoretisch ist meine Pfeife voll funktionstüchtig, ja, ein Hamster könnte damit formidabel starken Tobak paffen.

Ich kaufte die Pfeife, die eben keine Pfeife ist, sondern ein Schlüsselanhänger, vor einiger Zeit für fünf Franken in einem Geschäft für alte Dinge mit nostalgischem Charme. Es war ein ganz und gar unnötiger Kauf. Ich hätte mit den fünf Franken anderes kaufen können, hartgekochte Eier beispielsweise, eine dicke Wurst, zwei Tuben Mayonnaise. Kein Mensch braucht einen Schlüsselanhänger in Form einer Pfeife, schon gar nicht ich, denn ich rauche nicht, hab es nie getan, bin kein Günter-Grass-Fan und auch kein Spross einer Pfeifenbauerdynastie (das könnte ja noch Sinn machen, dass man seinen Autoschlüssel an dem Pfeifenschlüsselanhänger baumeln hat und ihn lässig in der Bar auf den Tresen legt, worauf zum Beispiel eine Frau sagt: »Wow, Sie haben aber eine tolle Pfeife!« Und man könnte sagen: »Nicht ohne Grund, ich komme aus der berühmten Pfeifenbauerdynastie Saftsack & Sohn, ich würde Ihnen das gerne näher erklären, haben Sie ein Stündchen Zeit, Madame?«) Aber deshalb kaufte ich sie wohl auch: Weil ich sie ganz und gar nicht brauche; die Absichtslosigkeit rechtfertigte in meinen Augen die Akquisition.

Was aber braucht der Mensch überhaupt? Nichts, denn alles ist nichts. Es gibt nur einen selbst, alles andere ist nicht von Bedeutung. Das wussten schon die Stoiker wie Seneca, und so sah es auch der britische Künstler Michael Landy, als er sich entschloss, die Aktion »Break Down« auszuführen. In einem ehemaligen C&A-Laden an der Oxford Street in London baute er im Jahr 2001 eine Installation auf. Es war eine industriell gebaute Vernichtungsmaschinerie, denn er hatte sich vorgenommen, all seinen Besitz loszuwerden. Gnadenlos zerstörte er zusammen mit zehn Helfern innert zweier Wochen alles, was er zuvor akribisch inventarisiert hatte: 7227 Gegenstände waren es, darunter all seine Möbel, seine erste selbst gekaufte Schallplatte von David Bowie, den Videorekorder, Socken, Fotos, einen Schirm, was man so besitzt, was sich eben alles so anhäuft mit den Jahren. Sein kirschroter Saab 900 musste daran glauben wie auch Kunstwerke, die ihm einst seine Freunde geschenkt hatten (seine Freunde hießen etwa Tracey Emin oder Damien Hirst, was wiederum heißt, dass diese Kunstwerke nicht eben wertlos waren); einfach alles wurde zerstückelt und zerfetzt. Sogar den Schaffellmantel seines Vaters schredderte Landy, obwohl der Mantel für ihn am meisten Wert hatte, denn er war mehr Gedenken als Gegenstand (bis zuletzt hoffte der Künstler, jemand möge den Mantel stehlen, damit er der Vernichtung entging, was aber nicht geschah).

Ganz am Ende, als er alles vernichtet hatte, seinen ganzen Besitz, seinen Plunder, sein Hab und Gut, da war er dann aber doch nicht ganz ohne. Etwas blieb ihm: Schulden nämlich. Denn die Zerstörung seiner Sachen war leider nicht gratis.

Während der Aktion sei ein großes Gefühl von Freiheit über ihn gekommen, sagte Landy in einem Interview.

Dann aber, nach der großen Aktion, da hätten die Sorgen des täglichen Lebens diese Freiheit erodiert. Landy wurde nicht zum Heiligen, sondern blieb der, der er zuvor gewesen war: jemand, der Kleidung braucht, ein Sofa, einen Fernseher, einen Kühlschrank – ein normaler Mensch eben.

Ja, liebe kleine Pfeife, dieser Text ist für dich, du unnützes Ding, ich hab dich gern. Und er ist für all die anderen unnötigen Dinge, die nötig sind, auch wenn wir nicht wissen, warum, weshalb, wieso.

Er war groß, er war laut

14. März 2009

Es gibt viele Gründe, warum das Lesen eines Textes schöner ist als das Schreiben eines solchen. Einer davon ist: Lesen kann man überall. Im Bett beispielsweise. Es gibt nicht viele Dinge, die schöner sind, als in einem von der Nacht warmen Bett zu liegen und zu lesen, dann und wann hinüberzublicken auf die Liebe seines Lebens, die sich im leichten Schlaf des frühen Morgens bewegt, vielleicht noch in einem Traum ist, der sie lächeln oder gar ein Wort sagen lässt, ein Wort, das man nicht versteht.

Im Bett kann man nicht schreiben.

Es geht nicht. Die Arme schlafen ein. Der Rücken tut weh. Die Decke fällt einem auf den Kopf. Man kann an ganz wenigen Orten schreiben. Lesen kann man überall.

Früher, als ich knapp zwanzig war, ging ich in aus heutiger Sicht bedenklicher Kleidung mit bedenklicher Frisur und nach Kouros riechend, als hätte ich darin gebadet, immer mittwochs in eine Disco am Basler Barfüsserplatz, die von Bhagwan-Jüngern geführt wurde. Mittwochs wurde die gute Musik gespielt. Dort tanzten die Leute, tranken und rauchten – und ich kam herein, setzte mich an einen der Tische, nahm das Buch, das ich mir unter die Achsel geklemmt hatte, legte es auf den Tisch, öffnete es, beugte mich darüber und begann zu lesen. Manchmal war das Licht so dunkel, dass ich nicht sah, was ich las – und die Stroboskoplampe, die ihre Blitzkriege austrug, die machte die Sache auch nicht einfacher, ebenso wie – pffffffft! pffffffft! – die Nebelmaschine. Ich tat dann einfach, als läse ich.

Ich hatte das Gefühl, dass ich eine extrem intellektuelle Ausstrahlung hatte.

Ich las Bücher von Autoren, deren Namen ich mir nicht merken konnte.

Ich las Bücher mit Titeln wie *Psychedelic Therapy and Holonomic Integration. Implications of Modern Consciousness Research for Transpersonal Psychology*, obwohl mein Englisch nicht einmal für einen Songtext von U2 ausreichte.

Ich muss ein furchtbar doofer Anblick gewesen sein – und aus heutiger Sicht ist mir nun auch klar, warum ich nach der Disco immer, immer, immer alleine nach Hause ging. Das Lesen war nie das neue Tanzen und wird es auch nie sein. Das Schreiben schon gar nicht.

Meistens schreibe ich im Büro. Das ist nicht sehr originell – aber so ist das Leben nun einmal. Ganz selten schreibe ich woanders. Manchmal im Zug, bevor mich die an mir vorbeiziehende Landschaft derart lähmt, dass ich einschlafe. Letzthin schrieb ich in einem Starbucks, weil es dort gratis Internet gibt. Aber vom Kaffee wurde mir übel, und vor allem hatte ich Ohren, oh diese verdammten Ohren, mit denen ich hörte, was die am Tisch nebenan sprachen, redeten, was ihnen aus den Mündern fiel. Ich dachte erst, ich sollte einfach aufschreiben, was die redeten, und ihre Worte als meine ausgeben, aber mir war schnell klar, dass man mich dann wegsperren würde.

Natürlich sieht man einer Geschichte nicht an, wo sie geschrieben wurde. Diesen Text jedoch habe ich im Kino geschrieben. Sicherlich ein ungewöhnlicher Ort zum Schreiben, vor allem wenn es im Text überhaupt nicht ums Kino geht. Ich hatte zuvor schon in Kinos gelesen – Leo N. Tolstoi, James A. Michener, solches Zeugs –, aber nie geschrieben, und ich hatte auch gar nicht vor, im Kino zu schreiben. Aber der Film war so schlecht, dass ich mein Notizbuch aus der Tasche holte, meinen Füller – und anfing. Dank den vielen Explosionen im Film hatte ich auch genug Licht. Welcher Film es war? Ich habe keine Ahnung mehr. Aber er war groß, er war laut, und am Ende wurde es dunkel, bevor es wieder hell wurde.

In vino veritas

16. März 2013

Mein Nachbar besitzt einen Weinkeller. Ich schaue ihn mir manchmal an, durch die Zwischenräume des Lattenverschlags, wenn ich die 60°-Wäsche in den Tumbler umgeladen habe. Ich habe keinen Weinkeller. Nicht, dass es keinen Platz gäbe in meinem Kellerabteil, nein, problemlos könnte man dort Hektoliter lagern. Nur bin ich der Typ Einzelflaschenkäufer, gehöre also zu jenen Menschen, die unfähig sind, in die fernere Zukunft zu denken. In dieser Hinsicht funktioniere ich so primitiv wie ein einfaches Tier: Die Ware wird beschafft, wenn das direkte Bedürfnis danach vorhanden ist.

Ich weiß, es gibt andere Typen. Ich kenne beispielsweise einen, der kauft das Toilettenpapier palettenweise. Das sind dann 49 Packungen mit je 30 Rollen, was 1470 Rollen macht, von der jede wiederum 250 Blatt hat. Er hat also 367 500 Blatt vorrätig, was wiederum heißt, dass er für eine Weile Ruhe hat, wenigstens was den Nachschub von Toilettenpapier angeht.

Nun ist das Bedürfnis nach gewissen Dingen wie Wein leider nicht immer parallel geschaltet mit den zwar liberalen, aber doch beschränkten Ladenöffnungszeiten, und so kann es vorkommen, dass die Beschaffung mit Problemen verbunden ist, etwa wenn das Bedürfnis abends um elf an die Türe klopft.

Um elf Uhr abends kam ich von einer langen Reise nach Hause, saß mit der Frau in der Küche und sagte: »Jetzt ein Glas Wein, das wärs!« Natürlich war kein Wein vorrätig, es gab nur noch Milch, Sojasoße und die Flüssigkeit im großen Essiggurkenglas. Da fiel mir ein, was ich durch den Lattenzwischenraum im Keller jeweils sehe. Und mir fiel ein, dass wir einen Schlüssel für des Nachbars Wohnung hüten, für alle Fälle. Ich sagte meiner Frau: »Jetzt ist ein typischer Fall von ›für alle Fälle‹.« Also schritt ich zur Tat, griff nach dem Schlüssel, der an einem Haken im Küchenschrank hängt, und ging in den Keller, um zu tun, was ich noch nie getan hatte.

Im Keller steht ein Regal voller Kisten. Eine Kiste davon war geöffnet. Ich griff hinein, entnahm eine Flasche, murmelte, was auf dem Etikett stand: »Pannobile 2007, Weingut Beck, Burgenland«. Ich schloss die Gattertüre hinter mir zu, ging hoch, öffnete den Wein, der Korken knallte fröhlich, als ich ihn mit Schwung aus dem Hals zog und die Bedenken meiner Frau beschwichtigte – gleich morgen würde ich die Flasche ersetzen, kein Problem. Zwei Gläser goss ich voll, und wir prosteten uns zu.

Die leere Flasche landete im Altglas und die Menschen im Bett. Friedlich schlief ich ein. Dann aber hatte ich einen Traum. In dem Traum kamen drei böse Männer vor, die Kostüme trugen, die Zahlen darstellten. Einer war die 1. Einer die 3. Einer die 9. Wild tanzten sie durcheinander, bis sie schließlich die Zahl 139 bildeten und auf mich zeigten mit ausgestreckten Zeigefingern. Ich schrak aus dem Schlaf auf. Was wollte mir der Traum sagen? Natürlich! Artikel 139 des Strafgesetzbuches, »Strafbare Handlung gegen das Vermögen/Diebstahl«. Das musste es sein. »1. Wer jemandem eine fremde bewegliche Sache zur Aneignung wegnimmt, um sich oder einen andern damit unrechtmäßig zu bereichern, wird mit Freiheitsstrafe bis zu fünf Jahren oder Geldstrafe bestraft.«

Fünf Jahre! Ich konnte nicht mehr schlafen. Gleich am Morgen ging ich zum Weinhändler. Nein, sagte der, der 2007er sei ausverkauft, lange schon. Ich fing an, herumzutelefonieren. Aber niemand hatte diesen Wein. Ich wurde nervös.

Mein Nachbar ist Anwalt. Schon sah ich mich vor Gericht und dort in einem Kreuzverhör, ich hörte Handschellen einrasten, den Hammer eines Richters niedersausen und eine Eisentüre hinter mir zuschlagen. Wie lange würde ich meine Kinder nicht mehr sehen

können? Also fing ich an, systematisch alle Weinhand-
lungen der Schweiz anzurufen. Niemand hatte diesen
raren Tropfen. Es dauerte und dauerte, und ich gab die
Hoffnung schon fast auf, dann wurde ich tatsächlich
noch fündig, in Luzern. Ja, genau noch eine letzte Flasche habe man an Lager. Eine einzelne. Ich raste nach
Luzern, bezahlte erfreut die 37 Franken, ich hätte auch
zehnmal so viel bezahlt. Wieder zu Hause, ging ich mit
pochendem Herzen auf Zehenspitzen in den Keller,
legte die Flasche zurück in den Karton, ganz sachte, es
gab kein Geräusch.

Wieder in meiner Wohnung, atmete ich kräftig
durch. Es war vollbracht. Mein Gewissen war wieder
rein. Ich fühlte mich leicht. Die Tat, so ungeheuerlich
sie gewesen war, war ungeschehen gemacht. Und das
Beste: Niemals würde mein Nachbar davon erfahren.
Niemals.

18. März 2017

Liebe A.

Das letzte Mal, als ich dich gesehen habe, war vor dreißig Jahren oder mehr. Die Erinnerung ist vage, aber was ich noch weiß: Ich war ziemlich verliebt, damals, so wie man verliebt sein kann als Teenager ohne praktisches Vorwissen, also mit steter Schamesröte im Gesicht und juckender Kopfhaut und vor Flauheit leichter Übelkeit, wenn ich dich an der Postautohaltestelle stehen sah oder auf dem roten Tartanplatz. Du warst schön und selbstbewusst, mit geradem Rücken gingst du durchs Dorf, immer sah ich dich fröhlich, und ich war der, der ich war, ein dicker Junge mit Brille und von Katzenflöhen zerstochenen Beinen, ein Bauerntrampel mit unerklärlich riechenden Füßen, der auf einem Hof halb im Wald hauste und die Haare von den Schwestern geschnitten bekam, die lieber noch eine Schwester denn einen kleinen Bruder gehabt hätten.

Dann zogst du weg, ich weiß nicht, wohin, ins Welschland, glaube ich. In den Jahren danach dachte ich dann und wann an dich, wenn es mir schlechtging vor Liebes- und Allgemeinkummer, fantasierte, wie alles hätte anders werden können. Hätte es so etwas wie die Anonymen Adoleszenten gegeben, ich wäre hingegangen. Doch die Zeit ist eine verlässliche Verbündete: Irgendwann vergaß ich dich und den mit dir gekoppelten Kummer, mehr und mehr, dann ganz und gar.

Bis letzten Sommer. Im Hotel Eden au Lac in Zürich, als ich aus meinem Roman las vor der Moneypenny Society. Zwischen zwei Absätzen hob ich den Kopf und schaute mit halb scharfem Blick ins Publikum. Da sah ich dich – und mir fiel nicht alles sofort wieder ein, aber doch vieles aufs Mal. Stockend las ich weiter.

Wir sprachen nach der Lesung, es gab Champagner und Happen, aber du bliebst nur kurz, musstest heim zu den Kindern und deinem Leben. Nachdem du gegangen warst, hatte ich eine grandiose Idee: Das wäre der Stoff für meinen nächsten Roman. Genau: Nach dreißig Jahren trifft ein Autor seine Jugendliebe am Rande einer Lesung. Und wie bei einem längst erloschen geglaubten Waldbrand führe der Wind hinein und: Wusch! Die Flammen schlügen hoch. Genial! Sofort machte ich mich daran, die Geschichte zu skizzieren, dachte mir diverse Szenerien aus, abstruse Wendungen, hundert verschieden schattierte mögliche Enden. Und ich war mir sicher: Dieser Roman würde ein Bestseller werden, den sogar das Feuilleton des *Tages-Anzeigers* nicht ignorieren könnte! Ruhm und Reichtum wären die logischen Folgen. Ja, ich konnte mir das alles schon ausmalen in ziemlich hellen, kräftigen Farben und googelte bald eifrig nach erwerbbaren Immobilien am Meer.

Eine Woche später bekam ich von einer Freundin ein Buch geschenkt. *Sozusagen Paris* von einem Navid Kermani. Sie sagte, während sie es mir reichte, ich es griff und sie es noch festhielt: »Es ist toll!«. Abends im Bett nahm ich mir vor, die ersten vier Seiten zu lesen, die übliche Dosis, bis ich einzunicken pflege. (Mehr schaffe ich nicht, und ehrlich gesagt: Ich weiß ja nicht, wann all die Leute all die Zeit finden, all die Bücher zu lesen, die sie angeblich lesen. Aber das ist wieder eine andere Geschichte.) Die Geschichte des Buches ist die: Ein Schriftsteller hat ein Buch geschrieben über seine Jugendliebe, dann trifft er zufällig nach einer Lesung aus ebenjenem Buch ebendiese Jugendliebe, dreißig Jahre nach dem Letztkontakt. Die Vergangenheit, die Gegenwart und so etwas wie die mögliche Zukunft gehen dann einen trinken. Ja, darum geht es.

Mit zunehmendem Ekel las ich weit über die übliche Schlummerdosis hinaus im geizigen Licht der Nachttischlampe, bis irgendwann das Buch mit Heftigkeit durch den Raum geschleudert wurde, von meiner Hand, begleitet von ein paar Flüchen, aus meinem Mund, und das Buch an der Wand auftraf, den Rücken brach. Meine Frau erwachte vom Gepolter, setzte sich auf. »Was ist los?« – »Ach, nichts, bloß ein misslungenes Buch. Ich musste es töten.« Beruhigt murmelnd, schlief meine Frau wieder ein, ich aber lag noch lange wach, wütend, schnaubend, betrogen um ein schönes Stück Zukunft, einmal mehr.

Tja, so wird das halt schon wieder nichts mit uns zweien. Bis in dreißig Jahren wieder?

Lieber Gruß, Max

PS: Song zum Thema: *Teenage* von The Brilliant Corners, gefunden auf *Heart On Your Sleeve: A Decade in Pop 1983–1993.*

Die Grausamkeit des Schnees

21. März 2009

Das Schlimmste am Schnee, was nicht auszuhalten ist, das ist die Stille. Diese grausame Stille. Er fällt vom Himmel, langsam, so höhnisch langsam. Tonnen fallen von oben herunter. Tonnen und Abertausende von Tonnen! Und man hört nichts. Nichts. Es ist diese Stille, die mich wahnsinnig macht. Sie macht mich rasend. Ich will Regen. Heftig prasselnder Regen, Schauer, platzende Tropfen. Ich möchte platzende Tropfen auf der Straße, Explosionen, ich will Lärm. Lärm! Aber keine Stille, nicht diese schreckliche Stille des Schnees.«

Nachdem sie es gesagt hat, sieht sie ihn an. Er sitzt neben ihr auf den Stufen vor dem Haus. Er ist wie Schnee: Er sagt nichts. »Sag etwas«, sagt sie. »Es ist vorbei«, sagt er, »es wird keinen Schnee mehr geben. Es ist Frühling geworden.«

»Ich traue der Sache nicht«, sagt sie. »Noch hundert Tage traue ich der Sache nicht.« – »Du kannst mir glauben. Es gibt keinen Schnee mehr. Der Winter, so unendlich lange er auch gedauert hat, ist vorbei. Es ist ausgestanden.« –

»Und woher weißt du das? Stand es in der Zeitung?« Er übergeht ihre spitze Bemerkung. Er weiß nicht, warum sie ihre Bemerkung spitz formulierte, und sagt bloß: »Meine Augen lügen nicht. Ich spüre es in meinen Augen. Bald geht es richtig los.«

Sie sitzen in Pullovern auf den Stufen vor dem Haus unter einem Ahornbaum, von dem sie nichts wissen, außer, dass es ein Ahornbaum ist. Auch die größten Flora-und-Fauna-Banausen erkennen noch einen Ahornbaum. Sie beide sind allergrößte Flora-und-Fauna-Banausen. Er weiß nicht, was sie auch nicht weiß, dass es ein Italienischer Ahorn ist, den man zudem sowohl Frühlings-Ahorn wie auch Schneeball-Ahorn nennt. Es hätte keinen besseren Baum geben können, um darunter dieses seltsame Gespräch zu führen. Bald würden seine Knospen aufplatzen. Bald würde er blühen in hellstem Gelb. Er würde sagen: »Frühlings-Ahorn«. Sie »Schneeball-Ahorn«.

Auf der Straße fährt ein Lieferwagen vorbei. Er liest laut, was auf dem Lieferwagen steht. »Frittieröl Abholservice«. Sie sieht den Wagen nicht, und auch hörte sie nicht, was er eben sagte. Sie blickt auf die Stufen, auf denen sie sitzen. Sie sind kühl. Eine Ameise schleppt etwas. Das Etwas ist zehnmal größer als die Ameise selbst. Sie denkt: So kommt mir das Leben manchmal vor.

Aber sie sagt nichts. Er sagt es erneut. »Frittieröl Abhol-service«. Er schüttelt bedächtig den Kopf, denkt, dass es Dinge gibt, von denen er nichts weiß – und dass es viel-leicht besser ist, dass er nicht von ihnen weiß. Er denkt an altes Frittieröl. Der Gedanke an den Geruch lässt ihn erschaudern. Sie sagt: »Machen Ameisen Winterschlaf?«

Er sagt: »Lass uns auf den Markt gehen. Wir kaufen frische Erbsen. Ich möchte Erbsen aushülsen.« Er weiß, dass es nicht viele Dinge gibt, die schöner und befrie-digender sind, als Erbsen aus den Hülsen zu drücken, er vermisst den hellen Klang der kleinen runden Kugeln, die in die Schüssel fallen, springen, schießen.

Sie hofft, dass bald, bald, bald ein Regen über sie käme. Ein heftiger Platzregen mit Tropfen groß wie Trauben, die laut auf dem Asphalt aufschlagen. Sie säße auf den Stufen vor dem Haus unter dem Ahorn, der sie erst noch schützen würde. Doch dann würde der Regen durch das Blattwerk fallen, und sie würde nass bis auf die Haut. Dann endlich wüsste sie mit letzter Gewissheit, dass es nun vorbei war, und dass es nun anfangen würde.

Dann stehen sie auf. Sie schiebt ihre Hand in die seine. Sie gehen Hand in Hand auf den Markt und kau-fen frische Erbsen.

Die Dinge, von denen man zu wenig hat

22. März 2014

Das Prinzip der Verdopplung ist mir bekannt, und auch in der Praxis habe ich schon damit Bekanntschaft gemacht. Ich kenne die Doppeldeutigkeit, den Doppelklick, den Doppelnelson, die Doppelverdiener, das Doppelzimmer und den Doppelrahm. Unbekannt hingegen ist mir persönlich das Doppelleben.

Ein Doppelleben stelle ich mir sehr, sehr aufwendig und anstrengend vor. Ein mir entfernt bekannter Möbelhändler führt ein solches. Er hat es mir nicht selber erzählt – so gut kenne ich ihn nicht. Einer seiner Gehilfen hat geplaudert, als er mir ein Möbelstück lieferte aus einer fernen Stadt. Er saß in der Küche, wir tranken Kaffee, und der Gehilfe war wohl froh, nach der langen Fahrt ohne Beifahrer und nur mit dem Sessel im Laderaum jemanden zum Plaudern zu haben, auf jeden Fall erzählte er von seinem Chef: »Weißt du, der Ballaballa* geht abends ja gern früh zu Bett, was seine Frau sehr freut, denn sie leidet ihr ganzes Leben schon darunter, dass sie so früh müde ist. Sie dachte immer, das mache sie unsexy, das sei langweilig und uninteressant: eine Frau, die um neun Uhr abends schon zu Bett gehen will mit Bettsocken an den Füßen, Bettflasche in den Armen, die Augen schon halb unten. Und ja, natürlich ist das uninteressant und unattraktiv und langweilig, er aber sagte immer gleich: ›Oh super, ich komm auch ins Bett, ist doch viel klüger, als noch fernzusehen oder ein Buch zu lesen, aus dem man nichts lernt.‹ Kaum hat er ›Träum süß, mein Seeanemönchen‹ oder was auch immer geflüstert, da schläft sie ein, und er bleibt noch einen Moment liegen. Wenn sie dann leise schnarcht und ausschaut wie von Holbein gemalt, dann schlüpft er aus dem Bett, hockt sich hin, schaltet den Computer an und zockt die ganze Nacht durch, Onlinepoker: Das ist seine geheime Leidenschaft, von der sie nichts erfahren soll.«

Der Gehilfe nahm noch einen Kaffee und erzählte weiter. Der Möbelhändler führt noch ein weiteres Doppelleben: Er unterhält nicht nur die reguläre Beziehung zu seiner gern früh müden Frau, sondern hat eine zweite Wohnung gemietet. Diese Wohnung hat er nicht nur mit all den Möbeln eingerichtet, die seine Frau nicht in der gemeinsamen Wohnung sehen will, weil sie sie unpraktisch, unbequem oder hässlich findet, nein, in der geheimen Wohnung trifft er sich mit einer anderen Frau, über Mittag etwa, wenn er offiziell im Fitnesscenter ist oder im Lunchkino.

Der Gehilfe sagte: »Ein Doppelleben, ich könnte mir das nicht leisten, so interessant ich es mir vorstelle – Zeit, Geld und Nerven, all die Dinge, von denen man zu wenig hat.« Ich nickte. Der Gehilfe nickte ebenfalls, ich wusste nicht, ob er seinen Chef für sein doppeltes Doppelleben bewunderte oder verachtete.

Ein Doppelleben: Habe ich doch eines? Es muss so sein. Anders kann ich mir gewisse Vorgänge in meinem Leben nicht erklären. Zum Beispiel jene Vorgänge, die mit meinem Postscheckkonto zu tun haben. Heute etwa stand ich vor dem Postomaten, um wie üblich die Summe von 260 Franken abzuheben. Und wie jedes Mal schätzte ich, wie hoch der aktuelle Kontostand sein würde, während ich die Geheimzahl eintippte. Ich stellte mir Summe X vor. Nachdem ich jedoch die Option »Kontostand« gewählt hatte, sank meine Laune merklich ab – es ist ein ähnliches Gefühl wie in einem Lift, der zwar auf dem gewünschten Stockwerk hält, um dann nur den Bruchteil einer Sekunde später noch etwas abzusacken, bevor die Türe sich öffnet. Die angezeigte Zahl entsprach keineswegs der von mir geschätzten Summe. Die Differenz war nicht gewaltig, nicht spektakulär, nicht alarmierend, aber doch so groß, dass ich in leicht gedämpfter Stimmung die 260 Franken im Portemonnaie versorgte und mich von dem Geldautomaten entfernte. Jemand musste heimlich Geld gezogen haben, wieder einmal, und dieser Jemand konnte nur ich selbst gewesen sein. Aber wofür hatte ich das Geld ausgegeben?

Ich muss also ein Doppelleben haben. Nur ist das so geheim, dass selbst ich nichts davon weiß, leider – oder glücklicherweise.

* Name geändert

Das Reifen, die Reifen

28. März 2015

Es gibt Orte, an denen riecht es, wie es nirgendwo sonst riecht. Würde man mit verbundenen Augen dorthin gebracht, wüsste man sofort, wo man ist. Ich schloss die Augen und sog tief den betörenden Duft ein. Hätte ich den Geruch in jenem Moment beschreiben sollen, ich hätte wohl mit der Schulter gezuckt, und es hätte wohl eher fragend geklungen: »Die, äh, Würze des Fortschritts, als man noch an ihn glaubte?« – »Hmmm«, sagte der Mann, der mir gegenübersaß. Er ist ein sehr sympathischer Mensch, ein Typ mit gutmütiger Ausstrahlung. Er ist groß und stark und sieht aus, als könne er ein Auto mit einer Hand heben: mein Reifenhändler. »Hmmm«, sagte er erneut, hinter dem Schreibtisch in seinem kleinen Büro sitzend, in den Computerbildschirm blickend. Durch die offene Türe zur Garage drang das rasselnde Geräusch eines Druckluftschraubers. Entfernt dudelte ein Radio. Extrabreite Felgen der Marke »Dezent« hingen an der Wand, auf Hochglanz poliert – wie gut doch der Name manchmal zum Produkt passt. Des Reifenhändlers von der Arbeit schwarzdreckige Finger geierten über der Computertastatur, um dann und wann niederzusausen, und er machte nochmals »hmmm«, dann »soooo«. Er schaute mich an, holte Luft und sagte: »Also. Die Conti kann ich Ihnen für 729 geben, das sind sehr gute Pneus. Kann man nichts sagen. Top Ware. Aber ich hätte da noch ein ganz spezielles Angebot für Sie. Nämlich einen Satz Pirelli Cinturato P7, für … Moment, schnell nachschauen … hmmm … für 539 inklusive Montage und allem Drum und Dran. Ich muss dazu sagen: Die Pirelli sind nicht ganz neu. Also verschrecken Sie jetzt nicht, ich will Ihnen nicht alte Pneus andrehen, sie sind schon neu, die waren noch nie montiert, wurden noch keinen Meter gefahren, aber sie kommen nicht frisch aus der Fabrik, sondern sind schon eine Weile hier bei uns im Lager. Dazu muss ich sagen: fachgerecht gelagert natürlich, unter perfekten Bedingungen. Sie wissen schon: Luftfeuchtigkeit, Licht, Staub und so. Die haben bei uns ideale Bedingungen.«

Ich schaute meinen Reifenhändler an. Er schaute mich an. Nun war es an mir, »hmmm« zu sagen. Gern hätte ich etwas in der Nase gebohrt, um besser nachdenken zu können, aber ich ließ es sein. Mein Reifenhändler sagte: »Wissen Sie: Mit den Pneus ist es wie beim Wein. Der wird ja auch mit dem Alter immer besser. Er muss reifen. Wenn Sie beim Wein aber einen schlechten

Tropfen haben, einen Fusel, dann können Sie den natürlich so lange lagern, wie Sie wollen, der wird nicht besser. Was schlecht ist, das bleibt schlecht. Gutes aber wird besser. Bei den Pneus ist es genauso. Ein Billigreifen aus China: Der bleibt, was er ist. Ein Pirelli aber, ein paar Jährchen gelagert, der ist perfekt! Der Gummi ist dann etwas ausgehärtet, so wird er griffiger. Also: Pirelli oder Conti?«

Es gibt Dinge, die hat man so in seinem Leben noch nie gehört. Zum Beispiel, dass es mit den Reifen ist wie mit dem Wein. Und natürlich nahm ich die Jahrgangs-Pirelli. Wie hätte ich sie nicht nehmen können? Perfekt gereifte Reifen aus Norditalien, beste Lage also, für 539 Franken mit allem Drum und Dran, da kann man nichts dagegen sagen. Meine Rechte verschwand in der Pranke des Reifenhändlers. Und ich sog nochmals tief die Luft ein, ehe ich aus der Werkstatt ging, wie zum Abschied grüßend rasselten die Luftdruckschrauber. Ich freute mich schon auf den Tag, wenn der Sommer endlich vorbei wäre und der Herbst auch, wenn ich wiederkäme, um die Winterräder montieren zu lassen. Und als ich um die Ecke ging, fiel mir ein, dass ich ganz und gar vergessen hatte, nach einem Pirelli-Kalender zu fragen.

Beim Zahnarzt

29. März 2017

Mein Mund: ein Pkw. Kein Neuwagen zwar, nein, dies nicht, aber sicherlich ein gebrauchter Jaguar, gepflegt, aus dritter Hand mit 130000 Kilometern auf dem Tacho und weißen Ledersitzen. Wenn man bedenkt, was da alles in meinem Mund steckt (und wie günstig man heutzutage einen Jaguar mit 130000 Kilometern bekommt). All das Amalgam. All die Arbeitsstunden. All die Spritzen. All die Röntgenbilder. All die verbohrten Bohrspitzen. All die herausoperierten Weisheitszähne. Deswegen sollte mein Zahnarzt frohlocken, wenn ich ihm die Hand zur Begrüßung reiche. Ja, er sollte tanzen vor Begeisterung und einen Freudenschrei ausstoßen, denn wenn ich komme, dann kommt Arbeit. Ich bin sein Geld auf zwei Beinen. Und er lächelt auch, als wir uns sehen, wenn auch bloß milde, bittet mich mit einem kurzen Nicken auf den Behandlungsstuhl und macht sich sogleich an die Arbeit. Die Maschinerie gurgelt, zischt, kreischt. Ich kralle meine Fingerspitzen

in die kunststoffweiche Sessellehne, als er sich mit seinem metallharten Werkzeug in meinem Mund an die
Arbeit macht, hier kratzt, dort schabt, und er bald etwas
Besorgniserregendes murmelt, gedämpft kommt es unter seinem hygienischen Mundschutz hervor. Er nickt
und lässt sich von seiner Assistentin eine Spritze reichen,
die feine Nadel dringt ins Zahnfleisch, hier, dort, feine
Pikser, und nochmals hier, nochmals dort.

Der Zahnarzt richtet sich auf, zieht seinen Mundschutz herunter, sagt, es dauere nicht lange, dann wirke
die Spritze, und erhebt sich von seinem Hocker. Ich
liege mit offenem Mund auf dem Stuhl. Mein Zahnarzt tritt in seinem gestärkten, weißen Kittel ans Fenster.
Man hat von seiner Praxis aus einen prächtigen Ausblick
über die Dächer der Stadt. Dick quillt der Rauch aus
dem langen Schlot eines Fernheizwerkes. Ein Schwarm
Tauben ändert abrupt die Flugrichtung. All die Zahn-
ärzte, die ich bisher aufsuchte in meinem löchrigen Leben, hatten ihre Praxen immer in den obersten Stock-
werken der Liegenschaften. Noch nie hatte ich mich
gefragt, weshalb dem so war.

Mein Zahnarzt steht mit hinter dem Rücken verschränkten Armen am Fenster und blickt hinaus. Ich
sehe ihn am Rande meines Blickfeldes. Er summt ein
Lied. Ist es der *Hummelflug?* Ein Jet durchschneidet den
makellos bleichblauen Himmel, einen Kondensstreifen
hinter sich herziehend, der bald wieder verschwunden

ist. Filigrane Baukrane verrichten in der Ferne ihre schwere Arbeit. Die Maschine, die den Schleim aus meinem Mund saugt, faucht und gurgelt. Als ich meinen Kopf wende, so gut es geht, da sehe ich, wie mein Zahnarzt mit seiner Nasenspitze die Fensterscheibe berührt, ganz fein, und durch seinen weit geöffneten Mund aushaucht, dann einen Schritt zurückmacht, um aus etwas Distanz die Form seines kondensierten Atems an der Scheibe zu studieren. Er sieht aus wie ein Totenschädel. Schnell wende ich meinen Kopf wieder zurück und blicke geradewegs in das gleißende Licht der Operationslampe. Schließlich sagt mein Zahnarzt mit ruhiger Stimme wie zu niemand Bestimmtem: »Manchmal würde ich gerne alles hinschmeißen. Ein Jahr weg. Um die Welt reisen. Einfach alles stehen- und liegenlassen. Auf und davon.« Dann schweigt er. Ich nicke und versuche, etwas zu sagen, denn ja: Das wäre sicherlich eine schöne Idee, toll, grandios sogar, aber bitte nicht jetzt in diesem Moment, nicht jetzt! Das will ich sagen, aber die Absaugvorrichtung liegt röchelnd in meinem Mund, und ich gebe bloß seltsame, gurgelnde Laute von mir. »Einfach alles stehen- und liegenlassen«, sagt er nochmals, den Kopf nun in meine Richtung gewandt, »eine Weltumsegelung. Einmal rundherum.« Dann schreitet er geräuschlos über den Teppich zurück zum Behandlungsstuhl. Er lächelt, zieht seinen Mundschutz hoch und beugt sich über mich, steckt seine Finger zusam-

men mit einem kalten Metallinstrument mit einem bi-
zarr verzwickten Haken am Ende in meinen Schlund,
der beinahe so weit aufgerissen ist, wie meine Augen
es sind. »So«, sagt er mit leiser Stimme, »jetzt könnte es
vielleicht ein bisschen unangenehm werden.«

Die Madagaskar-Hose

3. April 2010

Kaum eine Angelegenheit stürzt mich in ähnliche Probleme wie die Anschaffung einer neuen Hose. Schon der Gedanke daran lässt mich ermatten. Aber da die Naht meiner aktuellen Jeans in einer heiklen Gegend mit hässlichem Geräusch riss, naht wohl oder übel die Anschaffung einer neuen Hose. Bald also stünde ich in einem Geschäft für Herrenkonfektion, in einer Umkleidekabine, schwitzend, meinen im viel zu grellen Licht grottenolmbleichen Leib im viel zu nahen Spiegel betrachtend. Fluchend würde ich mich versuchsweise in Jeans und Cordhosen zwängen, die alle nicht passten, die zu weit waren, zu eng, zu kurz, zu lang, oder in denen ich aussah wie Thomas Gottschalk, während ohne Vorwarnung die Verkäuferin den Vorhang zurückschieben und fragen würde: »Gehts?«

Dann kam Frank und mit ihm Madagaskar.

Vor zehn Jahren lebte ich in dem, was man gemeinhin Studentenbude nennt, auch wenn man gar nie studiert hat; in einer kleinen, einfachen Wohnung also, an der Landskronstrasse in Basel. Ich wohnte da zur Untermiete bei einem Typen namens Frank. Irgendwann zog ich aus, und mit nahm ich zehn Bananenschachteln voll Krempel von Frank, denn er war in der Zwischenzeit nach Madagaskar gezogen, um dort ethnologische Studien zu betreiben. Ich konnte seine Sachen nicht zurücklassen und wegwerfen auch nicht, also nahm ich sie bei jedem Umzug immer schön mit, all die Jahre, immer wieder mit höflichen Schreiben auf die ferne Insel verbunden, er möge doch irgendwann nach Hause kommen und mich von dem Ballast erlösen, der eigentlich der seinige war.

Nun endlich kam er, um sich der Kisten anzunehmen. Er mietete sich einen kleinen Lagerraum außerhalb der Stadt. Wir trafen uns, luden alles in meinen Wagen, und ich chauffierte ihn zum Lagerhaus, das gleich hinter dem Fernsehstudio lag.

Auf der Fahrt erzählte Frank von Madagaskar und seinen Studien. Ich kannte Madagaskar nur von der Masoala-Halle des Zürcher Zoos her. Für mich war Madagaskar gleichbedeutend mit beschlagenen Brillengläsern, auf Absperrseilen balancierenden Chamäleons (nun ja, ich denke ja immer, die sind mit Sekundenkleber festgemacht) und am Ende ein Restaurant, wo es fettglänzende Bratwürste gibt. Weiter konnte ich mir unter dem Begriff Madagaskar nichts vorstellen.

Frank sagte, in fünfzig Jahren werde es auf Madagaskar keinen Urwald mehr geben. Er sagte, die Bevölkerung explodiere; seit er da sei, habe sie sich verdoppelt (aber nicht seinetwegen). Er sagte noch viel mehr über Entwicklungshilfe, Landwirtschaft und Bergbau. Und was er sagte, stimmte mich nicht sehr zuversichtlich. Als wir uns verabschiedeten, ich ihn mit den Kisten voller alter Jazzplatten und Lateinbücher vor der Lagerhalle stehenließ, da blieb ich mit meinem eigenen Problem zurück: Ich brauchte eine neue Hose. Nun sind Hosenprobleme, mit den Problemen Madagaskars verglichen, recht geringfügig, aber das Problem des Problems: Es war meines, und es war akut.

Also überwand ich mich, kaufte ohne viel Federlesens die erstbeste Hose. Sie sah gar nicht so schlimm aus. Dann ging ich in die Papeterie, um mir neue Heftklammern zu holen, denn irgendwie musste die Hose ja auf eine anständige Länge gebracht werden. Ich gab dem Beinkleid einen Namen: die Madagaskar-Hose.

Fragen über Fragen

4. April 2015

Sie hatte nicht gefragt: »Wie lautet die Summe aller Zahlen von eins bis hundert?«* Sie hatte auch nicht gefragt: »Wie heißt das Gemüse, welches Präsident Thomas Jefferson in den USA als Versuchspflanze einführte?«** Sie hatte auch nicht gefragt: »Wie hieß der zweite Film, in dem Chuck Norris mitspielte und durch den er Berühmtheit erlangte?«*** Nein. Die Frage der Frau war recht einfach. Es war eine Frage, die mit einem schlichten »Ja« oder einem simplen »Nein« zu beantworten war. In einem Ladengeschäft hatte ich etwas gekauft, bezahlt, dann hatte mich die Frau hinter der Kasse gefragt: »Möchten Sie einen Plastiksack?«

Aber wie so oft bei Dingen, die einfach erscheinen: Sie sind recht kompliziert, fängt man erst mal an, darüber nachzudenken. Wollte ich einen Plastiksack? Gegen den Plastiksack sprach natürlich der berechtigte Gedanke an den Umweltschutz. Der Umweltschutz ist eine tolle Sache, er liegt mir am Herzen. Die Herstellung eines Plas-

tiksackes benötigt Energie und wohl auch Ressourcen.
Jeder Plastiksack ist ein Plastiksack zu viel. Würde ich
jedoch keinen Plastiksack nehmen, dann wäre es sicherlich genau diese Umwelt, die ein paar dunkle Wolken
herschickte, es würde regnen, hageln vielleicht sogar.
Also doch den Sack? Dann aber würde mich im Tram
jemand ansprechen, weil er die Tüte erkannte, er würde
sagen: »Ah, dort kauf ich auch immer ein«, ich würde
in ein Gespräch verwickelt, ich vergäße darob, an der
richtigen Tramhaltestelle auszusteigen, ich würde mein
Versäumnis zwei Stationen später bemerken, würde hastig aussteigen, die Straßenseite wechseln, um mit dem
nächstbesten Tram die zwei Stationen wieder zurück-
zufahren, ein Windstoß würde einen Blumentopf von
einem Fenstersims blasen, der Topf würde vor mir auf
dem Boden zerbersten, worauf ein vorbeifahrender Au-
tolenker, der dies sah, abgelenkt würde, von der Straße
abkäme, in eine Baustellenabsperrung führe und in die
Stützen eines Baugerüstes, das ganze Gerüst stürzte herab, wirbelte Staub auf, ein Staubkorn geriete in mein
Auge, und ich liefe in eine Halteverbotstafel und beulte
meine Stirn. Nein, das wollte ich nicht. Also doch keinen Plastiksack nehmen? Dann aber sähe ich, wie mein
Nachbar mir auf der Straße entgegenkäme, ich wollte
aber nicht, dass mein Nachbar mich anträfe mit dem,
was ich eben gekauft hatte, also wechselte ich schnell
und unauffällig die Straßenseite, beachtete aber nicht den

Elektrovelofahrer, der unerlaubterweise auf dem Trottoir fuhr, mir auszuweichen versuchte und in das Schaufenster eines Blumenladens raste, um dort osterglockengeschmückt liegen zu bleiben. Also doch eine Tüte? Mein ganzes weiteres Leben könnte sich komplett anders entwickeln, sagte ich »Ja«, sagte ich »Nein«. Sollte ich »Ja« sagen oder »Nein«? Nein? Ja? Ich war wie paralysiert.

Als ich ein Räuspern hörte, tauchte ich wieder aus meinen Gedanken auf. Hinter mir hatte sich eine Schlange ungeduldiger Konsumenten gebildet; sie hatte etwa die Länge einer ausgewachsenen Elefantenrüsselschlange (Acrochordus). Die Verkäuferin blickte mich mit Besorgnis an. Ich sagte: »Eine Tasche? Ja, gern.« Es war eine gute Antwort, denn das, was ich gekauft hatte, sollte man vielleicht besser in einer Tasche mit nach Hause tragen. Es war etwas, das ich in meinem Leben noch nie zuvor gekauft hatte. Aber als ich es gesehen hatte, da wollte ich es unbedingt einmal ausprobieren.

Was es war? Das werde ich sicher nicht verraten. Und ich wette tausend Franken: Niemand wird es je herausfinden. Niemand. Oder soll ich es doch verraten? Oder doch nicht? Oder doch? Oder nicht? Was würde geschehen, wenn? Und was, wenn nicht?

Aaargh!

* 5050
** Brokkoli
*** *Die Todeskralle schlägt wieder zu*

Lieber Monsieur Froidevaux

Sie waren mein Französischlehrer, lange ist es her, und ein bisschen weniger lange ist es her, da erwähnte ich Sie in einem Artikel, ich glaube, es ging um den Walkman, weil: Sie waren ein großer Gegner des Walkmans, damals, als dieser gerade erfunden worden war. Diese neue Möglichkeit des mobilen Kopfhörer-Eskapismus prangerten Sie heftig an. Nun ja, ich schrieb in jenem Artikel über »meinen Französischlehrer, dessen Name auf Deutsch ›kaltes Kalbfleisch‹ bedeutet«. Kurz darauf bekam ich von Ihnen einen Brief, in dem Sie mich freundlich darauf hinwiesen, dass »vaux« nicht »Kalbfleisch« heiße, sondern »Tal« im Plural. Sie meinten zudem, dass es Sie als meinen ehemaligen Lehrer zwar etwas enttäusche, jedoch nicht verwundere, dass mein Französisch noch immer war, wie es zur Schulzeit gewesen war, nämlich: miserabel.

Ja. Die französische Sprache und ich, wir waren und wurden niemals dicke Freunde – noch nicht einmal gute Bekannte. Irgendwo ging ich ganz und gar verloren zwischen Pubertät, Passé récent, Futur proche und dem Sprachlabor, dieser tonbandkassettenbasierten Folterkammer.

Der französischen Sprache und der ihrer Erlernung innewohnenden Problemchen und Probleme wegen schwoll in mir ein Groll, der seither in mir ist. Wann immer möglich, mied ich Frankreich als Reise- und Urlaubsland, zog andere Länder vor – bis ich vor vier Tagen ein Zimmer in einem Hotel in Vence bezog, einem Ort, etwas oberhalb von Nizza gelegen. Ein Freund hatte mich dazu überredet. »Rennvelo-Ferien. Alles organisiert. 899 Euro für eine Woche mit sieben geführten Touren in drei Leistungsklassen, Mittagessen inklusive und abends Technik-Workshops! Was für ein Saisonstart!« Ich sagte zu, war jedoch skeptisch und voller Vorurteile – und sah sie schnell bestätigt.

Vence ist im Kern recht hübsch, aber der Kern ist klein im Verhältnis zur Schale, und am äußeren Rand davon, direkt an der Route Départementale M2210a, da liegt das Floreal, ein mittelmäßiges Mittelklassehotel, es könnte auch »Beaucoup Trafic« heißen, jedoch egal, weil: Das Hotel spielt gar keine Rolle, denn schon am Morgen des zweiten Tages rollten wir aus dem dichten Verkehr hinaus und in eines der Täler hinein, wo einen bald die Landschaft verschluckte, es auf sich windenden Straßen immer weiter ins Hinterland ging, bis man hinten in einem feuchtkaltschattigen Tal auf einer schmalen Brücke einen Fluss überquerte, der sich tief ins Land gefressen hatte auf seinem Weg zum nahen Meer, und man auf der anderen Talseite den Berg hochfuhr, bald den graublauen Fluss jäh weit unter sich liegen sah, bald noch weiter unten, bis man mit Schuss auf der anderen Seite der Erhebung hinunterfuhr, der Blick bis zu schneebedeckten Gipfeln ging, die Landschaft karger wurde und schroffer, hingen eben noch die Glyzinien, schwer wie Trauben, blau an ihren Stängeln und verströmten ihr betörendes Parfüm, wankten die Palmwedel träge im lauen Wind, so ging es bald durch Olivenhaine, vorbei an sich an steile Wände krallende krüppligen Kiefern, dann durch steinige Wüsten, von irgendwo roch es schwer nach Ziegenbock. Bis der Moment kam, wo das Auge nichts sah als Natur, mit einer Ausnahme: eine sich schlängelnde und am Horizont verlierende Straße, in die bewaldeten Berge gelegt wie ein im Sonnenlicht gleißendes Band.

Abends, als wir zurückkamen aus einer anderen Welt, zurück in das geschäftige und lärmige Vence, da fragte mein Freund: »Und?« Ich war etwas sprachlos, sagte nichts. Aber etwas später, nach einer langen, heißen Dusche, im Restaurant, da war das Französisch plötzlich da, und zwar alle, alle, alle Wörter, die ich brauchte, Sie wären stolz auf mich gewesen: »Bonjour. Steak. Frites. Du vin rouge. S'il vous plaît. Et fromage. Merci.«

Vielleicht wird das doch noch was mit mir und der französischen Sprache und dem Land und den Leuten. Wer weiß. On verra. Weil: Die Landschaft ist … es fehlen einem tatsächlich die Worte dafür, egal ob auf Deutsch oder Französisch. Vielleicht trifft es am ehesten ein leiser Pfiff.

Veuillez agréer, Monsieur, l'expression de mes sentiments distingués. M. Künge.

PS: Song zum Thema. *La Le* von The Lovers vom Album *The Lovers*, 2012.

36

16. April 2011

In einem Restaurant, das kein Restaurant ist, sondern ein Café, in dem man über Mittag auch etwas Kleines essen kann, sitzt allein ein Mann und liest Zeitung. Der Mann ist mit zwei, drei, vier, fünf Kilos zu viel aus dem langen Winter gekommen. Deshalb sitzt er gerne dort, wo man nur etwas Kleines essen kann, denn das Große möchte er vermeiden. Der Mann blickt von seiner Zeitung auf. Er las gerade sein Horoskop. »Sie kommen nicht richtig in Fahrt«, stand dort, »aber Sie bekommen Hilfe. Cupido wird für Sie eine Extraschicht einlegen.« Nochmals betrachtet er das Tagesangebot. Es steht mit Kreide auf einer Tafel geschrieben, und es ist tatsächlich klein. Es gibt eine Fenchel-Petersilienwurzel-Suppe. Als Alternative ein Sandwich mit Käse oder Salami. Der Mann überlegt kurz, die Suppe zu bestellen und das Sandwich mit Käse und das Sandwich mit Salami. Dann kommt die Bedienung an seinen Tisch. »Ist die Suppe gut?«, fragt der Mann, und gleichzeitig weiß er, dass es eine dumme Frage ist. Vielleicht hofft er, die Bedienung würde sagen: »Nein, die Suppe ist furchtbar, nehmen Sie auf keinen Fall die Suppe« – und der Mann stünde auf und ginge dorthin, wo es gehäufte Teller mit dampfender Pasta gibt. Wie es eine dumme Frage nach sich zieht, bekommt der Mann eine ihr würdige Antwort. Die Antwort ist: »Sie müssen sich darauf einlassen.«

Die Suppe schmeckt seltsam, aber gut. Der Mann schaut nochmals zur Kreidetafel. Er sucht einen Hinweis auf Blauschimmelkäse, denn danach schmeckt die Suppe. Aber auf der Tafel steht nichts davon. Er könnte natürlich die Bedienung fragen, ob Blauschimmelkäse in der Suppe ist, aber er hat Angst davor, dass die Bedienung dies verneint. Also ist er sich sicher, dass Blauschimmelkäse in der Suppe ist, auch wenn er sich nicht sicher ist. Ansonsten würde er es ja bald merken.

Nach dem Mittagessen geht der Mann in ein Geschäft, in dem man preislich reduzierte Hosen kaufen kann. Der Mann stöhnt ein bisschen, als er die Türe des Ladens aufstößt. Er hasst das Anprobieren von Hosen, manchmal aber kommt man nicht darum herum. Er ist der Meinung, es sollte ein Monument aufgestellt werden, mitten in der Stadt; ein Monument für den unbekannten Hosenkäufer. Heute muss er eine Jeans suchen. 32, 34, 36 steht auf den Regalen. Der Mann weiß nicht mehr, welche Größe die seinige ist. Er kennt seine Schuhnummer, den Postcard-Pin und zwei, drei

Telefonnummern. Mehr Zahlen finden in seinem Kopf keinen Platz. Also fängt er mal bei 32 an. Erstaunlicherweise passt gleich die erste Hose, die er anprobiert. Sie passt sogar sehr gut. Sehr zufrieden mit sich und der Hose, kauft er sie und geht nach Hause. Er pfeift ein Lied, von dem er nicht weiß, welches Lied es ist. Als es ihm einfällt, hört er schnell wieder auf. Es war das Lied von Pippi Langstrumpf.

Der Mann möchte ein bewusster Mensch sein. Deshalb schaut er zu Hause, wo die Hose hergestellt wurde. Er hofft wohl, er findet ein kleines Etikett, auf dem steht: »Made in gleich um die Ecke«. Aber er findet keinen Hinweis, wo die Hose herkommt, dafür ein kleines Etikett mit einer Zahl drauf. 36 steht dort. Der Mann schüttelt den Kopf, schaut noch einmal genau hin: 36. Er denkt, die Hose kommt sicherlich aus China. Nur dort machen sie solche Fehler: nähen die 36 in eine Hose mit der Größe 32. Typisch China.

Frau, Paket zur Post bringend

19. April 2014

Kunstmaler haben immer wieder Bilder von Menschen geschaffen, die diese Menschen darstellen in einer für ihre Zeit typischen Art. Sie tragen typische Kleidung, sie verrichten typische Tätigkeiten. Sie entsprechen dem Geist jener Zeit. Etwa *Der Sämann* von Vincent van Gogh, der sät, eine Mütze auf dem Kopf als Schutz vor der vibrierenden Sonne von Arles. Oder Ferdinand Hodlers Hosenträger tragender *Holzfäller*, der weit ausholt, um seine scharfe Fällaxt in einen – recht dünnen – Baum zu schlagen. Oder das *Mädchen, Hühner fütternd* von Albert Anker, das Hühner füttert: In sich gekehrt, lässt es das Korn über die Tiere regnen.

Glücklicherweise bin ich kein Kunstmaler. Ich stelle mir das ständige Auswaschen der katzenzungenförmigen Pinsel aus den Schweifhaaren des Kolinsky-Rotmarders als sehr mühselig vor. Auch andere Begleiterscheinungen des Kunstmalerdaseins stelle ich mir beschwerlich vor. Wäre ich jedoch ein Kunstmaler, dann würde ich ein Bild malen, 147 × 89,2 Zentimeter, Öl auf Leinwand. Auf dem Bild wäre eine Frau zu sehen. Sie ist unterwegs in den Straßen einer Stadt oder einer größeren Gemeinde. Die Frau schaut etwas traurig, eine Enttäuschung liegt in ihrem Blick. Das Kinn ist leicht zur Brust geneigt. Sie geht jedoch mit festem Schritt, sie hat ein Ziel, sie will etwas hinter sich bringen. Sie überquert gerade eine Straße. Unter ihrem Arm trägt sie ein Paket. Das Paket ist nicht klein, aber es scheint auch nicht schwer zu sein. Es ist von heller Farbe und zur Hälfte von einem orangefarbenen Muster überzogen, groß steht auf dem Paket ein Wort. Das Bild würde heißen: *Frau, Zalando-Paket zur Post bringend.*

Ich sehe sie jeden Tag, diese Frau. Es ist immer eine andere Frau, manchmal ist es eine ältere Frau, manchmal auch ein Teenagermädchen, manchmal ist sie groß, manchmal klein, aber gemein ist ihnen allen die leise Enttäuschung, die sie mit dem Paket zusammen herumtragen. Vor ein paar Jahren gab es diese Frau noch nicht. Heute ist sie überall. Ich sehe diese Frau in jeder Stadt und in jedem Dorf, überall, wo es noch einen bedienten Postschalter gibt: die Frau mit dem Zalando-Paket unter dem Arm.

Und ich kann sie mir vorstellen, die Enttäuschung. Da hat sich die Frau gefreut, als der Postmann einmal, zweimal klingelte, sie die Türe öffnete und er ihr das Zalando-Paket hinhielt. Sie trug das Paket in die Wohnung, riss es auf, hob die Ware heraus, vielleicht ging der Puls etwas hoch, vielleicht röteten sich ihre Wangen, auf jeden Fall war sie freudig erregt. Sogleich schlüpfte sie aus ihren Kleidern, die sie in jenem Moment trug und die ihr so alt vorkamen wie nie zuvor, und zog die Ware an, die eben noch in dem Paket lag. Sie fühlte den neuen Stoff. Sie hörte ihn rascheln. Sie trat vor den mannshohen Spiegel. Sie blickte hinein und sah sich, aber sie sah auch nicht sich, sondern ihr Spiegelbild. Und mit diesem Spiegelbild schien etwas nicht zu stimmen.

Etwas geschah in diesem Moment. Es geschah sehr schnell. Etwas Kleines zerbrach: Die Freude, das flüchtige Glück, die euphorisierende Wirkung des Neuen, alles war verschwunden, von einer Sekunde auf die andere. Vielleicht war die Bluse zu groß. Vielleicht war der Rock zu eng. Vielleicht sah das Katzenmuster der Michael-Kors-Hose auf dem Bildschirm mehr nach wilder Wildkatze und weniger nach bewegungsarmem Stubentiger aus. Vielleicht wirkte der »Jackie Cool«-Blazer von Filippa K extrem supertoll, als man ihn bestellte, das MacBook auf dem Schoß, auf dem Sofa sitzend, am Sonntagabend, als im *Tatort* gerade Lena Odenthal mit einer gezückten Pistole um die Ecke kam. Aber dann im Spiegel, angezogen, am eigenen Leib erfahrend: Man selbst und der »Jackie Cool«-Blazer von Filippa K, eines von beidem sah scheiße aus – und man hoffte, es war der Blazer, denn den kann man zurückschicken.

Man kann sich Dinge vorstellen, aber leider ist die Wirklichkeit dann und wann anders als die Vorstellung davon. Verfluchte Wirklichkeit! Verdammte Wahrheit! Die Konsequenz der Wirklichkeit heißt Rücksendung. Also zieht man den Blazer wieder aus, faltet die Ware wieder zusammen, so gut man kann, so gut es eben geht, das Paket ist bald wieder zu. *Frau, Zalando-Paket zur Post bringend*. Das wäre der Titel des Bildes, 147 × 89,2 Zentimeter, Öl auf Leinwand, 2014.

Erinnerungen an das Wasser

25. April 2009

Ich hielt schon lange keinen Mann mehr an der Hand. Seit ich ein Kind war, nicht mehr. Und nun stehe ich da und halte zwei Männer fest an den Händen. Mergim und Murat.

Mergims Griff ist fest, er zittert leicht. Vielleicht ist ihm kühl. Seine Rechte in meiner Linken. Meine Rechte drückt die Linke von Murat, auf deren Rücken Haar wächst wie ein Wald. Es sind noch acht andere da. Wir bilden einen Kreis und sehen uns an, und wir wissen nicht so recht, was wir von der Sache halten sollen.

Natürlich war ich zu früh gekommen. Zu solchen Dingen kommt man immer zu früh. Ich stand ein bisschen verlegen herum, und weil ich dachte, es ist einfacher, im Sitzen verlegen zu sein als im Stehen, setzte ich mich in eine Ecke und sah mich um. Es gab noch andere wie mich. Solche, die wohl auch zu früh kamen und nun ein bisschen verlegen herumstanden. Ich war erleichtert, als jemand heranmarschierte, auf dessen T-Shirt »Trainer« stand. Ich erhob mich und grüßte ihn. »Hallo zusammen«, sagte er, »willkommen im Schwimmkurs für Erwachsene. So, und wer von euch war überhaupt noch nie im Wasser?«

Ich drückte mich als Kind davor, das Schwimmen zu lernen. Warum? Es gibt Dinge, die sich nicht erklären lassen. Diese Sache jedoch schon. Wir hatten Katzen. Mehr als ein halbes Dutzend. Die Katzen hatten Flöhe. Die Flöhe waren hungrige Bestien, verrückt nach dem Blut, das in den Adern meiner bleichen Unterschenkel pulsierte. Sie labten sich an ihnen. Das hatte Folgen. Zu den Flöhen der Katzen kam das Jucken und kam das Kratzen. Meine Beine sahen bald aus, als hätte einer mit einer Maschinenpistole draufgehalten. Ich entwickelte ein Faible für lange Hosen auch im Hochsommer und mied jede Tätigkeit, die man nicht mit langen Beinkleidern ausüben konnte. Während in den Schulferien alle ins Freibad strömten, da versteckte ich mich in der Scheune mit dem sandigen Boden, um mit langen Hosen das grausame Treiben in den Trichtern der Ameisenlöwen zu beobachten, die ich mit gefangenen Flöhen füllte.

Wir stehen im Nichtschwimmerbecken des Hallenbads und bilden einen Kreis. Langsam sinken wir tiefer und tiefer. Der Mund versinkt im Wasser. Die Nase. Und dann die offenen Augen. So also musste Waterboarding sein, dachte ich, aber war auch froh, unter Wasser verschwinden zu können, denn noch immer schämte ich mich. Ich schämte mich unter anderem meiner Bade-hose wegen. Nicht, dass sie nicht schön wäre. Es ist eine großzügig geschnittene und bequeme Badehose mit fast knielangen Beinen, so wie sie Männer gerne tragen. Nur hat diese Badehose die Angewohnheit, sehr viel Luft einzuschließen. Luft, die unter Wasser entweicht, die steigt in Blasen an die Oberfläche. Meine Badehose verwandelt jedes Becken für kurze Zeit in ein Jacuzzi. Ich kann jedoch nicht jedem, der zufälligerweise am Becken entlanggeht und unweigerlich wahrnimmt, wie es um mich blubbert, die Heimtücke meiner Badehose erklären. Die Menschen ziehen folglich ihre falschen Schlüsse.

Wir bilden einen Kreis, halten die Luft an und tau-chen unter. Murat an meiner Hand. Mergim an meiner Hand. Das Chlor brennt in meinen Augen. Bald, so verspricht uns der Trainer, würden wir neue Übungen machen. Bald, sagt er, würden wir schwimmen können wie die Fische. Bis dahin aber geben wir uns die Hände und tauchen ab, langsam, mit offenen Augen, hinab in das trübe gechlorte Wasser. Und es ist tröstlich, dass es unter Wasser nichts zu sehen gibt. Absolut nichts.

Gute Fragen

Das erste Mal habe ich es mit Charlotte probiert. Es hat nicht geklappt.

Dann habe ich es mit Ditta versucht. Obwohl es anfangs ganz vielversprechend aussah: Es war nicht wirklich befriedigend, wie es am Ende herausgekommen ist.

Danach habe ich es mit Désirée gewagt. Schon bald aber war mir klar: Das wird auch wieder nichts.

Es gibt gute Fragen, eine davon ist: Warum tragen Kartoffeln eigentlich immer Frauennamen? Die Erklärung ist wohl – so habe ich irgendwo mal gelesen –, dass früher die Bauern die tollsten Kartoffelzuchten nach ihrer schönsten Tochter benannten, aus Stolz auf sowohl Kartoffeln wie auch ihre Töchter, denn beides versprach ja so etwas wie Zukunft. Aber wenn dem so wäre, wie verhielte sich das denn mit dem Sprichwort, dass die dümmsten Bauern die größten Kartoffeln haben?

Eine andere gute Frage ist: Warum werden verdammt noch mal meine Pommes frites nicht so gut wie die, welche man in Belgien auch in der hinterletzten Bude serviert bekommt? Dass diese belgische Spezialität, das Frittieren, nicht so simpel ist, wie es scheinen mag, das weiß ich. Es gibt da ein paar nicht zu unterschätzende Faktoren, so wie es jeder Wissenschaft eigen ist. Soll man einmal oder zweimal frittieren? Zwischen den Frittiergängen die Ware tiefkühlen? In Raps- oder in Erdnussöl frittieren? Oder doch Rinderfett nehmen? Pferdefett? Bei welcher Temperatur? Und wie lange? Soll man die Kartoffeln dick schneiden oder dünn? Waschen oder nicht? Und natürlich: Welche Kartoffel-sorte soll man nehmen? Mehligkochend? Festkochend? Was dazwischen? Und Kartoffelsorten gibt es viele; das Lexikon listet allein für den Anfangsbuchstaben A nicht weniger als 46 verschiedene Sorten auf: Antonia! Afra! Agnes!

Nun, in Belgien verwendet man offenbar Bintje. Das hat mir ein Belgier einst erzählt. Was ich nicht wusste: Auch Bintje ist ein Frauenname, wenn auch hierzulande und heute wenig geläufig. Die Kartoffel Bintje heißt Bintje, weil: Ihr Züchter war ein Botaniker namens Kornelis Lieuwes de Vries, geboren 1854 im zur Ge-meinde Tytsjerksteradiel gehörenden Ort Hurdegaryp. Die von ihm gezüchteten Kartoffeln benannte er je-weils nach seinen Kindern. Da er aber bloß neun Kinder hatte, brauchte er für seine zehnte Züchtung einen Namen, und da de Vries auch Lehrer war, nahm er einfach den Namen seiner kleinsten Schülerin: Bintje Jansma.

Im Jahr 2012 wurde die Bintje noch zur »Kartoffel des Jahres« gewählt, aber heute scheint sie bei uns aus den Läden verschwunden zu sein, wohl wegen ihrer großen Anfälligkeit gegenüber Kraut- und Knollenfäule und Kartoffelnematoden. Wo ich auch fragte: Bintje? Schulterzucken.

Es gibt zwei Dinge, über die sehr viel geschrieben wird. Das ist einerseits – wie in diesem Fall hier – das Essen, andererseits die Sexualität. Die beiden Dinge weisen eine gewisse Verwandtschaft auf. Es geht um nicht weniger als den Fortbestand und darüber hinaus um die Befriedigung von individuellen Bedürfnissen. Viele halten sowohl das Essen wie auch die Sexualität für überbewertet. Viele sagen, das Essen sei der Sex des Alters. Ich glaube, es ist umgekehrt: Der Sex ist das Essen der Jugend. Wie dem auch sei, meiner Meinung nach weist das Essen der Sexualität gegenüber gewisse Vorteile auf. Zum Beispiel finde ich es außerordentlich angenehm, dass man beim Essen seine Kleider anbehalten kann. Noch besser, als zu essen, ist aber das Kochen. Und etwas vom Schönsten am Kochen ist es, wenn man den feinmaschigen Metallkorb ins siedende Öl absenkt, im Korb die von Hand geschnittenen bleichen Kartoffelstifte, und man dieses Geräusch vernimmt: ein zischendes Brodeln oder brodelndes Zischen, das sich fortan stets leicht verändert.

Morgen versuch ich es mal mit Amandine, mit der Liebenswerten. Vielleicht klappt das ja. Obwohl: Ich glaube, es muss Bintje sein. Bintje ...

Die kalte Soße von der warmen Insel

28. April 2012

Endlich las ich wieder einmal ein gutes Buch. Dies geschieht ja selten genug. Das Buch heißt *Duden*, und ich war auf Seite 712 angelangt, als ich dachte, ich müsse von ein paar Worten berichten, die mit dem schönen Buchstaben M beginnen, so wie der Monat Mai, der bald beginnt. Es sind Worte, die ich auf eine Liste schrieb, damit ich sie nicht vergesse und bald einmal verwenden würde, zum Beispiel im Schriftverkehr mit einem Amt, in der Bäckerei beim Bestellen von Brot oder beim allabendlichen familiären Tischgespräch. Die Worte sind: Mäanderlinie, Machandelbaum, Machbarkeitsstudie, Mächtigkeitsspringen; Machtvollkommenheit; macklich, Madreporenkalk, Magalhãesstraße, Magazineurin, Magenaushebung, makkaronisch, Malagassi, malproper, Managerkrankheit, Mandarinente, Mangelberuf, Manifestantin, Manövrierfähigkeit, Marathoni, Marginalbemerkung, markdurchdringend, Marketenderwagen, Markscheidekunst, Martinikane-

rin, Maschinenschaden, Massageinstitut, Massegläubi-
ger, Mätzchen, Maulbeerseidenspinner, Mauschelbeten,
mäuseln, Maximalprofit, Metzelsuppe, Meerrettichsoße,
Megaelektronenvolt, Meistbegünstigungsklausel, Men-
age, Menjoubärtchen, Mensaessen, Mentalreservation,
Messerformschnitt, miau, Milliardengrab, Minibikini,
Mississippi, Misspickel, Miszellaneen, Mittelstel-
lung, mitteninne, Mnemonikerin, Mobilitätsgarantie,
Möchtegerncasanova, molierisch, Molotowcocktail,
Moonboot, Morbidezza, Mordbrenner, Mozaraber.

Gut, bevor wir noch meschugge werden, genug der
Wörter mit dem wirklich sehr schönen Buchstaben M.
Nur noch eines: Mayonnaise, sowie eine Anmerkung
zu diesem Wort, das eine kalt gerührte Soße beschreibt,
entstehend auf der Basis von Öl und Eigelb. Die Geschichte dieser Soße ist nicht gänzlich klar, aber man
geht schwer davon aus, dass sie so heißt, weil sie (nicht
wie angenommen aus der Tube, sondern) aus der Stadt
Mahón kommt. Am 28. Juni 1756 kapitulierten dort die
britischen Besatzer vor den attackierenden Franzosen –
zur Feier dieses Sieges sei Mayonnaise kreiert worden. In
Mahón leben heute knapp 30000 Menschen. Es ist die
Hauptstadt der Insel Menorca, und in Reiseführern kann
man lesen, dass der Hafen von Mahón der zweitgrößte
Naturhafen der Welt ist (nach Sydney). Es gibt eine Fes-
tung, sie heißt La Mola, und sie wurde während der spanischen Diktatur als Gefangenenlager genutzt. Es wurde

dort im großen Stil gefoltert und gemordet. Auch heute noch sei die Stadt, so liest man, eine Hochburg der Anhänger von Franco, und es gebe überdurchschnittliche neofaschistische Jugendbewegungen zu verzeichnen.

Es ist so, dass Menschen, die auf Inseln leben, zur Seltsamkeit neigen. Ich dachte das schon öfters, als ich auf Inseln war. Und je kleiner eine Insel, desto seltsamer die Menschen. Menorca ist eine recht kleine Insel, so groß wie der Kanton Glarus. Mahón liegt im Osten der Insel, am anderen Ende, keine Autostunde entfernt, liegt die fast gleich große Stadt Ciutadella, die frühere Inselhauptstadt. Dort kandidierte unlängst Frau Soledad Sánchez Mohamed um das Bürgermeisteramt, und zwar mit einem Plakat, das ihren nackten Oberkörper zeigte und zwei Hände, die ihre blanken Brüste von hinten umfassten, so gut es ging. Darunter stand: »DOS GRANDES ARGUMENTOS«. Darüber schüttelte man auch am anderen Inselende den Kopf. In spanischer Sprache übrigens wird die Stadt Mahón genannt, katalanisch aber Maó. Das passt nicht gerade zu einer Stadt mit Neonazis, aber gut zum bevorstehenden 1. Mai. Und ich bin froh, muss ich diesen Tag nicht in Maó verbringen, Metzelsuppe mit Meerrettichsoße löffelnd, an meiner Seite eine markdurchdringend makkaronisch miauende Magazineurin mit Magenbeschwerden, die einen Minibikini trägt und Moonboots – und leise würde ich sagen: »Mississippi, Mississippi.«

Oh Mann

30. April 2010

Die zwei Männer saßen am Tisch nebenan. Ich bestellte mir einen Café crème. Etwas, das ich früher niemals getan hätte. Früher trank ich immer nur Espresso schwarz, ohne Zucker, gerne einen Doppelten. In letzter Zeit aber mag ich Café crème, diese seichte Pfütze; ich schaue, was auf dem Kaffeerahmdeckel ist; suche auf dem Zuckerbriefchen eine Weisheit; finde ich eine, dann freue ich mich. Das gibt mir zu denken. Bald würde ich das Bier so bestellen: »Eine Stange temperiert.« Bald würde ich mir im Restaurant von der Bedienung das Fleisch klein schneiden lassen.

Die zwei sahen aus wie ganz normale junge, schlanke Männer. Maschinenkurze Haare. Propere dunkelblaue Pullis. Jeans. Helle Turnschuhe. Ich dachte: Zeugen Helveticas: Grafiker. Den Beginn ihrer Unterhaltung verpasste ich, aber dann hörte ich, wie der eine sagte, während er sich mit der Hand über die kurzen Haare fuhr: »Das Tier mit den größten Hoden? Keine Ahnung. Ein Zuchtstier?« Der andere sagte: »Ich helfe dir: Es ist ein Vogel.«

Ich wollte mich umdrehen und rufen »Eichelhäher«, so wie ich kürzlich zu Hause vom Sofa aufsprang während der Quizsendung *Superbrain* und »Mars! Mars! Mars!« rief bei der Frage »Welcher Schokoriegel hat den gleichen Namen wie der römische Kriegsgott?«. Der Kandidat in der Röhre aber hörte mich nicht und sagte nach längerem Nachdenken »Snickers?«.

Doch ich war mir nicht sicher, ob Eichelhäher wirklich stimmte, es war ein spontaner Einfall, wohl weil mir der Eichelhäher sympathisch ist und ich nicht nur seinen leisen Gesang mag, sein »Dchää-dchää« und sein pures »Piüü«, sondern auch seinen rau rätschenden Warnruf.

»Wer hat die größten Hoden? Meine Güte, eine wirklich schwere Frage.« – »Ja, da hast du ausnahmsweise recht.« – »Keine Ahnung.« – »Die Alpenbraunelle.« – »Die? Müsste es nicht heißen: der Alpenbraunelle. Sowieso: nie gehört, diesen Namen.« – »Zur Paarungszeit schwellen die Hoden der Alpenbraunelle an, sie werden groß wie Haselnüsse.« – »Haselnüsse sind aber nicht groß.« – »Nun, die Alpenbraunelle hat die größten Hoden im Verhältnis zum Körpergewicht. Sie machen zehn Prozent aus.« – »Wow. Das wären in deinem Fall ja … lass mich dich anschauen … 13 Kilo?«

Die beiden lachten, beugten sich vor, der eine klopfte dem anderen auf die Schulter. Nach einer Weile sagte der eine: »Im Ernst. Jetzt, da es Frühling wird, da fühl ich mich wie eine Alpenbraunelle.« Der andere nickte: »Wir sind alles verdammte Alpenbraunellen. Auf der Jagd nach Gazellen.«

Männer, dachte ich. Typisch Männer. Dann fiel mir plötzlich ein, dass ich selbst ja einer bin, oder wenigstens das, was davon übrig geblieben ist. »Bedienung«, rief ich, »einen doppelten Scotch!« Die Bedienung kam, eine junge Frau. Sie sah mich genervt an und sagte: »Wir sind ein Café, wir führen keinen Alkohol. Und wenn das zwischen Ihren Fingern ist, was ich denke, und Sie vorhaben, was ich vermute, dann muss ich Ihnen sagen: Vergessen Sie's. Bei uns war schon immer Rauchverbot. Sonst noch was?« − »Dann einen doppelten Espresso.« Sie ging davon. Die beiden Grafiker glotzten mich an, als wäre ich ein Mann in einem selbstgebastelten Alpen-braunellenkostüm.

Ich schob das unangezündete Lungenbrötchen zurück in die Schachtel, die Schachtel in die Jackentasche und seufzte. Dann grunzte ich.

30. April 2016

Lieber Klumpen

Hämorrhoiden«, sagtest du, als ich dich fragte, was du dir zum Geburtstag wünschst. Du sagtest das, ohne nachzudenken, es kam wie aus der Pistole geschossen. Ich lachte. »Jetzt im Ernst: Was möchtest du zum Geburtstag? Eine Flasche Rum?« Du schütteltest den Kopf. »Zwei?« Kopfschütteln. »Drei?« – »Hämorrhoiden«, sagtest du erneut.

Wie du weißt, begriff ich nicht, wie sich jemand so etwas auf den Geburtstag wünschen konnte, auch wenn ich wusste, dass manche Menschen ausgefallene Wünsche und Bedürfnisse haben. Du sagtest: »Ich wünsche mir ein Wort, über das du eine Kolumne schreiben musst. Und dieses Wort ist ›Hämorrhoiden‹. Das ist die einzige Bedingung: Es muss mindestens einmal vorkommen. In allem anderen bist du frei.« Ich fragte darauf: »Warum?« Und du sagtest: »Es ist ein einsames Leiden. Ein bisschen Öffentlichkeit wird ihm guttun.«

Immer wieder treten Menschen an mich heran, die

sich wünschen, dass über gewisse Themen berichtet wird. Erst unlängst schrieb mir ein Herr M. P. aus dem aargauischen Staufen, er habe im *Migros-Magazin* eine Anzeige gesehen, und zwar eine ganze Doppelseite, auf der nichts anderes präsentiert wurde als das Angebot an Toilettenpapier, von dem es eine erstaunlich reiche Anzahl gibt. Darüber könnte ich doch berichten, vor allem über den Umstand, dass das günstige Toilettenpapier als »das Papier für den Alltagsgebrauch« angepriesen würde. Toilettenpapier ist durchaus ein interessantes Thema. Hast du gewusst, dass das Toilettenpapier der zürcherischen Firma Joseph's Toiletries 12 Franken kostet, und zwar ein Pack mit 25 losen Blättern drin? Das wär dann das Papier »für den besonderen Tag«, oder?

Aber zurück zu deinen Hämorrhoiden: Was für ein Wort. Ich bin von Beruf Journalist und nicht Gastroenterologe, deshalb musste ich im Duden nachschlagen, wie man »Hämorrhoiden« richtig schreibt. Ich musste sogar »Gastroenterologe« nachschlagen, und ich weiß, ehrlich gesagt, nicht, wie viele Menschen im Detail wissen, was ein Gastroenterologe tagein, tagaus so macht, und/oder das Wort Hämorrhoiden fehlerfrei schreiben können. Da gibt es in der Tat Aufklärungsbedarf.

Das Wort beschreibt ein Leiden, welches – da hast du absolut recht – in unserer Gesellschaft tabuisiert ist. Fragt beispielsweise die Bäckersfrau am Morgen freundlich: »Wie geht es?«, sind viele Antworten möglich. Etwa:

»Gut, hab mir bloß den Nacken verkühlt beim Töffli-fahren.« Problemlos. Oder: »Danke der Nachfrage, gut, habe gerade meine Frau verlassen.« Tipptopp. Oder: »Geht so, hab einen fürchterlichen Kater. Geben Sie mir bitte ein Alka-Seltzer-Sandwich.« Alles möglich. Niemand jedoch wird je sagen: »Danke der Nachfrage, geht mir gut, bloß die Hämorrhoiden hängen mir unten zu den Hosenbeinen heraus.« Ganz schlecht, so etwas zu sagen. Ganz schlecht übrigens ist auch das unnötig lange Sitzen auf der Toilette. Die allgemein als entspannte Haltung geltende Position auf dem stillen Örtchen fördert das Hämorrhoidenwachstum. Habe ich gelesen. Solltest du also diesen Brief auf der Toilette studieren: Hör sofort damit auf.

Hier also sind deine Hämorrhoiden. Alles Gute zum Geburtstag. Und vielen Dank, hast du dir die Hämorrhoiden gewünscht und nicht Recep Tayyip Erdogan. Ein solches Geschenk wäre weitaus schwieriger zu verpacken gewesen.

Dein Max

PS: Auf Türkisch heißen Hämorrhoiden übrigens »Basur«. Klingt recht schön, oder? Und »Basur« heißt auch ein 3-Sterne-Hotel im österreichischen Skiort Flirsch am Arlberg. Diese Dinge haben jedoch ganz und gar nichts miteinander zu tun. Außer dass es sie gibt. Das eine da. Das andere dort.

Klein, gemein

2. Mai 2009

N achdem ich es mir in der Apotheke beschafft hatte, ging ich heim, schloss die Tür und alle Fenster, zog die Vorhänge, setzte mich an den Tisch und drückte eine Pille aus ihrem Kokon aus Cellophan in meine furchige Hand.

Die Pille war sehr klein. Klein, oval und weiß. Pillen sind, das wusste ich, wie Hunde: je kleiner, desto gemeiner. Also tat ich, was ich noch nie tat. Ich klaubte den Beipackzettel aus der Medikamentenschachtel. Das Papier, dünn wie jenes der Bibel, es knisterte in meinen Händen. Ich suchte den Abschnitt mit den Nebenwirkungen, und ich fing an, das Kleingedruckte zu lesen:

»Erregungszustände, Angstzustände, Verwirrtheit, Depression (gelegentlich), Gedächtnisverlust, Konzentrationsstörungen (selten), Gewichtsverlust, Halluzinationen (sehr selten).

Schwindel, Benommenheit, Übelkeit (häufig), Migräne, Nervosität, Schweißausbrüche, Durst, Erbrechen, Ameisenkribbeln (gelegentlich), Ruhelosigkeit, Störungen des Tastempfindens, Zittern (selten).

Schmerzen im Brustkasten, hoher Blutdruck, Herzstolpern (gelegentlich), niedriger Blutdruck, Schwellungen, kurzzeitige Bewusstlosigkeit, Herzklopfen (selten).

Husten, Schnupfen, Rachenentzündung, Nasenbluten (häufig), Bronchitis, Asthma, trockene/verstopfte Nase, Kurzatmigkeit, Entzündungen der Nasen-Nebenhöhle, Niesen (gelegentlich), Kehlkopfentzündung, Bluthusten (selten).

Beinkrämpfe, Schwellungen der Extremitäten, Schwellungen im Gesicht und um die Augen, Schwellung der Lippen, der Zunge und des Kehlkopfs (selten).

Durchfall, trockener Mund, Verdauungsstörungen, Zunahme des Appetits, Rachenentzündung (häufig), Veränderung des Geschmacksinns, Störung der Stimmbildung, Flatulenz, Magenentzündung, Verstopfung, Zahnschmerzen (gelegentlich), Entzündung der Mundschleimhaut (selten), Juckreiz, Hautausschläge, Nesselsucht (gelegentlich), trockenes Haar, trockene Haut (selten), Gelenkschmerzen (gelegentlich), Muskelschmerzen (sehr selten).

Schmerzhafte Periodenblutung (gelegentlich), Impotenz, Libidoverlust, verstärkte Regelblutung (selten), Scheidenentzündung (sehr selten).

Kopfschmerzen (sehr häufig), Müdigkeit (häufig), Fieber, Unwohlsein (gelegentlich).

Wenn Sie einen dunklen Urin, einen hellen Stuhl und allenfalls eine Gelbfärbung der Haut beobachten, sollten Sie die Einnahme von Claritine sofort abbrechen und einen Arzt oder eine Ärztin aufsuchen.«

Das ist ganz schön viel, dachte ich. Und tatsächlich war das auch eine ganze Menge. Es schien mir unmöglich, angesichts dessen, was mich erwarten könnte, diese Pille zu schlucken. Unmöglich. Ich legte die weiße Pille auf die glatte, weiße, elliptische Platte des Saarinen-Tisches mit seinem weiß emaillierten, schwungvollen Metallfuß, die winzige Pille und der große Tisch passten hervorragend zusammen und sahen aus wie eine großartige, aber auch subtile Skulptur. Ich dachte, ich hätte doch Künstler werden sollen.

Fünf Niesanfälle später nahm ich die Pille, ging schluchzend ins Bad, schwang mich unter den Wasserhahn, aus dem heftig und kalt das Nass schoss, das wunderbar nach nichts schmeckte. Ich schluckte den Winzling und sah mich im Spiegel an. Mit entzündeten Augen blickte ich dem dunkel gähnenden Gewinn entgegen, den die Nebenwirkungstombola für mich bereithalten würde.

Von glücklichen Menschen

4. Mai 2013

Forscher der Universität von Exeter haben Folgendes herausgefunden: Menschen, die in Städten nahe bei Parks leben, sind glücklicher als diejenigen, die nicht in der Nähe von Parks leben. Um zu dieser Erkenntnis zu gelangen, haben die Forscher über einen Zeitraum von 18 Jahren zehntausend Menschen im ganzen Land nach ihrer Zufriedenheit, Gesundheit sowie ihrem psychischen Zustand befragt – und diese Daten dann mit der Wohnsituation der Untersuchten abgeglichen.

Die Studie förderte auch weitaus Erstaunlicheres zutage: dass nämlich Verheiratete im Vergleich zu nicht Verheirateten weniger zu negativen Gedanken neigen und zufriedener sein sollen. Unklar ist, ob im Hafen der Ehe Dümpelnde überhaupt noch zu Gedanken fähig sind.

Und was die Forscher in Exeter auch nicht herausfinden konnten in den 18 Jahren Zufriedenheitsforschung: ob die Menschen glücklicher sind, weil Grünflächen in der Nähe sind – oder ob zufriedenere Menschen dazu neigen, in die Nähe von Parks zu ziehen.

Andere britische Wissenschaftler haben herausgefunden, in welchen Berufen Menschen glücklich sind. Am glücklichsten sind die Gärtner: 89 Prozent sind happy. Am anderen Ende der Skala: die Banker. Nur 44 Prozent geben an, glücklich zu sein. Was die Forscher aber nicht herausgefunden haben: Sind die Banker unglücklich, weil sie Banker sind – oder neigen unglückliche Menschen dazu, Banker zu werden?

Warum wird man, was man ist? Als ich eine Berufskollegin traf, sagte sie, es sei kein Zufall, dass sie Journalistin geworden sei, ihr Vater habe schon bei einer großen Tageszeitung gearbeitet, ein Leben lang. Es sei in ihren Genen. Es sei ihre Bestimmung. Schicksal. Ich wusste nicht, was ich sagen sollte. Mein Vater ist Kleinbauer. Ich wollte deswegen nie Kleinbauer werden, wie ich aber auch nie Journalist werden wollte, wenigstens nicht gleich von Geburt an. Wenn man mich als Kind fragte, was ich einmal werden wolle, dann sagte ich nicht: Lokomotivführer. Ich sagte nicht: Bauarbeiter. Ich sagte nicht: Löwendompteur. Nein, ich sagte: Bankdirektor. Und wenn mich die Erwachsenen dann mit gerunzelter Stirn, aber freundlich fragten, warum, sagte ich: Dann hat man immer Geld.

Dieses kindlich naive Verständnis eines Berufes scheinen viele Menschen noch zu teilen, nachdem sie sich für diesen Beruf entschieden haben. Die Zeitungen sind voll mit ihren Geschichten. Etwa jener von Urs B., dem ehemaligen Vizedirektor der Tessiner Kantonalbank, der im luzernischen Schüpfheim dabei erwischt wurde, wie er nachts bei einem Motorradhändler einbrach und zwei Honda-Maschinen klaute. Etwa jener des Ex-UBS-Executive-Managers Martin S., der in Singapur Liebe mit minderjährigen Prostituierten kaufte und vermutlich sieben Jahre ins Gefängnis muss. Oder etwa jener von Kareem S., ehemals Global Head der Abteilung Structured Credit Trading der Credit Suisse, der Zahlen manipulierte, um seinen Bonus von 4,5 Millionen Pfund zu retten.

Die Frage stellt sich natürlich: Wurden diese Menschen kriminell, weil sie Banker waren – oder wurden sie Banker, weil sie kriminell sind? Oder wurden sie kriminell, weil sie unglücklich wurden, weil sie herausfanden, dass man nicht immer Geld hat, obwohl man Bankdirektor ist?

Es gibt aber auch glückliche Banker, vor allem die mit einem »Ex« vor der Berufsbezeichnung. Immer wieder liest man ihre Geschichten: Der Barkeeper einer Zürcher Gay-Cocktailbar ist ein Ex-Banker. Ein Reisebürobetreiber ebenfalls. Ein Bestsellerautor namens Michael Theurillat auch. Ein hiesiger Züchter von japanischen Kirschlachsen. Ein Rinderzüchter in den Alpen. Ein Weinbauer in Südengland.

Umgekehrt las ich noch nie von einem Banker, der ein ehemaliger Barkeeper einer Gay-Cocktailbar ist oder ein ehemaliger Bestsellerautor. Interessant auch: Was all diesen Ehemaligen gemein ist, was alle immer betonen in den Artikeln, die über sie erscheinen: wie viel glücklicher sie sind, seit sie nicht mehr Banker sind, sondern einen neuen Beruf gefunden haben.

Nicht herausgefunden wurde bisher aber, ob sie glücklicher sind, weil sie sich dazu entschieden haben, ihr Bankerleben an den Nagel zu hängen – oder ob glücklichere Menschen dazu tendieren, den Beruf des Bankers an den Nagel zu hängen.

PS: Ich fing damals mit der Verwirklichung des Bubentraumes an und machte eine KV-Lehre bei der UBS in Liestal. Bald verließ ich die Bank und wurde Journalist.

PPS: Eine eben veröffentlichte Studie aus den USA zeigt: Die unattraktivsten Berufe überhaupt sind: Schauspieler (Rang 197), einfacher Soldat (198) und Holzfäller (199). Ganz am Ende, auf Platz 200, finden wir: den Journalisten.

Neulich im Do it yourself

12. Mai 2012

Es gibt Momente, in denen alles aussetzt, für einen kurzen Augenblick. Ein solcher Augenblick dauert vielleicht eine Sekunde – vielleicht etwas länger oder auch viel kürzer. Es fühlt sich an, als habe man für einen Bruchteil von Zeit alles vergessen: wo man ist, wer man ist, was man sagen und was man tun wollte.

Ein solcher Moment geschah in der Do-it-your-self-Abteilung eines Einkaufszentrums in Zürich-Bru-nau. Dort stand ich, und es dauerte einen Moment, bis mir alles wieder einfiel. Es war, als sei ich eben aus einem Traum erwacht, einem Traum, von dem man nichts weiß, außer dass man ihn hatte.

Ein Mann sah mich freundlich, aber auch fragend an, den Kopf hielt er leicht schief. Es klang, als wiederholte er seinen Satz, als er fragte: »Kann ich Ihnen helfen? Ist alles in Ordnung?« Da nahm ich alles wieder wahr: das Quietschen eines Einkaufswagens hinter mir, ein Kind, das nach seiner Mutter rief, eine Lautsprecherdurchsage,

»Frau Stefan bitte zur Kasse zwei«, irgendwoher Musik, ein Telefon, das klingelte, etwas, das von einem Regal fiel, das tiefe Summen einer Lüftung.

In den Laden kam ich, weil ich etwas brauchte. Ein banales Problem: Zu Hause war der Abfluss verstopft. Also wollte ich eine Dose Druckluft kaufen, um ihn frei zu pumpen. Danach wollte ich den Mann fragen. Aber noch bevor ich die Worte parat hatte, sah ich auf sein Namensschild. Dort las ich: Hieronymus. Sein Nachname stand auch da, es war ein ziemlich normaler Schweizer Name, wie er über hundert Mal im Telefonbuch der Stadt steht. Hinter dem Mann mit dem Namensschild befand sich ein Regal mit Handwerksmaschinen. Fräsen. Bohrer. Elektrohobel. Alle waren sie von der Marke Bosch. Meine zwei Augen transportierten diese Information: Hieronymus. Und darauf die Information: Bosch. In meinem Gehirn nun wurden ein paar Schaltungen getätigt. Die Folge war ein Systemfehler. Anstatt in der Kammer VERKÄUFER NACH GEWÜNSCHTEM ARTIKEL FRAGEN, landeten meine Gedanken im spinnwebenverhangenen Stübchen NIEDERLÄNDISCHER MALER *UM 1450 IN s'HERTOGENBOSCH †1516 EBENDA. In dieser Kammer musste erst einmal jemand Licht machen, und als dies geschehen war, da sah ich Dinge.

Ich sah einen Heuwagen, gezogen von Wesen, halb Mensch, halb Tier. Ich sah ein geborstenes Ei. Ich sah eine Fahne mit einem Dudelsack darauf. Ich sah Fliegende Fische, Meerjungfrauen, Bäume mit Ohren. Ich sah Hirten im Gespräch, rastende Pilger, tanzende Bauern. Ich sah eine Höhle, in der ein Feuer brannte. Ich sah die Erdkugel, fast gänzlich schwarz. Ich sah brennende Städte, einstürzende Türme, abgeschlagene Köpfe. Ich sah Vögel, groß wie Häuser, Wiedehopf, Grünspecht, Stieglitz. Ich sah den Heiland, allein unter Verbrechern und Henkern mit geschlossenen Augen sein Kreuz tragend.

Als ich zu viel gesehen hatte, wurde mein System notfallmäßig heruntergefahren und neu gestartet. Und dann sah ich wieder diesen Mann, Hieronymus vor den Maschinen. »Ja? Wie kann ich Ihnen helfen? Ist alles in Ordnung?« – »Abfluss, äh, verstopft«, sagte ich, »Druckluftdingsda. Ohne Dudelsack, äh, Giftzeugs, bitte.« Hieronymus führte mich zu einem Regal, wo ich die gewünschte Ware fand. Ohne weitere Probleme bezahlte ich, ging nach Hause und entstopfte den Abfluss. Während fauchend die Druckluft in die Röhre fuhr und es tief im eisernen Gedärm gurgelte, fragte ich mich: Kehrt man aus solchen Momenten als derjenige zurück, der man war, bevor dieser Moment kam? Oder ist man ein anderer Mensch? Hat man sich verändert? Kam etwas dazu? Ging etwas verloren? Hat man etwas gelernt? Wurden ein paar Haare grau? Kann eine Sekunde auch ein Jahr sein? Hat man eine Reise getan? Eventuell gar die Erde verlassen?

In einem Frühling, als ich
eine Frau kennenlernte

16. Mai 2009

In das Notizbuch schrieb ich zuerst: »Idee für einen Titel für eine Kurzgeschichte über einen Zahnarztbesuch: *Zarte wimmern in Wartezimmern.*« In das Notizbuch schrieb ich: »Idee für einen Titel für eine längere Abhandlung über meine Erfahrungen mit Esoterik: *Das innere Hühnerauge.*« In das Notizbuch schrieb ich: »Idee für einen DJ-Namen, falls ich je wieder einen benötigen sollte, was mir jedoch angesichts des Alters und der Umstände als eher unwahrscheinlich erscheint: ›DJ Mister Gaga‹.« In das Notizbuch schrieb ich: »Heute sah ich einen Lieferwagen. Auf dem Lieferwagen stand: ›Pelzkühlhaus Walder‹. Arme Pelzmäntel. Sie haben es auch nicht einfach.«

In das Notizbuch schrieb ich: »Das ist alles für heute. Let's call it a day.«

Dann ging ich aus dem Haus, stieg in meinen Wagen und fuhr an einen Ort, wo Männer mich erwarteten.

Die Männer hatten dreckige Hände und trugen Over-alls. Sie nahmen die Räder von meinem Auto, steck-ten sie wie Leichenteile in schwarze Plastiksäcke und schleppten sie weg. Die Männer hievten neue Räder an das Auto. Laut ratterte der Schlagschrauber. Ich fuhr mit den neuen Rädern davon. Im Radio lief ein Lied, das ich nicht kannte, und ich war froh, dass ich es nicht kannte. Ich dachte: »Die Schuhe eines Autos sind noch teurer als die Schuhe einer Frau – einer Frau gar, die sich etwas aus Schuhen macht.«

Es wird Frühling. Und dann Sommer. Es wird Herbst. Dann kommt der Winter, und alles beginnt wieder von vorne. Hoffentlich.

Es war in einem Frühling, als ich eine Frau kennen-lernte. Es ist sicherlich kein Zufall, dass sowohl das Wort »Frau« wie auch das Wort »Frühling« beide mit dem Buchstaben F beginnen. Ich traf die Frau, weil eine Freundin meinte, die Frau könnte mir passen. Doch wir verpassten uns, respektive: Wir waren wohl zusammen am selben Ort, einer Party, jedoch war die Kuppler-freundin krankheitsbedingt abwesend. Später ergab es sich, dass ich an die E-Mail-Adresse dieser mir noch unbekannten Frau gelangte. Ich schrieb ihr. Sie schrieb zurück. Es ging hin und her. Sie lebte in jener Stadt, ich in dieser. Wohl gab es eine Zuglinie, welche die Städte als ziemlich gerade Linie verband, doch war es kompli-ziert. Die einfachsten Dinge sind oft die kompliziertesten. Sie steckte in ein, zwei Beziehungen, und ich trug schwenkend und laut johlend eine überdimensionierte Fahne mit mir herum, auf der groß »Freiheit« stand. Wir schrieben uns. Bald auch richtige Briefe. Weil ich mich meiner Handschrift schämte, tippte ich die meinen mit Schreibmaschine. Dann fingen wir an, zusammen ins Kino zu gehen. Meistens nachmittags. Sie in jener Stadt, ich in dieser. Wir gingen zur selben Zeit in denselben Film, verlangten Tickets für denselben Sitzplatz in derselben Reihe. Und kaum hatte der Film begonnen, fingen wir an, SMS zu schreiben. Bald war klar, welcher Film früher begann. Es war zwar so, dass die Anfangszeiten für die Filme oft identisch waren, jedoch hatte wohl der schwächere wirtschaftliche Aufschwung der einen Stadt zur Folge, dass der Werbeblock kürzer war, was den Film in jener Stadt Minuten eher beginnen ließ. »Achtung! Gelbes Auto kracht bald in rotes Auto.«, »Achtung! Typ mit Regenmantel (Pistole in linker Tasche).«, »Achtung! Sie küssen sich NICHT.«

Es war eines der besten Hobbys, das ich mir vorstellen kann.

Sie war übrigens eine Frau, das sollte ich bald herausfinden, die sich etwas aus Schuhen macht. Und das ist sie noch immer.

Voll die Zeitmaschine

17. Mai 2014

Remember that piano. So delightful unusual. That classic sensation. Sentimental confusion.« Manche Songs sind wie Vögel, die sich im Gehirn einnisten, und kaum steht man auf, fängt der Vogel an zu zwitschern. Das Lied zwitschert den ganzen Tag, man findet einfach nicht die Taste, es zu stoppen oder gar zu löschen. Wenn man Glück hat, ist es ein guter Song. Doch leider besitzen vor allem ganz schreckliche Lieder diese Fähigkeit, Lieder, die man vergessen glaubte. Es scheint ganz so, als hätten wir mit diesen Songs abgeschlossen – die Songs aber nicht mit uns. Meinen Song – entstanden vor dreißig Jahren –, den las ich irgendwo auf, ich weiß nicht mehr, wo, wohl auf DRS 1, und als ich einen mir bekannten Buchhändler traf, den ich länger nicht mehr gesehen hatte, da sang es gerade in meinem Kopf ziemlich laut: »Used to say. I like Chopin. Love me now and again.«

Als ich den Buchhändler traf, da war mir ein bisschen bange, denn früher oder später würde ich ihn fragen müssen, wie das Geschäft so laufe, und dann würde er sicher eine Bittermiene aufsetzen, vielleicht sogar erbrechen, denn dem Buchhandel geht es schlecht. Ich wollte das Thema umschiffen wie ein Ruderer den gefährlichen Strudel in der Straße von Corryvreckan, irgendwann aber purzelten die Worte doch aus meinem Mund, »was, äh, macht das, äh, Geschäft?«. Zu meiner großen Verwunderung fing der Buchhändler an zu strahlen und sagte, er habe nun schon seit dreißig Jahren seinen Laden, und kein einziges dieser dreißig Jahre sei so gut gewesen wie das letzte. Es laufe prächtig. Würde ihn also ein beispielsweise dreißigjähriger Mensch morgen fragen, was er im Leben tun solle, würde er ihm raten, einen Buchladen zu eröffnen – selbstverständlich aber nicht in dieser, sondern in einer anderen Stadt.

In meinem Kopf spielte noch immer der Song: »Remember that piano. So delightful unusual. That classic sensation. Sentimental confusion.« Und der Buchhändler erzählte, wie junge Menschen in seinen Laden kämen, große Augen machten und sagten: »Wow! Voll die Zeitmaschine!« Als kennten sie Bücher nur noch aus Erzählungen ihrer Großeltern, so wie Spinnräder oder Dampfmaschinen. Für die jungen Menschen sei ein Ort wie eine Buchhandlung der totale Exotizismus. Aber dann kämen sie wieder, schmökerten rum, kauften vielleicht ihr erstes Buch seit Langem. Weil sie merkten, dass ein Buch ein Buch ist: etwas Reales, das sich anfühlt, das riecht, das ein Gewicht hat. Und weil ein Buchladen ein Ort sei, ein echter Ort mit einer Temperatur, einer Stimmung, einem Klima. Die virtuelle Welt sei kein Ort, dort rieche man höchstens die eigenen Socken.

Und der Buchhändler erzählte von einem neuen Buch mit dem Titel *The Outsiders – New Outdoor Creativity*. Es seien mehrheitlich Bilder im Buch, die eine echte Welt zeigen: Wildnis, Wälder, Seen, Berge. Es wird darin eine neue Bewegung beschrieben, und einer der Protagonisten dieser Bewegung – die als direkte Reaktion auf den Mangel an Gefühlen von Erlebtem durch zu viel Internet/Social Media/Flappy Bird zu verstehen sei –, der sage, dass in den Wäldern zwischen allen Bäumen Türen seien, durch die man in neue Welten gehen könne. Der Buchhändler sagte, es sei ein ganz und gar schreckliches Buch, voller Kitsch, Pathos und eigentlich mehr ein Prospekt für hippe Gegenstände, Dinge wie Jacken von Patagonia, Messer von Opinel oder Rucksäcke von Sandqvist. Man sehe diesen Typus Mensch auch schon in der Stadt: angezogen, als durchwanderten sie gleich die wilden Wälder Norwegens.

Der Buchhändler meinte, dass wohl für die meisten, die dieses Buch kauften, der Gang zum Buchhändler die größte Outdoor-Aktivität darstellen wird. Aber hey: Solange sie das Buch bei ihm kauften und nicht online bestellten, sei das für alle gut – und von etwas zu träumen, das sei doch schon einmal ein Anfang. Und als ich mich vom Buchhändler verabschiedete, nicht ohne ihm zu versichern, dass ich bald auch wieder mal vorbeikäme, um ein Buch zu kaufen, ganz bestimmt, denn ich liebe Bücher über alles, da dröhnte es in meinem Kopf: »Used to say. I like Chopin. Love me now and again. Oh-oh-oh.«

Nessun dorma!

Es gibt Dinge, die sind wahr. Und es gibt Dinge, die sind unwahr. Also falsch. Gewisse Dinge sind absichtlich falsch, eine Arglist steckt dahinter, beispielsweise hinter dem Tun eines Politikers. Andere Dinge sind einfach falsch herausgekommen, weil irgendwo ein Fehler passiert ist. So vor etwa vier Wochen.

Ich schrieb am unteren Rande einer Kolumne mit dem Titel *Lachen mit Xenia* auch über ISIS. Dort in einer Klammerbemerkung stand, ISIS stehe für »Islamischer Staat im Iran und in Syrien«. Das ist natürlich zur Hälfte ganz und gar falsch, denn ISIS steht für »Islamischer Staat im Irak und in Syrien«. Die Buchstaben k und n stehen sich zwar alphabetisch nahe, so wie die beiden erwähnten Staaten geografisch auch nahe beieinanderliegen, und so manches Wort beginnt gar mit den beiden als Duo, wie etwa »Knusperhäuschen«, »Knitterfalte« oder »Knabbergebäck«, trotzdem ist es falsch. An dieser Stelle möchte ich mich bei Herrn Dadelahi bedanken, einem genauen Leser, welchem dieser Lapsus aufgefallen ist, und mich gleichzeitig entschuldigen.

Es gibt Dinge, von denen weiß man nicht, ob sie wahr sind oder nicht. Etwa eine Geschichte, die mir einst ein Freund erzählt hat. Er behauptete, er wisse – aus zuverlässiger Quelle –, dass der Sänger Luciano Pavarotti immer, so er unterwegs war vom Norden in den Süden, mit seinem Auto im kleinen Dorf Andeer haltgemacht habe, und zwar vor der Metzgerei Joos. Dort habe er dann den wie der Bauch eines Opernsängers voluminösen Kofferraum seines Maserati Quattroporte II geöffnet und mit den Würsten dieser Metzgerei gefüllt. Die Metzgerei habe den halben Jahresumsatz mit dem Sänger gemacht. Schwer hing die wurstige Last hinten auf der Federung, als der Sänger sich Richtung San Bernardino davonmachte, und wenn er am Steinbruch vorbeigefahren sei, habe er mindestens schon einen »Andutgel da dir« verzehrt.

Ob diese Geschichte wahr ist, das weiß ich nicht. Aber jedes Mal, wenn ich an Andeer vorbeifuhr, musste ich daran denken, wie sich der große Pavarotti voller Vorfreude, aber nicht ohne ächzende Mühe aus dem weich gepolsterten Ledersitz seines Autos hievte, die wenigen Schritte bis zur Tür der Metzgerei rannte, sich in den Laden schob und eine Bestellungs-Arie in den Raum schmetterte. Bis ich einmal den rechten Blinker setzte, die A13 verließ und in das Dorf hineinfuhr, in welchem ich noch nie gewesen war, welches aber – das sah ich gleich – wunderbar anzusehen ist. Wie einst Pavarotti hielt ich (in meinem etwas weniger glamourösen Wagen) vor einem Haus, auf dessen Fassade steht »Meztga H. Joos«, von Hand beschriebene Tafeln priesen »Grillitäten« wie »Grappa-Steak« und »Bärlauch-Steak«. Im Laden erblickte mein Auge eine imposante Anzahl von Wurstwaren, von denen ich mir ein paar einpacken ließ. Und gleich gegenüber der Meztga Joos fand ich ein Lädeli mit der Aufschrift »Stizun da Latg«, wo es Käse gibt, meine Güte! Zum Beispiel den »Andeerer Traum«, der im Jahr 2010 am Championship Cheese Contest in Wisconsin USA die Goldmedaille in der Kategorie »Geschmierte Hartkäse« errang. Und ein paar Schritte weiter gibt es bei der Konditorei Iselin die unglaublichen »Cagliatschatürmli«. Nun ja, wie dem auch sei, ich setzte mich wieder hinter das Steuerrad und biss in eine der gekauften Würste. Und ich konnte sehen, während ich mit geschlossenen Augen kaute: Pavarotti muss sehr glücklich gewesen sein, als er seinen Maserati den Berg hochjagte und am Lebersalsiz nagte. Was er da wohl sang? Etwas aus Puccinis *Turandot?* »Nessun dorma! Ma il mio mistero è chiuso in me, il nome mio nessun saprà! No, no, sulla tua bocca lo dirò quando la luce splenderà!« Und dann sprach er leise, als er aus dem Dunkel des Tunnels in das Licht des Südens schoss: »Meztga Joos!« Und verspeiste den letzten Bissen Wurst.

Die lustigen Affen

25. Mai 2013

Der Afrikanische Marabu steht da an seinem betonierten Wasserloch, dünn die Beine, spitz der Schnabel, kahl der Kopf. Er starrt auf die trübe Wasseroberfläche, auf der sich der Himmel spiegelt, ein paar Wolken Richtung Süden ziehen, seiner Heimat, von der er nichts weiß.

Der Marabu steht steif da, wie ein strenger, alter Lehrer, der nicht ohne Misstrauen mit hinter dem Rücken verschränkten Armen eine Klasse beaufsichtigt, die eine schwere schriftliche Prüfung ablegt.

Kaum ein Zoobesucher interessiert sich für den Marabu. Nur dann und wann bleibt ein Kind stehen, kurz, ruft: »Dä isch denn gruusig«, und rennt weiter. Dem Marabu wird dies recht sein; er frisst keine Kinder, warum also sollte er sich für sie interessieren? Die Leute zieht es zu seinen Nachbarn, den mächtigen Ostafrikanischen Spitzmaulnashörnern, die bald mit dem linken Ohr wackeln, dann mit dem rechten, die Augen klein und traurig wie die von Köbi Kuhn. Oder die Leute gehen zu den lustigen Affen, die die Gesichter gegen die Scheibe pressen, an Seilen schwingen oder auf Gemüse kauen. Allerdings ist es bei den Affen nicht nur lustig, denn dort wird der Zeigefinger erhoben: Die Affen sind bedroht aus vielen Gründen. Das Foto eines abgeschlagenen Affenkopfes in einer Schüssel mahnt eindringlich. Ein rostiger Käfig ist auch ausgestellt, geschrieben steht: In diesem Originalkäfig wurde der Orang-Utan namens Agam zwölf lange Jahre gefangen gehalten.

Da stellt sich natürlich leise die Frage: Ist der Zoo nicht auch ein Käfig? Natürlich ist der Zoo größer als Agams karger Kerker – aber verglichen mit der ganzen Welt, ist der Zoo doch auch recht klein. Und ich weiß, ehrlich gesagt, nicht, was der Bartkauz in seinem Maschendrahtgefängnis dazu sagen würde. Der Bartkauz kann einem leidtun, den ganzen Tag muss er immer denselben Satz hören, in allen Dialekten, die unser Land zu bieten hat: »Der kann seinen Kopf 180 Grad drehen!« Meistens sagt es ein männlicher Besucher, irgendein altes Wissen abrufend, mit kurzer Verzögerung folgt dann ein Ausruf einer Begleitung, ein Ausruf des Erstaunens über die Absonderlichkeiten, welche die Natur parat hat: »Hei!«

»E cha de Grind om hondetachzg Grad vedrölle.«

»Är khann dr Khopf hundärtachzig Graad trülla.«

»Er cha dr Chopf um hundertachzg Grad träiä.«

Der Bartkauz denkt sicher: »Ich würde gerne meinen Kopf um 360 Grad drehen oder um 720 Grad.« Und die Schneeeule im lichten Verlies nicht weit, sie sieht, ehrlich gesagt, nicht eben aus wie ein stolzes Tier, sondern wie eine verzweifelte Kreatur, die einen anbettelt, man möge ihr eine Pistole geben, damit sie sich erschießen könne.

»Aber du hast doch gar keine Arme, Hände, Finger.«

»Dann tu du es für mich!«

Der Mensch unterscheidet sich vom Tier durch gewisse Merkmale und Fähigkeiten. Beispielsweise erlangte der Mensch im Laufe der jüngeren Geschichte die Fähigkeit, Bücher zu drucken, sogar solche mit Bildern drin. Ein solches Buch schenkte am 21. Juni 1974 ein Herr Wanner einem Herrn Voegeli (so steht es von Hand geschrieben auf dem Vorsatzpapier: »Seinem Schaffhauser Landsmann ... mit besten Wünschen zugeeignet vom Verfasser«). Das Buch heißt *Leben und Erleben im Zolli* und berichtet vom bunten Leben im Zoologischen Garten Basel. Ich fand es in einem Antiquariat. Interessant ist an dem Buch vieles, etwa der Umstand, dass im Basler Zoo nicht nur Tiere und Pflanzen zu sehen waren, sondern immer wieder auch Menschen, »Völkerschauen«, bei denen man exotische Männer und Frauen bestaunte, ganze Dörfer, etwa im Jahr 1932 »Aussterbende Lippennegerinnen aus Zentral-Afrika« mit scharf angespitzten Zähnen.

Seither sind 81 Jahre vergangen. Im Zoo werden keine Menschen mehr ausgestellt. Die Frage aber ist: Was wird in weiteren 81 Jahren sein? Man wird mit Schaudern zurückblicken in die finstre Zeit, als man Tiere einsperrte, um sie gegen Bezahlung von Glace schleckenden Menschen begaffen zu lassen: dunkle Pelomedusen-Schildkröten, Flachlandtapire, Zitteraale und 372 andere Arten.

Der Marabu steht da mit seinem Schnabel, der spitz und hart ist, um die zähe Bauchdecke von Kadavern zu durchstoßen, damit er an das von ihm geliebte Gedärm herankommt. Er starrt auf das trübe Wasser. Dann breitet er seine mächtigen Flügel aus, hält sie einen Moment lang gespannt, als halte er inne, als denke er nach, vielleicht darüber, wofür er diese Dinger eigentlich hat. Dann faltet er sie wieder ein.

PS: Das beliebteste Tier des Zoos übrigens, bei Groß und Klein, Jung und Alt, ist immer noch: die Bratwurst.

Willkommen zurück zur Milch

30. Mai 2015

Das Wort, ich hatte es noch nie zuvor gehört. Wie konnte das sein? Ein Wort, das im Gespräch zwischen meinen Freunden hin- und herging wie ein Pingpongball. Also musste ich fragen: »Was redet ihr da? Geht es um ein neues veganes Rezept?«

Die Freunde schauten mich an und schüttelten die Köpfe. »Ein neu eröffnetes Restaurant?« Köpfeschütteln.

Ich dachte nach. Der Klang des Wortes könnte auch in eine andere Richtung deuten, ich versuchte es: »Es geht um eine Pflanze, diese Orchideen, die überall rumstehen?«

»Nein«, sagte der eine Freund, und der andere: »Die heißen Phalaenopsis.«

»Dann geht es um einen paradiesischen Ort, wohin man nun in die Ferien fährt? Eine griechische Inselgruppe? ›Condé Nast Traveller‹ hat drüber berichtet?«

Köpfeschütteln. »Etwas im hohen Norden, neben den Äußeren Hebriden?« Köpfeschütteln. »Neben den Inneren Hebriden?« Köpfeschütteln. »Eine neue Fernsehserie mit mythologischem Background, aber auch viel Sex und Gewalt?« Köpfeschütteln. »Ein junges Modelabel? Der heißeste Scheiß aus Schweden? Eine Turnschuhmarke?« Köpfeschütteln. »Und wie spricht man es gleich noch mal aus?« – »Chlamydien. ›Chla‹ wie in ›Klassenlehrer‹ und ›mydien‹ wie ›müdes Indien‹.«

»Chlamydien«, sagte ich vor mich hin, probierte das Wort aus wie einen Bissen eines unbekannten Gerichtes, das man zum ersten Mal in seinen Mund lässt, beispielsweise geschmorte Hühnerfüße an Pilzsoße. »Chlamydien.« Betonte mal mehr den Anfang, mal das Ende, bis ich fand, es klinge richtig. »Chlamydien; und was sind Chlamydien?«

Die Freunde klärten mich auf, es gehe um eine Geschlechtskrankheit, die Zeitungen seien davon voll gewesen, das Fernsehen auch, im Radio, überall. An mir jedoch waren die Chlamydien spurlos vorbeigegangen. Meine Freunde sagten: »Du hast nichts davon mitbekommen? Wo lebst du denn? Hinter dem Mond?« Ehrlich gesagt, stelle ich es mir hinter dem Mond recht schön vor. Sicher ist es dort sehr ruhig, und keine bestens informierten Freunde gehen einem mit ihrem allumfassenden Kontemporärwissen auf die Nerven.

Das Gespräch der Freunde drehte sich noch eine Weile um die Krankheit mit dem Namen, der klingt wie ein politisch turbulentes Land in einem *Tim und Struppi-*

Comic, dann ging es bald um das neue Album einer Band, von dem ich noch nie gehört hatte (*Welcome Back to Milk* von Du Blonde), dann um das angesagteste Gesellschaftsspiel, das mir absolut nichts sagte *(Cards Against Humanity)*, bald um ein Buch, das man einfach gelesen haben muss (*Andrew's Brain* von E. L. Doctorow), die neuen Skateboards von Daft Punk, die Hervet Manufacturier herstellt, den neuen Zweireiher »Skeppsbron« von Stutterheim und so weiter. Ich notierte mir alles, ließ mir alles buchstabieren, und als ich mit der langen Liste der mir unbekannten Dinge nach Hause ging, zurück hinter den Mond, da war ich doch etwas geknickt – ich war nicht mehr auf dem Laufenden, wusste nicht mehr Bescheid, hatte schlicht keine Ahnung mehr.

So nahm ich mir vor, mich zu informieren, steuerte gleich tags darauf den nächsten Buchladen an, ging zum Info-Desk und sagte: »Einmal *Pschyrembel,* bitte, aber subito!« Die Buchhändlerin hatte mich nicht richtig verstanden, sie blickte fragend, also wiederholte ich meine Bitte. »Einmal, bitte schön, *Pschyrembel,* das Buch mit den Chlamydien drin, Ulcus molle, Granuloma inguinale, Bowenoide Papulose.« Die Buchhändlerin schaute mich eine Weile an. Bevor sie sagen konnte: »Kochbücher finden Sie im zweiten Stock«, ging ich schnell wieder aus dem Laden, »sorry« rief ich der Buchverkäuferin zu, die Hand zum Abschied winkend erhoben, »falscher Anfang«. Vielleicht sollte ich doch mit der Musik beginnen, mit *Welcome Back to Milk* von Du Blonde. Also machte ich mich auf in Richtung Plattenladen. Den Weg dorthin wusste ich noch. Halbwegs, vage.

Von Gegensätzen

31. Mai 2014

Ein Haus ist ein Gebäude. Ein Tier ist ein Lebewesen. Ein Haustier aber ist nicht die Kombination von beidem – abgesehen natürlich von der Weinbergschnecke und ihren Verwandten.

Tiere gehören nicht in Häuser, sondern auf den Biobauernhof, in die Natur oder an die Seite eines Försters. Deshalb bin ich streng und strikt gegen Haustiere in der Stadt. Mit der Frage nach Haustieren ist immer wieder konfrontiert, wer Kinder hat. Denn Tiere sind herzig. Tiere berühren uns, deshalb berühren wir sie gern. So manches Tier ist eine haptische Meisterleistung. Und so will die Frau ein wuscheliges Kätzchen, wollknäuelgroß, das schnurrend auf ihrem Schoß liegt, während sie die neue Staffel von *Homeland* schaut. Der jüngere Sohn will einen möglichst großen Hund, auf dem er herumreiten kann wie Hannibal auf dem Elefanten. Der ältere Sohn wünscht ein Krokodil, das er auf vegetarische Ernährung umerziehen möchte. Und die Nachbarskinder im ersten Stock verlangen, dass wir uns eine Giraffe zulegen, die draußen vor ihrem Balkon steht, damit die Kinder am Hals des Tiers herunterrutschen können, morgens, wenn es zur Schule geht. »Nein« ist ein Wort, das oft aus meinem Mund kommt. Katze? Nein. Hund? Nein. Krokodil? Nein. Giraffe? Nein. Nein. Nein.

Natürlich hinterfragt man ab und zu die Richtigkeit der brutal konsequenten Ablehnung. Es gibt Momente, da droht man zu schwächeln, wenn das Herz sich Kindertränen wegen in einen Epoisses verwandelt. Da kam mir dieses Gespräch gerade recht. Ich musste es mit anhören, in der Eisenbahn. Es wurde zwischen einer jungen Frau und einem jungen Mann geführt. Er sagte gerade: »… nun ja, seit ich ihr die Eierstöcke hab rausnehmen lassen, ist sie ruhiger.« Worauf sie antwortete: »Aber dann hockt sie doch einfach nur rum. Die wird doch total träge und dick.« – »Ja. So ist es. Aber sie geht einmal am Morgen raus und einmal am Abend, und sie braucht kein Kistchen mehr, es stinkt nicht mehr so in der Wohnung.« – »Also es gibt ja auch Katzen, die gehen auf die Toilette. Ich meine, auf die richtige Toilette, wie Menschen.« – »Echt?« – »Echt! Die klettern da hoch und machen ins Klo.« – »Echt?« – »Ja. Und die können sogar selber spülen. Ich habs mit eigenen Augen gesehen.« – »Wo?« – »Auf YouTube. Du, Fische wären auch praktisch.« – »Nö. Da bist du immer am Aquariumputzen. Und das Fischfutter, ganz übel!« – »Stimmt.

Das hatte ich vergessen, das stinkt grausam.« – »Weißt du, die Katze macht nicht viel Arbeit, aber ich will im Sommer ein bisschen reisen. Thailand. Im Süden an der Strandbar stehen, Cuba Libre, aufs Meer schauen, ein bisschen am Strand liegen, schnorcheln …« – »… so geil …« – »… ja, ein bisschen in den Norden reisen, mit dem Motorrad, ein paar riesige Buddha-Statuen sehen, Tempel, das einfache Leben der einfachen Leute erleben. Die sind ja so freundlich dort, obwohl sie so arm sind. Aber eben: Wohin mit der Katze dann? Ich kann sie ja schlecht mitnehmen!« – »Nein, sonst essen sie sie dir dort. Ha, ha!« – »Ha, ha!« – »Aber hey, leg dir doch eine Schildkröte zu.« – »Eine Schildkröte?« – »Ja. Aber keine Wasserschildkröte. Die stinken. Und du musst immerzu das Wasser wechseln. Die machen ja einfach ins Wasser, dick und dünn. Kauf dir eine Landschildkröte.« – »Sehen noch cool aus, mit dem Panzer und so.« – »Ja. Und wenn du in die Ferien fährst, dann legst du sie einfach in den Kühlschrank.« – »Echt?« – »Hab ich mal gelesen. Schildkröte einfach in den Kühlschrank. Der gefällt es da. Die macht dann da Winterschlaf.« – »Mitten im Sommer?« – »Ach, die sind robust. Die halten schon was aus.« – »So geil. Aber ich hab jetzt meine Katze, und ich weiß nicht, was ich im Sommer mit ihr machen soll.« – »Ist sie schon alt?« – »Nö. Warum?« – »Nun ja, ich dachte, wenn sie schon alt ist … dann … ich weiß auch nicht. Hm. Und ein Katzenferienheim?« – »Ja, hab ich mir auch schon überlegt, hab sogar mal nachgefragt, aber die wollen achtzehn Franken pro Tag. Das ist mehr, als ich in Thailand pro Tag brauche.« Und so ging das Gespräch weiter.

Als ich zu Hause war, da sagte ich einfach mal so: »Nein.« Und nochmals »Nein«. Es klang sehr richtig.

Amerikanische Wissenschaftler

2. Juni 2012

Amerikanische Wissenschaftler haben herausgefunden, dass der nervigste Klang der Welt Kinderschreien ist, stand am 21. 6. 2010 in der *Süddeutschen Zeitung*. Amerikanische Wissenschaftler haben herausgefunden, dass Ehen scheitern, wenn Männer bei Horrorfilmen Angstbekundungen äußern, stand am 17. Mai 2005 im *Stern*. Amerikanische Wissenschaftler haben herausgefunden, dass »Haareziehen« das Stresshormon Cortisol reduziert und die Bildung von beruhigenden Endorphinen anregt. (»Haare zwischen die Finger klemmen und mindestens eine halbe Minute lang hochziehen!«) Das stand am 1. 2. 1997 im *Blick*. Amerikanische Wissenschaftler haben herausgefunden, dass sich die Schlaufe der Peitsche am Schluss mit doppelter Schallgeschwindigkeit bewegt und dabei die Schallmauer durchbrochen wird – daher der Knall, stand am 18. 6. 2009 in *20 Minuten*. Amerikanische Wissenschaftler haben herausgefunden, dass ein von den Osterinseln im

Pazifik stammendes Antibiotikum Eigenschaften aufweist, die es zu dem Jungbrunnen machen könnten, stand am 13. 7. 2009 in der *Südostschweiz*. Amerikanische Wissenschaftler haben herausgefunden, dass Vögel mit ihrem Gesang die Poren der Pflanzen öffnen, stand am 17. 11. 2007 in der *Berner Zeitung*. Amerikanische Wissenschaftler haben herausgefunden, dass jeder Mensch rund 150 bis 300 Worte täglich laut mit sich selbst wechselt und 510-mal in Gedanken mit seiner eigenen Person kommuniziert, stand am 7. 3. 1999 in der *SonntagsZeitung*. Amerikanische Wissenschaftler haben herausgefunden, dass zu viel Süßes dumm macht und das Erinnerungsvermögen einschränkt, stand am 16. 5. 2012 im *Berliner Kurier*. Amerikanische Wissenschaftler haben herausgefunden, warum Kaffeeflecken dunkle Ränder haben, stand am 19. 8. 2011 im *Tages-Anzeiger*. Amerikanische Wissenschaftler haben herausgefunden, warum der Dackel kurze Beine hat, stand am 16. 7. 2009 auf *NZZ Online*. Amerikanische Wissenschaftler haben herausgefunden, dass die bis heute gebräuchliche Doppelaxt bereits seit bis zu 900 000 Jahren auf dem europäischen Kontinent verbreitet ist, stand ebenfalls auf *NZZ Online*, am 14. 9. 2009. Amerikanische Wissenschaftler haben herausgefunden, dass Dicke in Zeitschriften auch gerne Bilder von Supermodels anschauen, wenn gleichzeitig thematisiert wird, wie Normalsterbliche zu einer solchen Figur kommen könnten, stand am 18. 3. 2011 in der *Aargauer Zeitung*. Amerikanische Wissenschaftler haben herausgefunden, dass Orangensaft den Zahnschmelz auflöst »wie die Sonne Butter«. Ungünstig, dass andere amerikanische Wissenschaftler kürzlich herausgefunden haben, dass ein Aromastoff im Orangensaft das Sexualverlangen anregt, stand am 7.7.2009 im *St. Galler Tagblatt* (plus die Empfehlung, den Vitaminsaft in großen Schlücken hinunterzustürzen). Amerikanische Wissenschaftler haben herausgefunden, dass wir ein Gesicht je nach Vornamen unterschiedlich attraktiv finden. Die Vokale sind entscheidend: Bei Männern fördern spitzere Vokale (e, i) die Attraktivität, weichere (a, u) sind dieser abträglich. Für Frauen gilt das Gegenteil: Namen mit vollem Klang (etwa Laura) machen ein Gesicht attraktiver. Das stand am 12.8.2004 im *Tages-Anzeiger*. Amerikanische Wissenschaftler haben herausgefunden, dass Männer wieder »männlicher« und Frauen »weiblicher« geworden sind, stand am 16.11.2008 in der *NZZ am Sonntag*. Amerikanische Wissenschaftler haben herausgefunden, dass sich in Gedärmen ähnliche Strukturen wie im Gehirn auffinden lassen, dass dieses »Bauchhirn« relativ autonom arbeitet und Signale bezüglich der Emotionen aussendet, stand am 2.2.2001 in der *annabelle*.

Amerikanische Wissenschaftler haben herausgefunden, nachdem man ihnen die Türe gezeigt hat ... stand am 2.6.2012 im *Magazin*.

3. Juni 2017

Liebe Frau Kern

Im Fricktal, so las ich in einer Zeitung, leben illustre Menschen. Sie fühlen sich von diesem Flecken am Rand des Landes angezogen. Der Schlagzeuger der Band Simply Red etwa. Der Bassist der Band Deep Purple etwa. Oder die Magenbitter-Erbin Hubertine Underberg-Ruder.

Kein Wunder, denn im Fricktal ist es auch schaurig-schön. Die prallen Hügel tun ihre Wirkung, wie auch die prächtigen Kirschbäume – und der »Möhlin-Jet« (ein wundersames Wetterphänomen: Ein markanter Ostwind zerfetzt aufkommenden Nebel im Raum Basel gnadenlos, folglich gibts hier viele Sonnenstunden mehr und keine Mittellanddepression). Deshalb auch fuhr ich, ein Jahr ist es her, mit dem Velo durch diese Landschaft, über die Hügel, die lieblich anzusehen sind, in Tat und Wahrheit aber saftig steil. Bis ein Hund des Weges kam, quer über ein Feld rennend, zwischen Zuzgen und Zeiningen, dem die Zunge noch mehr aus dem

Maul hing als mir. Aber nicht nur die Zunge, sondern auch die Zähne sah ich bald. Er dachte wohl, ich sei eine fahrende Wurst, was gar nicht so abwegig erscheinen mag, so wie man als Rennvelofahrer daherkommt in der prall engen Lycra-Pelle, und: Was weiß ich, was im 135 Gramm schweren Gehirnklumpen eines Hundes vorgeht.

Auf jeden Fall schlug er seine Zähne in mein Wadenfleisch, ich sah das Weiß in den Augen des knurrenden Tieres, sah das Rot des still sickernden Blutes. Ich ging eilig zur Notfallpraxis, wartete, bis ich an der Reihe war, bekam eine Tetanusspritze, man spülte die Wunde auf eindrückliche Art tiefenrein, verband das Bein, mit einer großen Schachtel Antibiotikapillen humpelte ich heim, und ich rief Sie an, Frau Kern, denn Ihnen gehört der Hund, dessen Namen ich vergessen habe. Wie war er noch gleich? Wurzel? Wuffy? Wuschel?

Er war mit Ihrer Hundesitterin unterwegs gewesen, einer Frau namens Toya (ein Name, den ich über all die Monate nicht vergaß), die hätte gesagt, er habe gar nicht gebissen, nur »so geschnappt«. Ja, das sagten Sie am Telefon. Also schickte ich Ihnen per Mail Fotos der Wunde. Sie sagten dann: Oje. Und Sie sagten, so als Tipp für die Zukunft gemeint, freundlich: Wenn man abbremse, anhalte, anstatt Gas zu geben, lasse der Hund ab, er verliere dann seinen ihm angeborenen Jagdtrieb. Ich sagte: Hallo? Sie sagten, Wurzel/Wuffy/Wuschel sei ein so lieber Hund, ich solle bitte nichts unternehmen, was ihm schaden könne. Ich sagte: Ich bin ein erwachsener Mann, aber was, wenn ich ein Kind gewesen wäre? Was dann? Sie sagten daraufhin nichts.

Zwei kurze Telefonate führten wir. Ich meldete den Unfall bei der Versicherung, standardmäßig dem Veterinäramt, sah von einer Anzeige wegen Körperverletzung ab, verzichtete wohl oder übel eine ganze Weile auf Sport, schonte das schmerzende Bein – und hörte nie mehr etwas von Ihnen. Es dauerte eine Weile, aber alles verheilte gut, Ihr Hund zerbiss zum Glück nicht mein sehniges Knie, sondern hatte weiter unten angesetzt, wo das Fleisch saftiger ist. Aber als Andenken blieb mir eine Narbe. Manchmal denke ich an Ihren Hund und an Sie. Ich denke: Hätte mein Hund jemanden gebissen, ich hätte mich nach einer Weile mal schüchtern erkundigt, wie es dem Menschen geht. Hätte nach dem Genesungszustand gefragt. Vielleicht sogar einen Früchtekorb geschickt. Zumindest einen Brief geschrieben, mich nochmals entschuldigt. Das wäre doch das Mindeste, denke ich. Aber eben, ich habe keinen Hund. Von Ihnen habe ich nie mehr etwas gehört. Einfach nichts. Was ich seltsam finde, mich andererseits jedoch auch nicht überrascht. Menschen sind manchen Menschen gleichgültig. Zottelige Hunde sind ihnen viel wichtiger.

Und dann denke ich: Vielleicht bin ich auch einfach etwas dünnhäutig. Eine dünnhäutige, beleidigte

Leberwurst, in die gebissen wurde. Und dann denke ich wieder etwas anderes. Nämlich unfreundliche Dinge über Menschen mit Hunden wie Sie, die alle Vorurteile bestätigen. Und dann denke ich wiederum etwas anderes. Und so geht es hin und her, die Gedanken wedeln in meinem Kopf wie der Schwanz eines Hundes beim Anblick eines Knochens. Und alles wegen damals und Ihnen und Toya und wegen Ihres Hundes, dessen Namen ich nicht mehr weiß, der zubiss, tief und fest.

Max Küng

PS: Song zum Thema: *Telephone and Rubber Band* von The Penguin Cafe Orchestra, 1981.

4. Juni 2016

Lieber Oscar

Kürzlich saßen wir zusammen, und du fragtest, was ich gerade so tue, und ich sagte, ich würde an einem Buch schreiben, einem Roman, und du sagtest: »Viel Arbeit?« Ich verdrehte die Augen und ließ meinen Kopf in den Teller mit dem Porridge fallen. Du dachtest nach und sagtest dann: »Ich hab einen Tipp für dich.« Ich sagte blubbernd aus dem Porridge: »Was?« Du: »Nimm einfach lange Namen.« – »Wie?«, fragte ich, den Kopf hebend, neugierig. Du: »Lange Namen. Dass die Seiten schnell voll werden. Plus zwei Leerschläge zwischen den Wörtern statt bloß einem, dann und wann.« Kluges Kind!

In China müssen die Bücher ja sehr dünn sein. Dort heißen die Menschen Li oder Hu. Da braucht man ganz schön viel Personal, um eine Seite zu füllen. »Li sagt.« – »Hu antwortet.« Aber auch so furzkurze Namen wie Max: Da kommt man auf keinen grünen Zweig. Doch schon in Spanien wird man fündig! Hast du etwa gewusst, dass der als Pablo Picasso bekannte Kunstmaler mit vollem Namen Pablo Diego José Francisco de Paula Juan Nepomuceno María de los Remedios Cipriano de la Santísima Trinidad Ruiz y Picasso hieß? Muss ganz schön nervig sein, beim Einchecken im Hotel immer seinen ganzen Namen diktieren zu müssen. Hingegen ist ein so wohlklingender Name sehr gut, um von einer Romanfigur getragen zu werden. Zudem: Es gibt ja nicht nur Menschen mit langen Namen, sondern auch Orte, bestehend aus Worten, getürmt wie Hochzeitstorten. Im Süden einer nordwestlich von Wales gelegenen Insel etwa. Die Insel heißt Anglesey. Das ist ein sehr knapper Name. Der Ort jedoch wird Llanfairpwllgwyngyllgogerychwyrndrobwllllantysiliogogogoch genannt – was so viel heißt wie »Marienkirche in einer Mulde weißer Haseln in der Nähe des schnellen Wirbels und der Thysiliokirche bei der roten Höhle«. Nicht zu verwechseln jedoch mit dem Berg auf Neuseeland, dem Taumatawhakatangihangakoauauotamateaturipukakapikimaungahoronukupokaiwhenuakitanatahu. Dieser Name bedeutet »der Ort, an dem Tamatea, der Mann mit den großen Knien, der Berge hinabrutschte, emporkletterte und verschluckte, bekannt als der Landfresser, seine Nasenflöte für seine Geliebte spielte«. Ein Typ mit großen Knien, der Nasenflöte spielt und Berge verschluckt. Allein das wäre Stoff für einen Roman.

Nun, das nächste Buch also beginnt während einer

Reise. Auf einem Langstreckenflug hat sich gerade ein Mann einen Longdrink bestellt, streckt seine langen Beine und nickt seiner groß gewachsenen Sitznachbarin freundlich zu. Sie hält ihm ihre langfingrige Hand hin. »Guten Tag, hab mich noch gar nicht vorgestellt, mein Name ist Janice Keihanaikukauakahihuliheekahaunaele, ich komme aus Hawaii.« – »Oh, hocherfreut«, sagt der Mann, »Srikrishnan Thirugnanasampanthamoorthy, aus Bellinzona. Wohin reisen Sie, wenn ich fragen darf?« – »Nach Llanfairpwllgwyngyllgogerychwyrndrobwllllan-tysiliogogogoch.« – »So ein Zufall, ich auch. Ich wollte schon immer mal nach Llanfairpwllgwyngyllgogery-chwyrndrobwllllantysiliogogogoch. Darf ich fragen, was Sie da für ein Buch lesen?« – »Oh, das ist eine Biogra-fie eines Kunstmalers: Pablo Diego José Francisco de Paula Juan Nepomuceno María de los Remedios Ci-priano de la Santísima Trinidad Ruiz y Picasso.« – »Ah, toll!« – »Was lesen Sie?« – »Ein Sachbuch.« – »Zeigen Sie mal her.« Frau Keihanaikukauakahihuliheekahau-naele nimmt Herrn Thirugnanasampanthamoorthy das Buch aus der Hand und liest halblaut: »*Interaktionen immunmodulatorischer Substanzen mit dem serotoninergen Transmittersystem im Zentralnervensystem der Ratte*, ist es interessant?« – »Ach, geht so«, sagt Herr Thirugnana-sampanthamoorthy, blickt aus dem Fenster und überlegt sich, seine Nasenflöte aus der Handgepäckablage zu ho-len, um ein bisschen darauf zu spielen. Dann nickt er

ein, und er hört nicht, wie Frau Keihanaikukauakahihuliheekahaunaele fragt: »Waren Sie schon mal auf dem
Taumatawhakatangihangakoauauotamateaturipukakapikimaungahoronukupokaiwhenuakitanatahu?«

Tausend Seiten Roman sollten so kein Problem sein.
Im Großdruck locker noch mehr. Dafür vielen Dank,
lieber Oscar.

Dein Max

Thousand-Islands-Soße

6. Juni 2009

Sie saß an einem Tisch und aß einen Wurstsalat, aber sie redete auch. Erst war ich beeindruckt von der Fähigkeit der Frau, zu essen und zu reden. Die Wurst ging rein, die Worte kamen gleichzeitig raus. Ein Wunder, so dachte ich, kamen sich Wort und Wurst nicht in die Quere, ihr Mund war wie die Gotthardröhre. Sie war mit ihrer Freundin da, die nichts sagte, bloß dann und wann nickte oder den Kopf schüttelte. Die Frau erzählte von ihren Ferien, die sich in den USA abgespielt hatten, leider erfuhr ich nicht, wo genau, aber ich erfuhr dies: »… es gab für 16 Dollar, ich sage dir, für 16 Dollar ein Menü, ich sage dir, ein Menü … erst gab es einen Salat mit Thousand-Islands-Soße, ich sage dir, eine Thousand-Islands-Soße, die war so gut, ich hab noch mehr von der bestellt und sie getrunken, sie kam in einem Krug, nein, gekippt, die Soße war so gut, he, ich so: schütt, schütt, schütt, so unglaublich gut, und dann kam ein Steak, ich sage dir, ein Steak, das war ein

Riesenmonstersteak mit Jalapenos-Soße, du weißt, was Jalapenos sind, oder?, das sind so scharfe Peperoni, he, das Steak, ich sag es dir, es war unter diesen Jalapenos begraben und war so verdammt gut und scharf, he, ich sag es dir, die Tränen liefen nur so runter, ich hab geheult, als wär mein Hund krepiert, he, dabei hab ich ja gar keinen Hund, auf jeden Fall war das saugut, für 16 Dollar, mit Pommes frites, aber he, ich sag es dir, nicht so Pommes frites wie hier, sondern so geile Twister Fries oder so … und dann das Dessert, he, ich sage dir, das Dessert …« Zum Glück fuhr ein Rettungswagen vorbei. Welche Gnade, dieses Martinshorn, dachte ich. Cis und Gis, so laut es geht. Doch ein jedes Martinshorn verklingt einmal. »… ich habe ja fünf Bücher gelesen in diesen Ferien, drei von Joy Fielding und zwei so Kitschromane, he, ich sage dir, die Bücher von Joy Fielding: Hammer! Hammer! Hat ein bisschen viel Grünzeugs auf dem Wurstsalat, oder? Für den Preis könnten sie schon ein bisschen mehr Wurst draufschnetzeln, oder?, *Tanz, Püppchen, Tanz* ist das Beste von Joy Fielding, oder vielleicht auch *Lauf, Jane, Lauf,* und ich freu mich extrem auf das Neue von ihr, *Im Koma.*« Oh, dachte ich, auf das Koma freue ich mich auch. Und wenn ich zur Toilette gehe, dachte ich, rufe ich die Feuerwehr an. Es brenne. Sie sollen zwölf Wagen schicken. Die Sanität rufe ich auch an. Die Polizei. Sie sollen herkommen und mit ihren Hupen hupen und Hörnern hörnern,

was die Hupen und Hörner hergeben in Cis und Gis.
»… Fleischkäse aus dem Ofen, he, ich sag dir, da gehst
du in die Knie, da stirbst du, Fleischkäse aus dem Ofen,
mit scharfem Senf, he, das ist der Hammer, und dazu
ein Bürli, ein knuspriges Bürli, aber er muss noch warm
sein, schön warm und oben braun, und du musst dicke
Scheiben schneiden, und natürlich ist ein Spiegelei auch
gut dazu, aber ich habe Spiegeleier nicht so gerne, außer
manchmal … hast du gesehen, im Fernsehen, der, der
drei Millionen Euro gewonnen hat?, he, ich sage dir,
drei Millionen Euro, also ich wüsste, was ich mit drei
Millionen machen würde, he, stört es dich, wenn ich
schon rauche?«

Ja, denke ich, ich glaube zu ahnen, was die Frau mit
den drei Millionen Euro machen würde. Sie würde die
weltweiten Vorräte von Thousand-Islands-Salatsoße
aufkaufen und aufs Mal in sich reinschütten. Wie war
ich froh, als ich den öffentlichen wieder gegen den pri-
vaten Raum tauschen konnte. Ich setzte mich auf einen
Stuhl, und eine halbe Stunde verging. Die Ruhe. Kein
Wort. Nichts als das leise Rauschen in meinen Ohren,
einem fernen Bergbach gleich in einem nicht zu steilen
Gelände.

99 Franken für Alles

14. Juni 2014

Dass es nicht das ganze Wissen der Welt ist, war mir schon klar, als ich am Dorfrand von Matzingen drei Zügelkisten in den Kofferraum meines Kombis lud. Denn das ganze Wissen dieser Welt: Niemand weiß es. Ich gab einem Mann eine Hunderternote, er gab mir einen Einfränkler zurück, das war der Preis gewesen, für den ich auf Ricardo die Ware ersteigert hatte: 99 Franken. Wir gaben uns die Hand, dann fuhr ich davon, ließ Matzingen hinter mir, und ich wusste: Bald wäre ich der klügste Mensch der Welt.

Zu Hause angekommen, trug ich die Kisten ins Haus und packte sie aus: 24 dicke Bücher. 24 Bände eines Nachschlagewerkes, so umfangreich, dass man es auch Enzyklopädie nennen kann. Es war der Brockhaus, 19. Ausgabe, von 1986. Ein jeder dieser 24 Bände war mehr als 700 Seiten dick, und als ich alle 24 im Bücherregal verstaut hatte, betrachtete ich nicht ohne Stolz eine Weile diese Breitfront des Wissens, dieses Bildungsbürgerparadeschlachtschiff, einst viele Tausend Franken teuer: Was für ein Anblick!

Ich zog Band 1 heraus, »A–APT« stand auf seinem Rücken. In der Küche stellte ich ihn auf die Waage, die sonst nur banale Dinge wie Zucker, Mehl und selten vielleicht geraspelte Kokosnuss zu wägen bekam. Auch für die Waage war ein *Brockhaus* etwas Neues. Sie sagte: »Error«.

Und dann begann ich mein Werk, das mich zum klügsten Menschen der Erde werden lassen würde: Ich begann, den *Brockhaus* zu lesen, den ganzen Brocken, die ganzen 18000 Seiten. Wie so viele Dinge begann ich auch dieses große Werk ganz an seinem Anfang, bei »A, a« und »Ä, ä« und »Å, å«. Es ging dann von Aabenraa (eine Stadt in Dänemark, Hauptstadt der Amtskommune Südjütland) über Aafjes (Bertus mit Vornamen, niederländischer Schriftsteller, bekannt für seinen Lyrikband *Morgen bloeien de abrikozen*) zu den Aalen, deren Laichgebiete auf einer prächtigen Karte farbig illustriert waren, und ich lernte, dass der Europäische Flussaal (Anguilla anguilla) seine Geburtsstätte in der Tiefe der Sargassosee südlich der Bermudainseln hat; die zehn Millimeter großen, weidenblattähnlichen Larven wandern dann, immer größer werdend, mit dem Golfstrom Richtung Nordosten und hinein in unsere Flüsse. Und ich las weiter: Anathon Aall (* 1867, † 1943) führte als Schüler von F. Krueger die experimentelle Psycholo-

gie in Norwegen ein. Ein Aapamoor ist eine Moorland-
schaft in der subarktischen Zone mit flachem Gefälle
und unterschiedlichen Feuchtigkeitszonen. Aarschot ist
eine Stadt in der belgischen Provinz Brabant an einem
Fluss namens Demer. Sie ist bekannt für Batterieherstel-
lung, Brauereien und als Zentrum des Spargelanbaus.

Und so pflügte ich mich durch das Wissen dieser
Welt, von dem ich bis anhin nichts wusste, ja es nicht
einmal ahnte. Fraß mich durch das dicke Buch. Stopfte
die Dinge in mich hinein. Und als ich vom Buch wieder aufblickte, da war ich zwar erst auf Seite 17 unten
angekommen, bei der Abaschewokultur, einer altbron-
zezeitlichen Kulturgruppe der zentralrussischen Wald-
steppe an der mittleren Wolga, zeitlich etwas vor der
Fatjanowokultur, aber zeitstufengleich mit der Ando-
nowokultur. Ich war noch nicht weit, aber ich musste
zu einem Essen bei Freunden, an dem ich nun nicht
mehr still wie immer dasitzen musste, weil ich nichts
zu sagen wusste (die sich selbst erfüllende Prophezeiung
meines Vaters so zu erfüllen scheinend: »dumm geboren,
nichts dazugelernt, und auch das noch vergessen«), sondern ihnen nun alles erklären würde. Ich konnte mich
schon hören, wie ich sagte, feierlich, mit fester Stimme:
»Die Abaschewoleute standen weitgehend noch auf einer spätneolithischen Entwicklungsstufe, kannten aber
bereits die Kupferverarbeitung …« Und später, beim
Dessert, mit dem Löffel an das Glas klopfend: »Hört

mal, Abaj Kunanbajew … nun, auf Kasachisch sagt man ja eigentlich Kunanbajoghly … wie dem auch sei … hm … er war der Begründer der neueren kasachischen Literatur, gestorben 1904 am 23. Juni in Semipalatinsk, nach julianischem Kalender, nach gregorianischem natürlich am 6. Juli – nun, in seinem Gedicht *Karangy tynde tau kalgyp* …«

Und ich wusste, als ich mit dumpfem Klang den Brockhaus schloss: Bald wäre ich der klügste Mensch der Welt. Ich war nur noch 17983 Seiten davon entfernt. Und das Beste dran: Es hat mich nur 99 Franken gekostet – ziemlich wenig Geld für alles, fast.

Lieber Herr Allemann

Sie sind Gemeinderat im solothurnischen Herbetswil, als solcher zuständig für das Ressort Finanzen
und Planung, außerdem sind Sie Präsident des örtlichen
Natur- und Vogelschutzvereins – und in Ihrem top-
modernen VW-Bus T5 Caravelle mit geilen schwarzen
Felgen gehörten Sie zu jenen, die auf der deutschen
Autobahn Richtung Schweiz unterwegs waren und vor
dem Zollübergang Rheinfelden darauf warteten, in die
Schweiz eingelassen zu werden. Anscheinend waren Sie
etwas ungeduldig auf Ihrer Reise in die Heimat, drän-
gelten sich beim Spurwechsel im Stau vor einen anderen
Wagen und beschädigten dabei dessen Außenspiegel.
Am Steuer jenes Wagens saß Herr R., ein deutscher
Zollbeamter, privat unterwegs. Er stieg aus, um den
Schaden zu begutachten und mit Ihnen gütlich zu re-
geln. Was dann geschah, davon gibt es zwei Varianten.
Die von Herrn R. geht so, dass Sie ihm gesagt hätten,
er könne Sie am Arsch lecken. Der Streit ging weiter.

Herr R. behauptet, Sie hätten ihm einfach eine rein-
gehauen. Genauer: »Allemann schlug mit der Faust auf
mein Auge, meine Lippe. Und er trat aus dem Auto
heraus mit den Füßen gegen mich.«

Tja, wer würde nicht gern dann und wann dem einen
oder der einen eine reinhauen? Auge um Auge? Lippe
um Lippe? Fuß um Fuß? Gründe gibt es ja genug. Wissen Sie, ich saß gestern spät im Zug von Basel nach
Zürich, im Theater war ich gewesen, *Drei Schwestern*
von Tschechow, großartiges Stück übrigens, zu Recht
wurde es ans Theatertreffen in Berlin eingeladen. Nun,
der Zug war gut ausgelastet, und ein Typ namens Angelo mit verkehrt auf dem Kopf sitzender Baseballcap
saß am Gang gegenüber und aß Käsewähe*. Dass er Angelo heißt, das erfuhr ich, da sein Kollege nicht müde
wurde, ihn so zu nennen (»… hey-Angelo-dies … hey-
Angelo-das …«). Dieser Angelo also kaute Käsewähe,
die arg nach Erbrochenem roch. Es war ein wirklich
penetranter Geruch, der durch den Zug waberte. Ein
feiner Faden des fahlen Fladens hing an Angelos Drei-
tagebart, als er anfing, von dem Terroranschlag in London zu erzählen, er sagte laut: »Sieben Tote und vierzig
Verletzte, kein schlechter Score!« Er lachte und blickte
sich im Waggon um, ob noch jemand seinen Scherz
gut fand und mitlachte, aber nur sein Kollege kicherte,
sagte: »Hey, Angelo, der war gut!« Und ich dachte, ich
würde gern aufstehen und Angelo eine reindrücken,

ihm die Käsewähe in die Nasenlöcher stopfen und seine behämmerte Baseballcap in sieben oder vierzig Fetzen reißen. Aber ich bin kein Tony-Soprano-Typ, sondern ganz und gar gegen Gewalt, also blieb ich sitzen und atmete flach, wegen der Käsewähe, die Angelo schmatzend in sich reinschob, schloss die Augen und zählte still und langsam auf siebentausend.

Gewalt ist kein Weg, Herr Allemann. So gern man sie auch anwenden möchte. Und apropos Weg: Weshalb waren Sie in Deutschland drüben mit Ihrem geräumigen VW-Bus? Der Zeitung sagten Sie: »Ich war in Rheinfelden, um Natursteinplättli zu kaufen.« Ha! Da haben wirs! Natursteinplättli aus der Europäischen Union! Sie sind doch Mitglied der SVP! Und dann einkaufen im Deutschen drüben? Wie geht denn das zusammen? Waren Sie ob Ihres unpatriotischen Einkaufsverhaltens so böse auf sich selbst, dass der Grenzwächter dafür büßen musste? Denn: Was würde da wohl die Firma Bargetzi Naturstein GmbH in Solothurn dazu sagen, dass Sie ennet der Grenze kaufen? Oder die Firma Volkan Naturstein in Wolfwil? Oder die Firma Studer Naturstein AG in Oensingen, keine Viertelstunde mit dem Auto von Herbetswil entfernt?

Gewalt ist kein Weg, Herr Allemann, um zwischenmenschliche Differenzen zu nivellieren. Natursteinplättli-Einkaufstourismus ist auch kein Weg, um sein Karmakonto zu düngen. Kommen Sie zurück auf die

Bodenplatten der Realität: der Schweiz. Dann gibts auch keinen Zoff am Zoll.

Mit friedfertigen Grüßen, Max Küng

PS: Song zum Thema: *Ich mache meinen Frieden mit euch* von Tocotronic, vom Album *Wir kommen, um uns zu beschweren*, 1996.

PPS: Sie züchten auf Ihrem Gestüt »Najuba« Araberpferde, das sah ich auf Ihrer Homepage. Da frag ich mich: Ziehen Ihre Parteikollegen Sie nicht manchmal auf, so mit Sprüchen wie: »Warum Vollblutaraber? Gibts denn keine Schweizer Hengste?« Weil: Gibt es ja, oder?

* Erläuterungen zur Wähe finden Sie auf S. 243.

Weißer Corolla

20. Juni 2009

Es gibt Songs im Leben, die laufen einem zu, ganz so wie ein junger Hund in den Ferien auf einer Mittelmeerinsel, man nimmt ihn heim und hat ihn lieb. Vor ein paar Tagen hüpfte ein Song in mein Leben; ein kleiner Song von großer Größe. Ich fand ihn per Zufall, weil ich im Netz zuerst über den Namen der Band gestolpert bin und dann über den Titel des Songs.

Schon der Name der Band ist Musik: Casiotone For The Painfully Alone. Und die Band ist, wie so oft bei genialen Bands, keine Band, sondern ein Mann alleine. Er heißt Owen Ashworth, hat Jahrgang 1977 und stammt aus Redwood City, Kalifornien.

Der Song heißt *White Corolla* und dauert keine zwei Minuten. Er geht um einen weißen Toyota Corolla, oder besser: um ein paar Momente im Leben der Besitzerin des Autos. Er ist ein Gedicht, und er ist mein Lieblingssong zurzeit. Das wird sich ändern. Vielleicht bin ich ihn schon morgen überdrüssig. Das ist einer der

Vorteile von Songs gegenüber jungen Hunden, man muss sie nicht aussetzen, wenn man ihrer überdrüssig wird. Bis es so weit ist, liebe ich ihn.

24. Juni 2017

Lieber Erich von Däniken

As Sie in einem Interview nach Ihrem Lieblingsrestaurant gefragt wurden, da lautete Ihre Antwort:
»Pianobars.« Das fand ich sehr sympathisch. Und dass
Sie 63 Millionen Bücher verkauft haben, weltweit, das
lässt mich immer wieder vor Neid grün werden wie ein
ebensolches Männchen aus dem fernen Triangulum-
nebel. 63 Millionen! Chapeau! Bücher können Sie
schreiben, etwas weniger Glück hatten Sie mit den
zwanzig Worten, welche Sie unlängst auf Twitter ver-
öffentlichten, anlässlich des Pride Festivals in Zürich,
nämlich: »Überall Festivals für Homos, Lesben etc.
Nichts dagegen. Aber gibts eigentlich auch noch Festivals, an denen sich Normale zeigen dürfen?«

Nun ist es schon mal amüsant, dass Sie sich selbst als
»normal« bezeichnen, denn Ihre Theorien sind ja doch
etwas abgefahren. Ein Freund meinte gar, Außerirdische
hätten Ihr Gehirn gegen einen Fidget Spinner ausge-
tauscht. Vor allem fiel mir etwas ein: Vor Lichtjahren las

ich im *SonntagsBlick* einen Artikel über Sie, er trug einen (für die Boulevardpresse typischen) Honi-soit-qui-mal-y-pense-zwinkerzwinker-Titel: »Tomy hat auch meine Frau begeistert«. In diesem Artikel erzählten Sie von einer archäologischen Reise durch die heiße Wüste im Grenzgebiet zwischen Iran und Pakistan – und Ihrem Geständnis, eine Weile mit einem Mann zusammengelebt zu haben. Der Wüstenstrich dort wird Belutschistan genannt, dort leben die Belutschen, die belutschisch reden. In einer heißen, sternenklaren Wüstennacht sei es geschehen, im Spätsommer des Jahres 1987, Sie schliefen fest, doch: »Plötzlich knallte es, ich erwachte abrupt. Ein Blitz, die Trinkwassertanks neben mir rissen. In die ausströmende Flüssigkeit hinein materialisierte sich ein Mensch. Aus Fleisch und Blut. Direkt vor meinen Augen!«

Die Morgendämmerung sei gerade angebrochen, steif vor Schreck, stellten Sie fest: Die Erscheinung war nackt, zudem eine exakte Kopie Ihrer selbst als 22-Jähriger. »Ich nannte ihn spontan Tomy.« Im Artikel stand: »Der Bestsellerautor bebt noch heute, wenn er sagt: ›Ich hatte extrem Angst, zitterte minutenlang am ganzen Körper, dachte sogar, ich werde schizophren.‹« Was nur verständlich gewesen wäre, denn so was erlebt man ja nicht alle Tage.

Das Wesen habe Sie jedoch beruhigt, habe sich gesprächig gezeigt, es sei in Frieden gekommen. »Tomy sagte in perfektem Schweizerdeutsch, er komme von einem Planeten des Vegasystems.« Seine Heimat sei ein Ort der Körperlosen, die einzige Lebensform seien »intelligente Energien«. Sie gaben ihm Kleidung und reisten fortan zusammen durch Belutschistan und weiter in den Iran hinein. »Er wich während der ganzen Expedition nicht von meiner Seite. Wir haben Dörfer und Städte am Golf von Oman besucht, sind gewandert, diskutierten stundenlang. Leider gab mir Tomy viele Informationen, die ich nicht verstand.«

Dann verspürten Sie das Bedürfnis, Tomy auch Ihre schöne Heimat zeigen zu wollen. Verständlich! Doch wie bringt man einen Jüngling aus Belutschistan ohne Papiere in die Schweiz? Ganz einfach: Tomy drang in Sie ein, reiste in Ihrem Körper ins Land. »Wie er mich übernahm, war die genialste Erfahrung meines Lebens. Mich überschwemmten Wogen von Glück, die mit normalen Sinnen nicht nachfühlbar sind.« Daheim habe er auch Ihre Frau verzückt. Dann das traurige Ende. »Tomy wollte einfach wieder heim. Er wisse jetzt genug über die Menschen. Das Einzige, was blieb, war eine Wasserlache im Garten meiner damaligen Villa Serdang in Solothurn.«

Damals dachte ich: »Freaky Banana! Das ist ja wohl das coolste, herzzerreißendste, genialste und rührendste Coming-out, von dem ich je gehört habe.« Zudem eine ziemlich verrückte Schlepperstory. Ich dachte weiterhin, was ich gedacht hatte – bis nun eben zu jenem Getwitter über Normale und Unnormale. Und da stellen sich mir ein paar Fragen: Hat Tomy nie mehr angerufen? Keine Postkarte aus dem Vegasystem? Und wenn nicht: warum? Und weshalb nannten Sie ihn eigentlich Tomy? Dachten Sie spontan an eine Tube Mayonnaise? Fragen über Fragen.

Mit interstellaren Grüßen, Max Küng

PS: Zwei Songs zum Thema, beide von Andreas Dorau: *Großer Bär – kleiner Bär*, 1983; *Fred vom Jupiter*, 1981.

Die flüssige Sau

Noch bevor ich anfing, das Papier in die Schreibmaschine einzuspannen, wurde mir klar, dass ich, bevor ich noch den ersten Buchstaben des Briefes tippen würde, besser wissen sollte, an wen ich diesen Brief schreiben wollte.

Ich dachte nach.

Prince, der kleinwüchsige Sänger mit dem ausgewachsenen Ego, dessen Musik zu schätzen ich leider niemals die Gnade erfuhr, ist, das wusste ich, auch Kunstmaler wie so viele. Er malt in seiner Freizeit Bilder. Wenn die Bilder trocken sind, nimmt er das Telefonbuch und hält willkürlich seinen zarten Zeigefinger irgendwo in das dünne, knisternde Papier. Dieser Zufallsperson sendet er dann das Bild zu, ohne zu wissen, ob diese Person überhaupt Freude an Kunst oder Geschenken allgemein hat.

Manchmal stelle ich mir das Gesicht meiner Mutter vor, wenn sie das große Paket öffnet, das der Pöstler brachte. Sie schält das Packpapier weg und sieht: ein

Gemälde von Prince, das den Künstler selber zeigt, auf Stelzen stolzierend. Ich glaube, meine Mutter ist froh, hat Prince niemals eines seiner Bilder an sie geschickt.

Ich dachte einen Moment lang, ich könne es wie Prince machen: einfach jemanden aus dem Telefonbuch wählen, irgendeine Person, und dieser Person einen Brief schreiben. Doch ich verwarf den Gedanken bald wieder. Niemand möchte mit Briefen eines Unbekannten überrascht werden. Außerdem besaß ich gar kein Telefonbuch. Dann hatte ich eine Idee: Ich würde gar keinen Brief schreiben. Stattdessen setzte ich mich hin und schrieb einen SMS-Dialog nieder, transkribierte die Kurzmitteilungs-Unterhaltung mit einem Freund, die auf meinem Mobiltelefon vor genau einem Jahr begann, und zwar, weil ich mein Mobiltelefon vor genau einem Jahr kaufte. Das, so dachte ich, wäre eine hervorragende Fingerübung, um das Schreibmaschinenschreiben wieder zu erlernen.

Als ich ohne viele Gedanken zehn weiße A4-Blätter vollgeschrieben hatte, was dem Zeitraum einer Woche SMS-Verkehr entsprach, schob ich die Maschine zur Seite und las, was ich getippt hatte:

»Heute 1. August: Nicht vergessen!«

»Mir egal. Mein Nationalfeiertag ist der 1. April.«

Ich las:

»Wie heißt die griechische Terrororganisation?«

»Weiß nicht.«

»FETA.«

Ich las:

»Hast du dich nun für eine Uhr entschieden?«

»Ja. Ich weiß nun die passende Uhr für mich: eine Eieruhr mit der Dauer meines Lebens. Beim Begräbnis läutet sie. Sehr cool.«

Ich las:

»Wie heißt eine flüssige Sau?«

»?«

»Tischwein. Frisiergel für Hasen? Küngel.«

Und so weiter. Es war der Anfang eines, das sah ich, erschreckenden Dokuments. Ich beschloss, etwas für meinen Geist zu tun, und nahm ein Buch aus meiner Bibliothek, um es als Strafarbeit für die SMS-Zeitverschwendung mit der Schreibmaschine abzuschreiben, Wort für Wort, Buchstabe für Buchstabe: Buße tun. Ich wählte etwas Kleinformatiges, aber Dickes von Kant. Tausend Seiten. Es würde einiges an Zeit beanspruchen, das wusste ich, doch danach, so war ich sicher, würde ich ein kluger Mensch sein mit Gedanken, die so hart, klar und elegant waren wie ein Dry Martini.

Bestimmt.

Kleider eines Mannes

27. Juni 2015

Auf der Versäuberungswiese für Hunde, die manche auch für einen Park halten, weil dort Gras wächst – auch der kleinste Flecken Grün lässt die Menschen in den Städten sommers Picknickdecken ausrollen und mit Frischhaltefolie abgedeckte Schüsseln mit Nudel-Mais- oder Mais-Nudel-Salat mit oder ohne Peperoni drin aus Körben heben und Federball spielen –, dort also stand ein Mann. Ich sah ihn aus meiner Wohnung heraus, hinter dem dünnen Vorhang stehend, ich kam mir vor wie in einer US-amerikanischen Fernsehserie, die in den 50er-Jahren in einer Kleinstadt spielt. Andere Menschen unbeobachtet zu beobachten, hat etwas Unangenehmes, weil: Man fühlt sich dabei beobachtet. Trotzdem tat ich es, denn was ich sah, war einigermaßen faszinierend. Der Mann, der dort stand, zog sein T-Shirt aus. Nicht dass ich besonders darauf stehen würde, wenn Männer ihre T-Shirts ausziehen, nein, es war bloß ein seltsamer Anblick, morgens um halb neun. Er hatte eine ziemliche Wampe, und die Brust war behaart wie bei einem alten Trockennasenprimaten.

Kurz stand er mit entblößtem Oberkörper da, dann zog er ein neues T-Shirt an. Er blickte an sich hinunter, und nach kurzer Zeit zog er das eben angezogene Shirt wieder aus, hielt es von sich weg, betrachtete es, wendete es, hielt kurz inne, dachte wohl nach, schließlich stopfte er es abrupt zurück in einen Sack, der auf einer Bank stand, wühlte darin und zog ein anderes Leibchen heraus, probierte dieses an, es hatte Querstreifen. Es hatte hell- und dunkelbraune Querstreifen und einen Kragen, ein Langarmshirt, es stand dem Mann nicht, das konnte ich sehen, und vor allem: Ich kannte es. Er zog es wieder aus und schlüpfte in ein anderes Kleidungsstück, ein weißes Poloshirt mit einem für meinen Geschmack etwas zu großen, zerknitterten Kragen, dem ein Knopf fehlte. Dass ein Knopf fehlte, konnte ich von meinem Standort aus natürlich nicht sehen, aber ich wusste es. Es war der mittlere von drei Knöpfen, der fehlte. Ich wusste es, weil es mein Leibchen war, oder besser: gewesen war. Alle Dinge, die der Mann, dort auf der Versäuberungswiese stehend, anprobierte, waren meine Kleider gewesen. Ich hatte sie am Abend zuvor in die Altkleidersammlung gegeben.

Lange hatte ich am offenen Schrank gestanden und ein Shirt nach dem anderen aus dem weichen Stapel gezogen, vorsichtig, wägte ab, ob ich es noch brauchte, wollte, behalten müsste, aus welchen Gründen auch immer. Als ich das weiße Poloshirt in den Händen hielt, entstiegen dem Textil einem satten Geruch gleich Erinnerungen – das weiße Poloshirt trug ich immer, wenn ich mich mit Freunden zum Krocketspiel in Parks traf (so klein diese auch gewesen sein mögen, die Parks). Wir stritten über strittige Regeln, tranken Pimm's No. 1 Cup und aßen Gurkensandwiches – als ich das weiße Poloshirt in den Händen hielt, konnte ich das leise Klacken hören – der Krocketschläger, der den hölzernen Ball über den Rasen trieb. Aber sicher schon zwei Jahre war das nicht mehr der Fall gewesen, also tat ich das weiße Poloshirt in den Plastiksack, wie auch das braun gestreifte Langarmleibchen und das eine Shirt mit dem ironischen Aufdruck CANADA FITS YOUR BUD-GET. Der Altkleidersack kam vor die Türe. Es war jetzt wieder Platz im Schrank.

Und nun prangte ebendieser Schriftzug auf dem Körper des Fremden, spannte sich über dessen Brust: CA-NADA FITS YOUR BUDGET. Ich öffnete das Fenster und rief etwas, ich weiß nicht mehr, was. Der Mann blickte herüber, rief etwas zurück, griff den Sack und ging in dem für ihn viel zu engen T-Shirt ohne Hast davon. So verließen mich meine Kleider; um ein neues Leben anzufangen mit einem anderen Mann an einem anderen Ort.

Ich hoffe, sie werden glücklich zusammen.

Gut so

29. Juni 2013

Morgens um Viertel vor sieben fuhr ich los, hielt in Bellinzona Nord, tankte voll, fuhr weiter, aß unterwegs eine Banane, verlor keine Zeit. Punkt 13 Uhr, wie vom Navigationsgerät prophezeit, war ich in Pistoia, hielt an der Via Provinciale Pratese, Hausnummer 602 C, stieg aus dem Wagen und klingelte bei Goretti. Das Haus war weder alt noch neu und grenzte an eine der Riesengärtnereien, die das Ortsbild prägen und in denen Obstbäume kultiviert werden, Nadelbäume, Palmen. Ein Mann öffnete, er trug Arbeitskleidung, aufgrund derer man nicht auf einen spezifischen Beruf schließen konnte. Im halbdunklen Flur stand ein Junge, vielleicht fünf Jahre alt, der Fernseher lief, Nachrichten, etwas köchelte auf dem Herd, man hörte es mehr, als dass man etwas riechen konnte. Ich käme die Ware abholen, sagte ich. Der Mann schien kein Mann vieler Worte zu sein, nickte, dachte nicht daran, sich vorzustellen oder mir die Hand zu reichen, er winkte mich herein, führte mich nach hinten, wo unter einem Treppenabsatz die Ware stand. Ich lud sie ein, es dauerte vielleicht zwei Minuten, dann schlug ich den Kofferraumdeckel meines neuen alten Saab zu. Als ich dem Mann zum Abschied meine Hand hinstreckte, sagte er doch noch etwas, er fragte, ob ich im Sinn hätte, die Ware weiterzuverkaufen. Nein, sagte ich, ich sammle solche Dinge. Das schien ihn zu beruhigen; ich denke, er hatte Angst, dass ich diese Ware für ein Vielfaches verkaufen würde; was durchaus möglich wäre. 49 Euro kostete sie mich, der ausgerufene Mindestpreis einer acht Tage laufenden Auktion auf E-Bay Italia, denn niemand hatte sich dafür interessiert, niemand außer mir. Ich winkte dem Mann und seinem Jungen, als ich vom Platz rollte, bald war ich auf der kurvenreichen Strecke Richtung Bologna und fuhr hinein in eine sattgrüne Landschaft, die so schön ist, dass es mir die Haare auf den Armen aufstellte. Knapp zwei Stunden später parkte ich im Schatten einer Zeder. In Savigno würde ich die Nacht verbringen, die Nacht und vor allem den Abend, in meinem Lieblingsrestaurant, in dem ich sechs, sieben Jahre nicht mehr gewesen war.

Es war sechs, sieben Jahre her, da besuchte ich ein Restaurant, welches mir ein Foodscout verraten hatte: das Amerigo 1934 in Savigno, ein Dorf in den Hügeln der Emilia-Romagna, eine Autodreiviertelstunde südwestlich von Bologna. Ich besuchte es und schrieb einen

Artikel darüber, er hieß *Gut so*, und es ging darin um das simple Glück, in dem vielleicht besten einfachen italienischen Restaurant der Welt Dinge zu essen wie Tortellini in Brodo.

Nie mehr hatte ich es in all diesen Jahren geschafft, das Amerigo 1934 zu besuchen. Immer wieder hörte ich von Leuten, die dort gegessen hatten, hörte, wie wunderbar es gewesen sei, immer wieder nahm ich mir vor, runterzufahren und die kleine Gaststube zu betreten mit ihrem feinstücklichen Terrazzoboden, dem krumm drehenden Ventilator an der Decke und den alten Fotografien an den Wänden.

Nun also wollte es der Zufall, dass auf Ebay.it dieses unwiderstehliche Angebot angeboten wurde, welches ich ersteigern konnte und das mich dazu zwang, diese Reise zu unternehmen, denn für einen Versand war die Ware viel zu schwer.

Im Amerigo ist alles noch so, wie es damals gewesen war, vor sechs, sieben Jahren. Oft verklärt man Dinge, denn die Erinnerung ist eine versierte Lügnerin. Aber die Schönheit des Lokals, der Geschmack des Essens, der Zauber des Moments: Man will seinen Kopf auf die Tischkante knallen, man will auf dem Tisch stehen, auf die Brust trommeln und schreien. Es gab also Kaiserlinge, dann Rindstatar mit schwarzen Trüffeln, dann eine Lasagne mit den letzten Spargeln der Saison, dann Gnocchi, dann ein über Nacht niedergegartes und dann knusprig gebratenes Stück vom schwarzen Schwein mit Zwiebelmus und Artischocken, dann eine Erdbeerglace, die so intensiv schmeckt, dass man meint, man müsse sich nun selbst in eine Erdbeere verwandeln (das ganze Menü übrigens für 50 Euro, »bevande escluse«), am Ende sitzt man am Tisch und denkt einen Satz, den man auch schon einmal gedacht hat, der aber in jenem Moment zu leuchten scheint, als sei er wie eine Neonschrift mit Gas gefüllt: »In meinem nächsten Leben möchte ich Italiener werden.«

Nun ja, wie dem auch sei, jedenfalls ist es eine gute Idee, etwas in einem anderen Land auf E-Bay zu kaufen, das man selber abholen muss und das einen so zu einer Reise zwingt – wo auch immer diese hinführen mag. Man erlebt dort ein Abenteuer, das klein ist vielleicht, aber doch eben ein Abenteuer, von dem man noch lange zehren wird, wenn man wieder daheim ist, zurück in seinem Leben, das weitergeht wie zuvor.

Contemporary craziness

2. Juli 2011

Bei 626 stolperte ich, fiel raus und vergaß, wo ich gewesen war. 626 war eine Zeitschrift mit dem Titel *Oho,* und eine Frau war auf dem Cover, die nichts trug als ein breites Lächeln. Eine Weile schon stand ich vor dem hoch aufragenden Regal mit Erotikmagazinen, ohne dass ich mir dessen gewahr wurde, und als ich es bemerkte, wurde ich rot im Gesicht, das spürte ich, und ich hatte das Gefühl, die Kioskfrau beobachte mich. Schnell verließ ich den Kiosk, ohne meine Mission erfüllt zu haben.

Ich zähle gerne Dinge. Zum Beispiel die Münzen im Sparschwein mit dem »Rauchen verboten«-Sticker (63 Stück). Zum Beispiel die Kerne in einem Melonenschnitz (38 Stück). Zum Beispiel alle weißen Autos, die vor dem Straßencafé vorbeifahren (28 in 20 Minuten). Oder eben die Zeitschriftentitel am Bahnhofskiosk. Als ich bei 626 angelangt war, da hatte ich die andersartigen Frauenheftli schon durch, die *Frau und Freizeit* (»Til

Schweiger – Sohn macht den Abwasch selbst«), *Freizeit heute* (»Saftig und so lecker: Verführerischer Kirschkuchen«), *Laura* (»Saftig mit viel Frucht: Sommerkuchen«), *Tina* (»Die besten Kirschkuchen«), *Lisa* (»Himmlischer Käsekuchen«) und auch *Super Pause* (»Alle lieben Beerenkuchen«). Ich war bei den Tierzeitschriften gewesen, herzig lugte ein Köter von *Dogs today*, und die Titelgeschichte fragte: »Tierkommunikation. Schwindel oder letzte Rettung?« Die Wissenschaft hatte ich auch gesehen. Das *P. M. Magazin* stellte die Frage: »Wohin gehen wir? Die Wissenschaft vom ewigen Leben«, und *Kommando*, eine Zeitschrift für militärische Spezialoperationen, testete die neue Kampfbekleidung des Schweizer Herstellers Steinbrücke und zeigte zudem detailliert, wie 1980 die iranische Botschaft in London durch den britischen Special Air Service gestürmt wurde. *Dein Kreuzstichmagazin* widmete sich dem Thema »Frau mit Maske«. Das Fachmagazin *Gartenbahnen – Große Modelleisenbahnen mit Personenförderung* brachte eine ausgedehnte Reportage zum Thema »Weichensteuerung aus der Hosentasche«. *InShoes* verfasste ein Porträt über die junge Starpianistin Olga Scheps (»Zwischen Schuhen und Chopin«). *Raum und Zeit – Die neue Dimension der Wissenschaft* berichtete über »Matrix-Quanten-Heilung« und *Connection Spirit* über spirituelle Arroganz (»Ich bin erleuchteter als du!«). *Geliebte Katze – Europas beliebtestes Katzenmagazin* brachte ein Special zum Thema

»Plötzlich unsauber – Warum Unsauberkeit auch ein Hilferuf ist« und dazu tausend Tipps zum Thema Toilettentraining. *Pferd & Wagen – Europas großes Magazin für Gespannfahrer* verglich die neuen Einspänner-Rennkutschen Lessing Futura und Leitner MAX080, wobei Letztere hauchdünn gewann (»Die Testfahrer waren vom tiefen Schwerpunkt und vom optimal abgestimmten Fahrwerk des Leitner MAX080 begeistert.«).

Dies alles hatte ich gesehen, als ich nach 626 Zeitschriftentiteln stolperte, rausfiel, vergaß, wo ich gewesen war, und den Kiosk verließ. Und ich hatte noch längst nicht alles gesehen. Als ich in der Bahnhofshalle stand, da dachte ich: Tatsächlich ist ein Kiosk auch ein Museum für den zeitgenössischen Wahnsinn mit wöchentlichen Wechselausstellungen. Ein wunderbarer Ort. Ich würde bald wiederkommen und weitererzählen.

2. Juli 2016

Liebe Nadine Vinzens

Zuerst dachte ich, ich mach es wie Roger Scha-winski. Das ist ja ein kluger Kerl und hat in seinem neuen Buch die Kunst von Copy-and-paste angewandt, also einfach Wikipedia-Einträge reinkopiert. Clever! Und natürlich ohne Quellenangabe, denn wer braucht schon eine Quellenangabe? Fließt der Rhein oben in die Nordsee, verlangt das Meer da eine Quellenangabe? Nein. Eben. So mach ich es auch, dachte ich.

Von 1990 bis 1997 besuchte Vinzens die Primar-schule, bis 2000 die Sekundarschule in Trimmis. Danach absolvierte sie eine Ausbildung zur kaufmännischen Angestellten. Zwischen 1996 und 1998 konnte Vinzens Bühnenerfahrung in der Tanzgruppe Very Necessary machen und hatte unter anderem Theaterauftritte in Kleists Stück Penthesilea und in der Tragödie Elektra von Sophokles.

Dann aber dachte ich, dass das ja langweilig ist. Na-türlich geht es rassig, auf diese Art die Seite zu füllen, hingegen wissen wir: Einfache Dinge sind schnell auch mal öde. Außerdem wusste ich nicht, wie ich die blaue Einfärbung der verlinkten Begriffe wie »Primarschule« oder »Sophokles« wegbekam. So würde man ja schnell dahinterkommen, dass ich das einfach aus Wikipedia kopiert hätte. Und in jeder einzelnen Ausgabe des *Magazins* mit schwarzem Filzstift die blauen Buchstaben zu übermalen, das stelle ich mir dann doch sehr mühsam und zeitaufwendig vor.

Liebe Nadine Vinzens, schreiben will ich Ihnen, weil ich in einer Gratiszeitung las, dass Sie bald eine Hauptrolle spielen in einem Hollywood-Film, der *To Catch a Spy … or Not* heißt. Da fällt mir ein, ich sollte mal meinem Lieblingsschauspieler Gene Hackman schreiben, der in einem Film spielte, der *Heist* heißt, weil ich schon immer mal den Satz »der *Heist* heißt« schreiben wollte – nur schade ist der Film nicht von Kleist: »… der ›Heist‹ heißt, von Kleist«). Hackman ist nicht nur mein Lieblingsschauspieler, sondern zählte zu den führenden amerikanischen Charakterdarstellern und erlangte unter anderem 1971 mit der Rolle des unkonventionellen Drogenfahnders Jimmy »Popeye« Doyle in *The French Connection – Brennpunkt Brooklyn* große Bekanntheit.

Nun zu Ihrem Film, liebe Nadine Vinzens, Sie sagten: »Das ist ein Film, der auf den Notizen von Hemingways bestem Freund basiert.« Mehr durften Sie nicht verraten. Nun ja, immerhin. Die Frage ist halt einfach:

Wer war Hemingways bester Freund? Ich dachte immer, es sei der Suff gewesen. Aber was soll so ein Suff schon für Notizen hinterlassen? Und was, wenn Hemingways bester Freund ein Hund gewesen ist? Ein Mischling namens Mojito? Kaum war das Herrchen tot, da dachte der Hund: Was der alte Suffkopf konnte, das kann ich auch. Mit seinen Tatzen haute er auf die Schreibmaschine ein. Tap, tap, tap, und schon war das Manuskript fertig: *Der alte Hund und das Meer*. Tap, tap, tap: *Siesta*. Tap, tap, tap: *Wem der Knochen schlägt*. Und das wären nun die Notizen, auf denen der Film basiert? Unwahrscheinlich. Vielleicht war Chuck Norris Hemingways bester Freund. Chuck Norris?

Chuck Norris (* 10. März 1940 in Ryan, Oklahoma; eigentlich Carlos Ray Norris Jr.) ist ein US-amerikanischer Kampfkünstler, Action-Schauspieler und Buchautor, berühmt geworden durch Filme wie *Rollkommando*, *Feuerwalze* oder *Die Todeskralle schlägt wieder zu*. Chuck Norris gehört der evangelikal geprägten christlichen Rechten in den USA an. Er ist Anhänger des Kreationismus und hält die Evolutionstheorie für falsch. Vor allem aber ist Chuck Norris bekannt für die ihm und seiner in seinen Filmen ausgewalzten Überlegenheit gewidmeten Kurzwitze. Kennen Sie die? Chuck Norris isst keinen Honig, er kaut Bienen. – Chuck Norris kann deine Gedanken mit einem Löffel verbiegen. – Chuck Norris ist der Einzige, der Zeit wirklich totschlagen kann. – Jesus ging übers Wasser, Chuck Norris schwamm durchs Land. – Chuck Norris macht kein Copy-and-paste, Copy-and-paste macht Chuck Norris.

Könnten dies die Notizen sein, auf denen der Film basiert? Das wäre echt cool. Also: Da würde ich echt wieder mal ins Kino gehen.

Lieber Gruß, Max Küng (auch Ex-KV-Stift by the way)

PS: Song zum Thema The Dresden Dolls: *My Alcoholic Friends*, 2006.

150 Millionen Kilometer

8. Juli 2017

Als ich die steinernen Stufen des Klubs emporstieg, gab es keine Nuancen, keine Grautöne, es gab bloß hell und dunkel und harte Kanten, so düster war der Keller, aus dem ich stieg, so gleißend die sommerliche Stadt, in die ich wollte. Ich blickte auf meine Armbanduhr. Kurz nach zwei Uhr nachmittags. Es war eine Weile her, seit ich das letzte Mal um zwei Uhr nachmittags aus einem Klub gekommen war. Früher kam das vor. Gut, zwei Uhr nachmittags war nie die Regel, aber doch war man früher zu anderen Zeiten an anderen Orten. Man ging grinsend aus dem Haus, wenn der Nachbar müde nach Hause kam. Man kam grinsend nach Hause, wenn der Nachbar müde zur Arbeit ging. So war es früher. Ja, früher!

Früher gab es kein »früher«. Früher gab es bloß »jetzt« und »gleich« und »sehr bald«. Früher war »früher« ein Wort der anderen; ein abstrakter Begriff, der sich einem nicht erschließen wollte, den jene Menschen gebrauchten, die alt waren. Menschen, die einem Dinge erzählten, die man nicht hören wollte. Heute ist man selber alt, und man gebraucht »früher« öfter, als einem lieb ist, nicht selten in Kombination mit einem selig schmalen Lächeln und einem ins Nichts gerichteten Blick. »Früher« ist mehr als ein Wort, es ist ein Werkzeug, ein Dosenöffner, um einen Blick in die Büchse der nachglühenden eigenen Vergangenheit zu werfen, in der nicht alles besser gewesen ist, bestimmt aber anders. Ja, früher kam einem das Leben vor wie ein nagelneuer Fidget Spinner: Einmal in Schwung versetzt, liefen die Dinge und liefen und liefen und liefen und liefen und liefen und liefen und liefen und liefen mit einer Leichtigkeit, als würden sie niemals, niemals, niemals je enden. Heute ist anstatt Fidget Spinner eher öfters Hamsterrad angesagt. Eines mit schon etwas Flugrost an der einfach gelagerten und leise ächzenden Hohlachse, welche man dann und wann mit etwas Alkohol zu ölen versucht.

Es war also kurz nach zwei Uhr nachmittags, als ich aus dem Klub kam. Mit der Hand versuchte ich, die Augen vor dem blitzhellen Licht des Tages zu schützen, und ich erwartete nicht anderes, als dass mich die Sonnenstrahlen sogleich zu Staub zerrieben, dass von mir nichts übrig blieb außer einem Häufchen Dust und einer verschmorten iPhone-Batterie. Auf dem Trottoir stand ich, und die Strahlen des Zentralgestirns endeten auf meiner bleichen Haut, die Strahlen, die 150 Millionen Kilometer gereist waren, bloß um mich zu blenden. Aber nichts geschah. Ich stand da, und die Augen gewöhnten sich an die Helligkeit, bald war alles wieder so wie zuvor: normal. Im Klub unten, hinter dem alles verschluckenden schwarzen Loch, zu dem die Treppe führte, dort mochte die Musik poltern, hämmern, rumoren, auf Erdbodenniveau rumpelten bloß die Trams durch die nahe Straße, ein Auto hupte, ein Vogel zwitscherte, eine Amsel wohl.

Es ist übrigens ein wunderbarer Klub, dessen Name fast noch schöner ist, als er selbst ist: Kauz, gelegen gleich beim Busbahnhof, wo man aufpassen muss, dass man auf dem Heimweg nicht versehentlich in einen Reisebus nach Villingen-Schwenningen stolpert oder jenen nach Split. Ich hatte nun drei Stunden frei. Dann würde ich wieder zurück in den Klub gehen, weil: Um 17 Uhr wäre die Kinderdisko fertig, und ich müsste meinen Jüngsten wieder abholen, den ich kurz vor zwei Uhr in die Disko geleitet hatte. Drei kinderlose Stunden an einem Samstagnachmittag: Ich kaufte eine Grillzange, ein kariertes Notizbuch sowie sulfat- und glykolfreie Handseife. Und ich freute mich auf den folgenden Tag: Am Sonntagmorgen würde um halb sechs der Wecker gehen, ich würde aufstehen, um mit dem Rennvelo um den See zu fahren. An früher würde ich dabei keine

Sekunde denken. Weil: Früher dachte ich auch nicht an heute, weshalb also sollte ich heute an früher denken? Wieso? Weshalb? Warum?

PS: Song zum Thema: *22nd Century* von Nina Simone, vom Album *Here Comes the Sun*, 1971 (also: früher).

Lieber E. L. Doctorow

Natürlich blöd, Ihnen zu schreiben, jetzt, denn Sie sind ja tot. Gestorben vor ziemlich genau einem Jahr, an dem Ort, an dem Sie geboren wurden, in New York, im Jahre 1931 – »ebenda« nennt man das so schön (jedoch nicht zu verwechseln mit Ennenda, dem Dorf im Zigerschlitz, obwohl das auch schön wäre: »geboren dann und dann in Ennenda, gestorben dann und dann, ebenda«).

Trotzdem schreibe ich Ihnen, denn ich möchte, nein: muss Ihnen mitteilen, nein: versichern, dass ich Ihr Buch *Sterntaucher* sehr mag, nein: liebe. Das erste Mal las ich es, ich weiß nicht, vor zwanzig Jahren wohl. Es war eines dieser Bücher, welche man (relativ) jung verschlingt, nur halb verdaut und fortan in Bruchstücken und Brocken mit sich herumträgt. Bücher, die ganz so wirken wie diese Retard-Medikamente, bei welchen der Wirkstoff verlangsamt freigesetzt wird. Über Jahre.

Das Buch verschwand irgendwann, wenigstens in

seiner physischen Form, sicherlich lieh ich es einem Freund, der es nicht las und auf dem Flohmarkt verkaufte für ein paar Rappen oder ins Altpapier schmiss. Immer wieder dachte ich an die verwobene Geschichte zurück, an Fragmente davon, Bilder, bis ich es mir schließlich noch einmal beschaffte, bei einem Internethändler sah ich ein gutes Angebot: für 0,01 Euro. Denn *Sterntaucher* ist natürlich längst vergriffen, sowohl das Taschenbuch wie auch die Hardcover-Ausgabe.

Es gibt wohl nicht viele Dinge, die sich auch nach zwanzig Jahren noch so anfühlen, wie sie sich zuvor angefühlt haben. Ihr Buch schon. Als ginge man in ein Haus, in dem man lange nicht gewesen ist – und die Erinnerungen kämen zurück, Stück für Stück, und mit ihnen ein beruhigendes Gefühl von Vertrautheit.

Eine ganz andere Geschichte, lieber Herr Doctorow, die schnappte ich vor zwei Jahren auf. Ein Mann, den Sie nicht kennen – ein Tessiner Politiker namens Silvano Bergonzoli, angehörend der autochthonen rechtspopulistischen Partei Lega –, richtete damals kraft seines Amtes eine offizielle Anfrage an die Tessiner Regierung. Es ging um den Staatsfernsehsender RSI, denn der strahlte plötzlich seine Filme in englischer Sprache aus – und ganz ohne italienische Untertitel! Ein Skandal! Eine Sauerei, meinte Bergonzoli empört und polterte. Es sei dies nichts weniger als eine veritable Beleidigung der italianità des Kantons. Die Antwort der Tessiner Regierung jedoch war schlicht. Die Filme wurden im Zwei-kanalton ausgestrahlt, der Politiker hatte einfach die falschen Tasten auf seiner TV-Fernbedienung gedrückt. (Ich frage mich, ob er, wenn er das Buch *Der Name der Rose* in den Händen hält, schimpft: »Verdammt, jetzt schreibt der Eco auf Deutsch! Wo sind wir denn!«) Immer wieder muss ich an diese kleine Geschichte denken, und jedes Mal stelle ich mir vor, wie der Politiker den Fernseher einstellt in seinem Sonnenstubenitalianità-Wohnzimmer, und da läuft dann *Sie nannten ihn Mücke* oder *Vier Fäuste für ein Halleluja*. Bud Spencer purzeln die Worte englisch aus Mund und Fäusten, und Bergonzoli denkt nicht fuck!, sondern selbstverständlich porca puttana! und bekommt einen dicken Hals und einen Tremotino-mäßigen Anfall, während er die Fernbedienung in kleine Stücke hackt.

Ja. Also. Lieber Herr Doctorow. Wollte ich Ihnen bloß kurz erzählen. In zwanzig Jahren lese ich *Sterntaucher* dann noch einmal. Ich denke jetzt schon mit Freude daran, denn es wird mir ein Vergnügen sein. Dann vielleicht im Original, also Englisch, mal schauen. Eine italienische Übersetzung gäbe es ja auch: *Il lago delle strolaghe*. Das klingt doch irgendwie nach Tessin, oder? Also: schön!

Ihr Max Küng

PS: Silvano Bergonzoli, müsste der eigentlich und korrekterweise nicht Monteonzoli heißen? Und was ich gerade sehe, auf seiner Facebook-Seite: Die von ihm »gelikten« Filmkanäle heißen »YesHotties« und »WildNaughty« – diese zeugen zwar von der legalen Lebenslust eines älteren Herrn, klingen rassig, aber nicht gerade nach rassenreiner italianità.

PPS: Ein Song zum Thema: *Tu Vuò Fà L'Americano*, Renato Carosone, 1956.

Die Schönheit des Lebens ohne Lüge

10. Juli 2010

G rundsätzlich kann ich sagen, dass es ein gutes Gefühl ist, wenn man nicht lügen muss, niemals, auch nicht hie und da. Ein Leben ohne Lüge ist ein sauberes Gefühl. Ganz so, wie wenn man sich mit der Zunge über die frisch geputzten Zähne fährt. Oder nein: Wenn man aus der Türe der Dentalhygienikerin tritt und sich mit der Zunge über die Zähne fährt. Nichts ist da, das einen stören könnte. Nichts.

Das Problem mit der Wahrheit ist bloß: Niemand interessiert sich dafür. Man kann schlecht damit hausieren gehen. Wenn man im Badezimmer steht, sich frisiert und zu seiner Frau sagt, die vor dem Zweitspiegel gerade mit Zahnseide beschäftigt ist: »Du, ich habe dich noch nie betrogen.« So etwas will keine Frau hören. Das macht eine Frau höchstens höchst misstrauisch. Also behält man die Wahrheit für sich. Die Schönheit des Lebens ohne Lüge ist eine einsame Schönheit. Es ist wahr, ich habe meine Frau noch nie betrogen, aber mit wem kann ich diese reine Wahrheit schon teilen? Wenn ich sie einem Freund auftische, was wird er sagen? »Armer Kerl«, wird er sagen und demonstrativ gähnen wie ein Flusspferd im Zoo. Denn so ist es – die Wahrheit ist oft langweilig.

Ich lüge also nie. Außer vor zwei Wochen.

Vor zwei Wochen log ich auf dem schaukelnden Rücksitz eines Taxis unterwegs von Manhattan zum Flughafen John F. Kennedy. Der Fahrer fragte brüllend, ohne nach hinten zu blicken, ganz so, wie Taxifahrer gerne fragen, wann mein Flug gehe. Es war 14 Uhr. Ich sagte: In einer Stunde. Er nickte, drückte aufs Gaspedal und ließ geschickt kein einziges Schlagloch auf dem Highway aus, den die USA wohl aus Afghanistan importiert hat. Tatsächlich aber ging mein Flug später. Viel später. Um 22 Uhr. Aber ich wollte nicht, dass der Taxifahrer in den Rückspiegel blickt und seine Augen sagen: Dahinten hockt ein Weichei, das so neurotisch ist, dass es mindestens acht Stunden, bevor sein Flug geht, auf dem Flughafen hocken muss. Ich wollte nicht, dass er mich auslacht. Ich wollte nicht verhöhnt werden. Aber so ist es: Ich brauche viele Stunden Sicherheit, dass ich den Flug nicht verpasse. Sonst werde ich sehr nervös. So nervös, dass ich minütlich ein Jahr altere. So nervös, dass ich jede Sekunde einen anderen Reißverschluss meines Gepäcks öffnen und nachsehen muss, ob alles da ist, vor allem die Dinge, die ich gar nicht auf die Reise mitgenommen habe. So nervös, dass ich zu schwitzen beginne und der Schweiß nach purer Angst riecht.

Ich gab dem Fahrer ein dickes Trinkgeld. Und dann saß ich bald am Flughafen auf einer unbequemen Sitzbank und sah hinaus zu den angedockten Flugzeugen. Es war, als betrachtete ich sehr, sehr lange eine Fotografie von Fischli/Weiß. Ich schaute auf die Uhr. Noch fünf Stunden. Dann ging ich auf die Toilette und blickte in den Spiegel. Es war, als betrachtete ich sehr kurz ein Detail eines Hieronymus Bosch. Ich schloss die Augen, und es tat mir leid, dass ich gelogen hatte, auf der Rückbank des gelben Taxis. Wie in aller Welt nur konnte ich das wiedergutmachen? Eine Lüge war nun in meinem Leben. Alles war verdorben. Und ich hoffte sehr, dass das Flugzeug nicht zur Strafe abstürzen würde. Das wäre nämlich blöde. Vor allem auch für die anderen, die Unschuldigen, die, die nichts für alles konnten.

Liebe unbekannte Person

S ie haben da was verloren, vor ein paar Wochen. Auf der Zweierstrasse in Zürich, wohl beim Fahrradfahren, denn da lag mitten auf der Fahrspur, geschunden-schmutzig im Stadtstaub, überfahren von Autos, Rollern, Lieferwagen: ein Schal mit den Maßen 180 × 80 Zentimeter.

Es ist gemäß Beschriftung auf dem Etikett ein Schal der Marke Hallhuber GmbH, Taunusstrasse 49, 80807 München, bestehend zu 100 Prozent aus Polyester, gefertigt in China. Als ich den dreckigen Fetzen von der Straße hob und voller Mitleid, aber doch mit spitzen Fingern ins Haus trug, da meinte ich, es sei ein schwarzgraues Etwas, und es würde vielleicht einen guten Fahrradputzlumpen abgeben. Erst nach dem Waschen kam seine Farbigkeit zum Vorschein, die leuchtenden Brauntöne. Der Schal nämlich ist ganzflächig mit dem Muster eines exotischen Tieres bedruckt, einer großen Katze, ich denke, es handelt sich dabei um das Fell der in Afrika und Asien beheimateten Art des Leoparden (Panthera pardus) mit den typischen, sein Fell zeichnenden Vollflecken und Rosetten.

Falls nun Sie diese Person sind, welche diesen Schal vermisst, sehnsüchtig oder auch nicht, so sende ich Ihnen das Kleidungsstück gern gratis und franko zu, duftig frisch gewaschen. Allerdings müssten Sie mir noch eine kleine Frage beantworten. Und zwar die Frage, die ich mir damals stellte, als ich das Muster betrachtete: Weshalb tragen Menschen Katzen?

Diese Frage und auch das Tuch hatte ich nach dem Auffinden bald wieder vergessen. Bis ich gestern in der Badi lag, mich auf die Ellenbogen hievte und zusah, wie eine Dame aus dem Becken kletterte. Sie war nicht mehr jung, noch nicht alt, und sie trug einen Bikini, der mehr schlecht als recht das Fleisch zu bändigen vermochte, was wohl auch Sinn der Sache war. Nun war auch dieser Bikini bedruckt, großflächig mit dem Muster eines Leopardenfells. Dann sah ich eine mit einem Geparden-Trikini vorbeigehen. Dann eine mit Ozelot-Monokini auf das Einmeterbrett steigen. Eine mit einem Jaguar-Microkini stand für Bratwürste und Pommes frites an. Und da kam mir der Schal wieder in den Sinn – und die mit ihm zusammenhängende Frage.

Eine Antwort hatte ich nicht, dafür eine Ehefrau, die nebenan lag. Das ist das Gute an einer Ehefrau, die nebenan liegt: Man kann sie zu allerlei Dingen befragen, etwa zu solchen, die das andere Geschlecht betreffen, welches man dann und wann doch nicht gänzlich zu verstehen imstande ist. Also fragte ich, weshalb Frauen so gern Großwildkatzenmuster tragen. Sie sagte: »Wie viele Semester hast du Psychologie studiert?« Ich überlegte, grummelte: »35?« – »Und was wäre dann die logische Antwort?« – »Frauen wären gern wilde Katzen?« – »Genau.« – »Mit Tatzen?« – »Exakt.« – »Die Männer fressen?« – »Präzis.« – »Ist es wirklich so einfach?« – »Ja.« – »Aber nicht, weil sie Hunger haben, oder?« – »Definiere Hunger!«

Ich stellte mir diese Frau vor, die eben aus dem Wasser gestiegen war, wie sie in der Manier der Leoparden auf die Jagd geht. Wie sie der Raubkatze gleich auf einen Baum klettert, um auf ihre Beute zu warten, lauernd, um sich bald von einem Ast herab auf das Opfer herunterzustürzen und es zu zerfleischen – wenn auch die Leoparden-Bikini-Frau ihr Opfer eher erschlagen würde, denn es totzubeißen.

Und ich dachte: Man sollte seiner Frau nicht alles glauben. Trotzdem nahm ich mir vor, ab sofort immer hochzublicken und Vorsicht walten zu lassen, wenn ich unter einem Baum hindurchgehe.

Ja, liebe unbekannte Person, die diesen Leopardenschal vermisst, aus Polyester und China, die Frage lautet wie eh und je: »Warum? Weshalb? Wieso?« Denn das frage ich heute ebenso wie gestern, als ich in der Badi lag, in Badehosen, die grau waren. Ein Grau, von dem ich nicht zu sagen weiß, ob es das Grau des Rückens einer Maus darstellen soll, jenes des Bauches eines Elefanten oder einfach doch: Esels?

Viele Grüße, Max Küng

PS: Song zum Thema: *Wildcat* von Ratatat, 2006.

Gratis zum Mitnehmen

18. Juli 2015

H onig und Autofahren haben eine Gemeinsamkeit: Beides ist nicht vegan. Beim Honig werden die Bienen beschissen, und beim Autofahren nimmt man den Tod von Armeen von Insekten in Kauf, deren feine Flügel aus Chitin auf der harten Windschutzscheibe zerschmettern oder die irrgläubig und voller Hoffnung auf was auch immer in das Scheinwerferlicht rasen und an der leuchtenden Lampe zerbersten, bis die Scheinwerferreinigungsanlage sie wegwischt und Platz macht für neue Kirschessigfliegen, Zitronenfalter, Dörrobstmotten. Trotzdem wird wohl der eine oder andere Veganer dann und wann auf vier Rädern unterwegs sein und den Kleinstlebewesenmassenmord, leise eine Melodie von Coldplay summend, in Kauf nehmen. Was aber, wenn einem Veganer eine Wildsau vor die Karre rennt? Er nicht mehr rechtzeitig bremsen kann? Wenn die Wildsau dann auf der Straße liegt, ein letztes Mal »oink« sagt, alle viere gen Himmel, weder Mund-zu-Mund-

Beatmung noch Herzmassage etwas bringt? Lässt er die Sau liegen und fährt weiter, wieder was von Coldplay summend? Oder bringt er die Sau, die er ohne Absicht erledigt hat, dem Nachbarn, von dem er weiß, dass er ein Fleischfresser ist, damit der sie braten kann? Sinnvoll wäre es.

Manchmal bringt man Dinge hervor, für die man selbst keine Verwendung hat, andere aber vielleicht schon.

Ganz so geht es auch mir dann und wann, denn nicht immer denkt das Gehirn, was man ihm aufträgt zu denken. So blicke ich in den Computer, und plötzlich fangen in meinem Kopf synthetische Streicher an zu spielen, ein Schlagzeug setzt ein, und es kommen Worte, Worte, die schön sind, die ich aber beim besten Willen nicht gebrauchen kann: »Du mein Schatz / bist auf dem ersten Platz / der Charts in meinem Herzen / erleuchtest alle Kerzen / ich hab dich gern / du bist mein Stern / oh meine liebe Susi / ich möchte schmusi-schmusi / mit dir und du mit mir / nimm noch ein Bier, la, la, la!«

Vielleicht könnte eine Schlagersängerin oder ein Schlagersänger die Zeilen gebrauchen? Wär ja schade drum, wenn sie einfach in den Müll wandern würden. Also schreibe ich die Zeilen auf und sende sie an: Beatrice Egli, Postlagernd, 8808 Pfäffikon SZ. Eventuell kann Beatrice mit diesen Worten eine hübsch dekorierte

Mehrzweckhalle fluten, in Halb-Playback und strahlend wie ein Honigkuchenpferd auf reinem MDMA?

Idee: Man sollte eine Initiative gegen Word-Waste starten. Food-Waste wird ja – glücklicherweise – gerade groß angegangen. Eben erst sah ich, wie die für ein Gesetz gegen das Verbrennen von Lebensmitteln kämpfende grünliberale Nationalrätin Isabelle Cheval-ley, in der Wandelhalle des Bundeshauses stehend, demonstrativ vor laufender TV-Kamera eine gammlige Banane aß – und noch bevor sie den ersten Bissen runterschluckte, sagte sie: »Tipptopp.« Allerdings – so fand ich – sagten ihre Augen was anderes, nämlich: Wo ist das nächste Klo?

Nun, gestern stand ich im Supermarkt an der Fischtheke und wartete, bis ich MSC-zertifizierten Kabeljau kaufen konnte, in Erwartung des immer gleichen Dialogs mit dem Verkäufer. (Ich: 400 Kabeljau. Der Verkäufer: 400 Stück? Ich: Ha, ha. Er: Ha, ha.) Aber noch war vom Verkäufer nichts zu sehen, also stand ich da, blickte auf die Auslage, und in meinem Kopf begann ein Hip-Hop-Rhythmus zu rumpeln, und dazu kamen Wörter aus dem Nichts, eins nach dem anderen, wie Würfel aus einer Eismaschine: »Intercourse / with Michael Kors / with the snapple whore / in the apple store / I am Nimrod / smoking pot / sausage tears / two more beers / fish is my dish / Yo-man, whazup?« Ich machte gerade komische Zeichen mit meinen Fingern, wie ich es wohl mal irgendwo in einem Hip-Hop-Video gesehen hatte, dann kam der Verkäufer, schnell sagte ich: »400 Kabeljau«, und er sagte, was er immer sagte. Als ich ging, waren die Wörter noch immer in meinem Kopf. Vielleicht sollte ich sie vor die Türe stellen, mit einem Zettel dran: »Gratis zum Mitnehmen.« Wäre wirklich schade drum.

Zitrone auf Reisen

23. Juli 2011

Ein bekannter Fotograf erzählte von einer Begeben-
heit, die sich in Japan zugetragen hatte. In einem
Hochgeschwindigkeitszug vergaß er eine Tasche mit
einer kostspieligen Kamera. Natürlich wurde sie nicht
gestohlen, sondern gefunden. Er ließ die Tasche per
Express vom Fundbüro zu seiner japanischen Wohnung spedieren. Als er auf den Paketpostboten wartete,
schaute er aus dem Fenster und sah einen Mann, der
die Straße rauf- und runterrannte, rauf und runter, rauf
und runter. Der Mann trug eine Uniform und schob
auf einer Art Sackkarre ein großes Paket. Es war der
Postbote, und er rannte, weil ein japanischer Expresspöstler niemals stehen bleiben oder auch nur normal
gehen durfte, denn er war ja ein Expresspöstler, deshalb
musste er rennen, laufen, eilen. Alles andere wäre eine
Verhöhnung seines Berufsstandes.

Selbstverständlich bestand ich darauf, dass die Sendung per Kurier aus Deutschland kommen sollte, ungeachtet der Kosten. In Düsseldorf hatte ich bei einem Kunsthändler eine Fotografie von Adolf Lazi (1884–1955) gekauft, einem Vertreter der Neuen Sachlichkeit. Lazi war darum bemüht, die Dinge aussehen zu lassen, wie sie aussehen. Bei Weichzeichnung und Unschärfe bekam er die Krätze, und sein berühmtester Ausspruch lautet: »Ein Haar muss ein Haar bleiben.« Die gekaufte Fotografie zeigt keine Haare, sondern eine Zitrone, die aussieht wie eine Zitrone.

Donnerstags um 11.03 Uhr holte ein Mann von UPS das Paket beim Kunsthändler ab. Um 21.55 Uhr kam es bei der drei Kilometer entfernten UPS-Zentrale an. Am Freitag verließ meine Zitrone Düsseldorf um 6.04 Uhr und kam eine gute Stunde später im 62 Kilometer entfernten Herne an, wo sie liegen blieb, bis sie sich um 17.17 Uhr auf den Weg nach Arlesheim machte, wo sie um 23.56 Uhr eintraf. Über das Wochenende blieb die Zitrone beim Zoll, wo man sich im Verlauf des Montags damit beschäftigte. Am späteren Nachmittag ging das Paket nach Rümlang, wo es die Nacht verbrachte, keine zehn Kilometer von meinem Zuhause entfernt, eine Nacht, die länger war als die meinige. Am Morgen des sechsten Tages verließ dann die Zitrone die UPS-Zentrale um 6.44 Uhr.

An diesem Tag stand ich um dieselbe Zeit auf und

wartete zu Hause, bis der Kurier klingelte. Ich trank einen Kaffee nach dem anderen und ging vor lauter Angst, ich könnte die Klingel überhören, nicht auf die Toilette, hörte keine Musik, atmete nicht zu heftig. Einmal fuhr ein Lieferwagen vor, ich rannte zur Türe, aber es war nur die reguläre Paketpost für meinen Nachbarn. Der Expresspöstler war auch schon in der Straße unterwegs. Die Briefpost hatte ich längst aus dem Briefkasten geholt, die Zeitung eh. Ich fing an, meinen Bürotisch aufzuräumen, dann das Büro, dann den Rest der Wohnung. Der Magen knurrte.

Von Düsseldorf nach Zürich sind es 447,8 Kilometer. Sechs Tage benötigte der Kurier für diese Strecke. Das wäre eine akzeptable Zeit, wäre das Automobil noch nicht erfunden worden. Hatte man jemanden zu Fuß losgeschickt, er hätte nicht länger gebraucht. Auf einem Esel mit einem kräftigen Stock wäre er Tage schneller gewesen.

Der Kurier kam irgendwann nach Mittag. Als ich das Paket öffnete, sah ich das Bild einer Zitrone. Sie sah aus wie eine Zitrone.

Die Klarheit von RAL 7012

30. Juli 2011

Es war nicht einfach blau, es war grau wie Basalt (RAL 7012) und grün wie die Nadeln der Krüppelkiefer (RAL 6028), vor allem war es aufgebracht, von weißen Kronen überzogen, ganz und gar, und ich dachte: wie ein Hund, der einen vermisst hat und hochspringt vor Freude, wenn man nach Hause kommt, und einem zwischen die Beine geht, dass man stolpert und fast fällt. Es grollte, und die Wellen rollten herein, eine nach der anderen zerbarst.

Ich wollte nachsehen, ob es noch da war. Das letzte Mal sah ich es vor einem Jahr oder mehr. Deshalb stieg ich an einem Morgen in das Auto und fuhr los, ich wusste nicht genau, wohin. Weil Luigi Tenco während der Fahrt sang, dachte ich: Ich fahre nach San Remo, was ich tat, ohne Zwischenhalt. Und ja: Es war noch dort, das Meer. Ich war erleichtert.

Der Wind blies die Wolken der Küste entlang, schnell, zerpflückte sie, schob sie in Fetzen gegen Osten, und die rot-weiße Fahne des Hotels Royal knatterte streng. Ich nahm ein Zimmer im Royal, unweit des Kasinos, und spazierte in das Städtchen. Es war alles noch gleich. In der Bar des Kinos Ariston trank ich einen Negroni. Hier im großen Saal des Ariston sang Luigi Tenco am Schlagerfestival im Januar 1967. Als er erfuhr, dass seine Komposition *Ciao amore, ciao* es nicht ins Finale schaffen würde, verabschiedete er sich von seiner Freundin Dalida, die mit den Leuten der Plattenfirma RCA zu einem Essen ging, fuhr in sein Hotel, das Savoy. Dort auf Zimmer 219 schrieb er von Hand einen Brief.

»Ich habe das italienische Publikum geliebt und ihm sinnloserweise fünf Jahre meines Lebens geopfert. Ich tue dies nicht, weil ich des Lebens überdrüssig bin (ganz im Gegenteil), sondern als Akt des Protests gegen ein Publikum, welches *Io tu e le rose* ins Finale wählt, und wegen einer Jury, welche *La rivoluzione* kürt. Ich hoffe, dass dies jemandem zu Klarheit verhilft. Ciao. Luigi.«

Dann schoss er sich eine Kugel in den Kopf.

Was für ein Abschiedsbrief. Tenco hatte wohl gesehen, wie es kommen würde mit seinem Land und dessen Kultur.

Zurück im Hotel Royal, ging ich zum Barpianisten und fragte. Er lächelte, nickte, hielt sich pantomimisch zwei Finger an die Schläfe, aus dem Daumen wurde der Revolverhahn, dann das Okayzeichen. Er spielte *Vedrai, Vedrai* und dann *Lontano Lontano*. Den Cognac trank ich mit Eis. In der Bar saßen nur affenbäuchige Russen mit dumpfem Blick und blasierten Blonden an der Seite, die in Mobiltelefone sprachen, als seien es Blasinstrumente, Querflöten, Piccolos. Zum Hotel Savoy waren es nur ein paar Schritte. Ich spazierte hin. Nach Tencos Tod schloss man das Savoy, und noch immer waren alle Läden verrammelt, das eiserne Tor zugesperrt, alles war dunkel und erloschen. Es fing an zu regnen, und ich ging zurück ins Hotel und zu Bett, die Türe zum Balkon weit offen. Am nächsten Morgen war das Meer besänftigt, flach. Ich schaute eine Stunde darauf, dann noch eine Stunde; beruhigt, dass alles so war, wie es gewesen war, packte ich die kleine Tasche, bezahlte an der Réception eine irre Summe, stieg in das Auto und fuhr ohne Eile dorthin, wo die Berge im Weg stehen, nach Hause.

Prügel im Schanfigg

9. August 2014

Die Sprache bietet viele regionale Spezialitäten an. Eine davon beschreibt das, was man außerhalb von Süddeutschland und der Schweiz als einen flachen Kuchen mit süßem oder salzigem Belag kennt. Es lautet: Wähe. Bei Wähe denkt man an etwas, das »wäh« ist. Also schrecklich. Grasslich. Eklig. Dabei ist eine Wähe, ganz entgegen dem Klang ihres Namens, etwas ganz und gar Wunderbares, vor allem wenn es sich um eine Aprikosenwähe handelt, noch im Spezielleren, wenn diese Aprikosenwähe im Alpenrösli in Medergen serviert wird.

Und sowieso: die Aprikose, mir die liebste aller Früchte, die selbst in ihrer süßesten Reife noch etwas von der Säure des Lebens erahnen lässt, mit ihrer Haut so weich und zart und sommersprossig, erinnernd an eine jugendliche Sommerliebe im Schullager. Die kleine Aprikose: ein großer Wurf vom großen Designer aller Dinge. Nur wenig ist so simpel und zugleich so befriedigend, wie eine Aprikose mit seinen Händen in zwei Hälften zu teilen. Ich liebe die Aprikose so sehr, dass ich immer einen Stein im Hosensack trage von der letzten perfekten Aprikose, die ich gegessen habe, so als könnte ich – wenn der Winter kommt und mit ihm keine Aprikosen mehr – den Kern einfach in den Boden drücken, und es wüchse sogleich oder bald oder irgendwann ein Baum mit saftigen Früchten.

Medergen ist kein Dorf, sondern eine Ansammlung von einem Dutzend sonnenverbrannter Holzhäuser, die älter aussehen, als sie sind, wie hingewürfelt liegen sie unter einer Fluh auf halbem Weg zwischen Arosa und Davos auf knapp 2000 Metern überm Meer. Das Alpenrösli hat draußen fünf Tische, und drinnen hängt noch immer ein richtiges Telefon an der Wand, und ein schwarzer Kater schläft auf der Ofenbank. Und eben: Die frisch gebackene Aprikosenwähe lässt einen die Augen gegen den nahen Himmel drehen, so gut ist sie, im eigenen Holzofen gebacken. Und gratis dazu bekommt man den Blick hinunter ins Tal namens Schanfigg, wo der Ort Langwies liegt an dem Fluss, der wie eine Verletzung klingt: Plessur.

Langwies hat viele wunderbare Dinge. Das elegant geschwungene Viadukt der Rhätischen Bahn etwa, 1914 erbaut – damals die beachtlichste Betoneisenbahnbrücke der Welt und auch heute noch eine der schönsten Brücken des Landes. Zum Beispiel die vielen, vielen, vielen

Kurven der Kantonsstrasse (vielleicht eine Kindheitserinnerung: ein Kotzstopp auf der Autofahrt von Chur nach Arosa in einer der insgesamt 360 Kurven). Zum Beispiel den mild-aromatischen Schafkäse vom Zippert David von der Bodenalp.

Das Bemerkenswerteste an Langwies aber finde ich das Wappen: ein blauer Holzknüppel auf goldenem Grund. Das Wappen sieht aus wie jenes einer Fußballhooligan-Vereinigung, hat aber eine Geschichte, die weit zurückreicht. Einst nämlich standen die Schanfigger in Söldnerdiensten der Franzosen, was die Österreicher dazu veranlasste, das Tal brandschatzend und plündernd heimzusuchen. Dorf um Dorf brannten sie nieder, kaum gab es Widerstand, denn die Männer kämpften in der Fremde für Geld für die Franzosen, im Tal waren nur die Alten, die Frauen, die Kinder. Bis die Frauen von Langwies den Rauch sahen und wussten, was da das Tal hoch auf sie zukommen würde. Also versammelten sie sich in einem Tobel außerhalb des Dorfes, zusammen mit allem, was wehtun konnte. Und als die Österreicher dann kamen, blutgeil und mordlüstern, da ließen die Frauen von Langwies die Steine rollen und schwangen die Knüppel und stachen die miesen Österreicher mit Heugabeln nieder, schlugen ihnen mit Sensen die Köpfe ab und pedi- und manikürten sie mit Äxten. Die Ösis wurden von den Frauen von Langwies in die Flucht geschlagen. Das Dorf wurde verschont.

Aus Dankbarkeit dürfen seither die Frauen in der Kirche auf der rechten Seite sitzen, das Tobel wurde Frauentobel benannt, und als Erinnerung an diesen frühen Akt von Frauenpower wurde der Knüppel ins Wappen gerückt. So jedenfalls hat es mir ein einheimischer Bauer erklärt, in dessen Augen ich noch die Glut der brennenden Schanfigger Holzhäuser von damals sah – es gab keinen Grund, ihm nicht zu glauben.

Ich weiß nicht, wie gut und hart die Frauen von Langwies heute noch zuschlagen können, aber eines weiß ich: Sie können Aprikosenwähe backen. Ein Stück Aprikosenwähe im Wappen, das wäre eine Idee, falls der Knüppel mal ausgedient haben sollte. Bis dahin aber finde ich den Knüppel ein formidables Wappentier.

Die Rettung der Dinge

10. August 2013

Als ich klein war, ein Knirps auf dem Land, kurze Turnhosen, Gummistiefel auch im Hochsommer, mit Eutra Melkfett dick eingestrichen als Schutz vor der bösen Sonne, da war der mit Abstand spannendste Spielplatz die Müllhalde. Sie lag etwas oberhalb des Dorfes am Rand des Waldes, der Flurname lautet Höhli, und die Halde lag hinter dem Hügel, der dem Schützenhaus als natürlicher Kugelfang diente, wo wir nach den Schießübungen mit bloßen Fingern die deformierten Geschosse aus dem lehmigen Dreck gruben. Heute gibt es die Müllhalde nicht mehr. Heute wird der Haushaltskehricht von der Kommune eingesammelt und getrennt und recycelt. Damals aber kippte, schüttete, schmiss man einfach alles hin, rein, runter. Was brennbar war, zündete man an, irgendwo stieg immer Rauch auf, was der ganzen Sache einen leicht postapokalyptischen Touch verlieh und den Reiz natürlich noch steigerte. *Mad Max* lief gerade in den Kinos, ein Film, der uns mächtig

Eindruck machte, vor allem deshalb, weil wir noch zu jung waren, ihn zu sehen. Wir verbrachten manchen Tag damit, auf der Müllhalde Spraydosen zur Explosion zu bringen und mit Stecken das Innenleben von Säcken zu analysieren. Es war eine absichtslose Suche nach Dingen, von denen wir nicht wussten, dass es sie überhaupt gibt.

Daran musste ich denken, als ich mich in einen großen Gitterwagen beugte, der auf dem Flur unseres Redaktionsbüros stand, das bald nicht mehr unser Redaktionsbüro sein würde. Wir ziehen nämlich um, also packten wir alles, was wir mitnehmen wollen, in graue Kisten. Selbstverständlich bietet jeder Umzug auch eine gute Gelegenheit, sich von Dingen zu trennen, von denen man sich schon immer trennen wollte, es aber einfach nicht schaffte, aus welchen Gründen auch immer, wohl zumeist Faulheit. Und nun hatten sich meine Kolleginnen und Kollegen von diesen Dingen getrennt, sie (nach kurzem Innehalten vielleicht, vielleicht aber auch mit so etwas wie Freude oder gar zügelloser, befreiender Wegwerf-Lust) in den großen Gitterwagen geschmissen. Aus Besitz wurde Abfall. Selbstverständlich findet man darin aber auch Dinge, die jemand gebrauchen kann. Deshalb habe ich einige an mich genommen, in eine Zügelkiste gepackt und vor der Vernichtung gerettet. Diese Dinge möchte ich nun verlosen.

Die geretteten Dinge aus unserer Redaktion, bald vielleicht bei Ihnen zu Hause:

3 × 1 Feuerwerkskörper (Läubli-Vulkan, 120 Sekunden) mit Suzuki-Logo; 1/2 Rolle Klebeband (braun, Marke Syrom); 1 Dose Red Bull Cola; 1 Buch von Rolf Dobelli: *Massimo Marini*; 1 Foto-CD des Rüstungskonzerns BAE Systems mit vielen tollen Fotos von Kampfjets etc.; 1 Broschüre *Mothering – The Rising Spirit*, handsigniert von Imelda Marcos; 1 Dose iXso Energy Drink; 3 Säcklein mit Telefonsteckerzubehörzeugs (»made in China«); 1 Streichholzbriefchen »La Bottega 88 Ninth Avenue New York City«; 1 großformatiges Buch *Paris*, Taschen Verlag; 1 Ledermappe *Tages-Anzeiger*, mit Schreibblock A4; 1 Alpecin Schuppen Killer Shampoo (»zum Patent angemeldet«); 1 Keramiktopf (mit Bodensignatur »Tudor 1989« und unleserlich: »Peschici«, oder ähnlich); 1 schwarzer Aschenbecher, unbenutzt, Marke Zwingo; 1 Glasuntersetzer aus Papier mit Aufdruck »Tortilleria Flash Flash«; 1 Schachtel mit Objektiv Zeiss Planar 1,4/50 mm mit der Aufschrift »Jason Klimatsas«; 1 USB-Stick (128 MB) »CTU JACK BAUER«; 1 *Das Magazin – Schweizer Bibliothek*, 20 Bände, im Schuber; 1 Buch *Der Orgasmus der Frau und andere Lügen – Eine humoristische Annäherung* von Cornelia Hättenschwiler, Eigenverlag; 1 CD Sir Colin & X-Ray: *Scratch da House;* 1 Buch von Hans Küng: *Jesus;* 1 verschließbarer Glasbehälter von »Skinbest by DUL-X« mit Bonbons (einzeln

verpackt, Verbrauchsdatum jedoch unbekannt); 1 DVD *Blade* mit Wesley Snipes (»UNGESCHNITTEN!«); 1 Game für Playstation 3: *Blazing Angels – Squadrons of WWII;* 1 *Spiel des Lebens – Generation Now* von MB (originalverpackt); 1 »Basic Streichmesser mit Schabziger-Ätzung«; 2 Bücher von Max Küng: *Einfälle kennen keine Tageszeit* (signiert).

Wer nun also einen dieser Gegenstände haben möchte (gratis), die oder der schreibe unter dem Betreff »Müllhalde« eine E-Mail inkl. Lieferadresse an max.kueng@dasmagazin.ch. (Über den Wettbewerb wird keine Korrespondenz geführt, die Objekte werden zugelost, Mails bis bitte spätestens neun Uhr des auf die Publikation dieser Kolumne folgenden Montags, der Rechtsweg ist ausgeschlossen, viel Glück.)

PS: Dieses Angebot ist in der oben beschriebenen Form nicht mehr gültig, da die Dinge in der Zwischenzeit neue Besitzerinnen oder Besitzer gefunden haben (oder in der 800-Grad-Hitze des Ofens des Fernheizwerks verglühten). Jedoch gibt es ein paar andere Dinge, die zu haben sind, denn so ist es eben mit den Dingen: Sie sind da, es hat genug. Das aktuelle Angebot (welches qualitativ in keiner Weise gegenüber dem oben beschriebenen Angebot abfällt) finden Sie in Wort und Bild auf meiner Homepage WWW.MAXKUENG.CH. Sichern Sie sich noch heute etwa den tollen, exklusiven Hygienebeutel der ROYAL BRUNEI (unbenutzt), den Echtholzkugelschreiber aus dem Souvenirshop des Westernparks »Fort Bravo« in der Wüste von Tabernas, Provinz Almeria, Spanien, oder den formschönen und stabilen gelben Pirelli-Eisschaber (denn der nächste Winter kommt bestimmt).

Ronald Reagans Lieblingsessen

15. August 2009

Wir sitzen im Restaurant, der Kellner bringt die wie Stellwände großen Speisekarten und grinst, als würden wir niemals lebend das Lokal wieder verlassen, oder zumindest pleite, und sie sagt: »Mein schwach begabter schwarzmalender schwäbischer Schwippschwager, ein schwerer Schwachmatikus, jedoch schwerreich mit einer wie eine Schwimmblase schwangeren Schwester von schwelgender bis schwallhafter Schwatzhaftigkeit, mein Schwippschwager also schwört schwärmend und auch schwülstig, ja schwanengesangmäßig schwadronierend, ja, ohne Schwindel ist es sein Schwerpunktthema: schwabbeliger Schwartenmagen vom Schwanzfleisch schwarz geschlachteter Schweine aus dem schweizerischen Schwerzenbach schwindet schwungvoll schwuppdiwupp, Schwartenmagen ist seine Schwäche, dazu in Schweineschmalz geschwenkte Schweriner Schwenkkartoffeln und wie Schwebebalken oder Schwefelhölzchen gar dünn geschnittene Schwarzwurzeln.«

»Du meinst«, frage ich vorsichtig, »er mag diesen …
Schwartenmagen recht gern? Ist es das, was du sagen
willst?«

»Schwerrichtig«, sagt sie.

»Aber Schwartenmagen wird nicht«, so füge ich
vorsichtig an, »aus Schwanzfleisch hergestellt, sondern
aus Schwarte. Deshalb heißt er auch Schwartenmagen.
Sonst hieße er ja Schwanzmagen.«

»Ist doch egal. Vielleicht meinte er auch Schweins-
kopfsulz oder ganz normale Schweinswurst. Oder Press-
kopf. Mortadella. Was ich damit sagen wollte: Mein
Schwippschwager hat nicht alle Tassen im Schrank.«

»Ja«, sage ich, »das habe ich mittlerweile begriffen.«

Wir vertiefen uns in die Speisekarten. Eine Weile
schweigend. Speisekarten können komplexer sein als
Anleitungen zum Bau von Atomlenkwaffen. Der Kellner taucht auf, grinsend und den Kopf leicht geneigt,
ganz Ohr. Wir schütteln die Köpfe. Er geht wieder.
Dann sagt sie: »Mein Bruder, ein brünetter wie ein
Braunbär breiter brünstiger Brautschauer, ehemaliger
Bronzemedaillengewinner im Brustschwimmen, von
Beruf ein brillant brillierender Broker mit brauchbarem
Bruttoeinkommen, ein wahrer Bringer mit aber auch
viel Branchenerfahrung im Brunnenvergiften, zuweilen ein brüsker, breitbeiniger, ja brutaler Brüllaffe und
bramarbasierender Brauskopf, meist aber brav wie ein
bregenklütriges Brahmaputrahuhn, der hat nicht nur ein

Brauereigeschwür, sondern auch einen Bronchialkat-
arrh wie ein bresthafter Bronto- oder gar Brachiosaurus,
inklusive Auswurf brackiger Brocken.«

»Den Katarrh«, sage ich hinter meiner Karte hervor,
»den hat er sich sicher in Brazzaville geholt? Und sein
Hobby, lass mich raten: Breakdance? Und er mag Brokkoli, oder? Und er ist Brillenträger?«

Sie senkt ihre Karte und nickt, sagt: »Woher weißt
du das?« Sie macht ein ernsthaft erstauntes Gesicht und
klingt überrascht.

Eine Zeit lang schaut sie mich an, dann öffnet sie
wieder den Mund. Doch ich höre nichts. Ich habe die
Mute-Taste gedrückt.

Ich denke: »Lieblingswort, das mit Schw beginnt:
Schweigeminute.«

Und dann denke ich darüber nach, ob ich mir einfach
wieder einmal einen Caesar Salad bestellen soll, obwohl
der Caesar Salad Ronald Reagans Lieblingsessen war.
Oder gerade deshalb?

20. August 2016

Lieber Timotheus Höttges

Sie sind Vorstandsvorsitzender der Deutschen Telekom AG (225 243 Angestellte, 69,2 Milliarden Euro Umsatz). Seit Jahren versuchen Sie, den Farbton Magenta (RAL 4010) gerichtlich schützen zu lassen, denn Ihr gesamtes Marketing baut auf dieser Farbe auf. Gern erinnern wir uns etwa an das Radsportteam Telekom: Wie die bis oben hin mit Doping gefüllten Jan Ullrich und Bjarne Riis mit verdrehten Augen in ihrem hautengen magentafarbenen Dress die Berge hochächzten. Man sprach damals vom »Magenta-Express«. Ich mochte ja die Farbe noch nie, irgendwie zu schrill, zu aufdringlich, zu parfümiert. Und immer wenn ich den Namen der Farbe las, dann las ich nicht Magenta, sondern Magentee. Über Magenta nachgedacht aber habe ich noch nie. Bis ich diese Woche in einem Eisenbahnzug saß, der in hohem Tempo von Turin nach Mailand fuhr und einen Bahnhof passierte. Ich sah ein Schild vorbeifliegen, für eine Sekunde bloß, auf dem ich las:

Magenta. Dass man eine Ortschaft nach einer Farbe benannte, das kam mir seltsam vor. Hatte ich mich verle-
sen? Also machte ich mich schlau.

Den Ort Magenta gibt es tatsächlich. Er liegt circa
dreißig Kilometer westlich von Mailand, gut 23 000
Menschen leben dort, der Filmproduzent Carlo Ponti
(*Doktor Schiwago*, *Blow-Up*) erblickte offenbar in Magenta
das Licht der Welt. Und es ist nicht so, dass der Ort wie
die Farbe heißt. Nein, es ist umgekehrt: Die Farbe trägt
den Namen der Stadt. Das kam so: In Magenta, genauer auf einem Feld vor den Mauern der Stadt, gab es
irgendwann im 19. Jahrhundert eine Schlacht. Es war
eine von vielen Schlachten, die damals geschlagen wurden im Sardischen Krieg, in dem die Österreicher gegen
die Truppen der Franzosen und Sarden stritten. Und es
wurde ein zähes Ringen und Kämpfen, auch für dama-
lige Verhältnisse, mit Tausenden von Toten auf beiden
Seiten.

Die überlebenden Österreicher flüchteten nach dem
ersten Kampftag, und so verbuchten die Franzosen die
Schlacht vor Magenta als ihren Sieg. Der Preis jedoch
war ein hoher. 10000 Mann gaben ihr Leben, und das
Gefecht war so grauenhaft gewesen, dass der Boden
nicht nur übersät war mit toten Infanteristen, gebro-
chenen Trommelstöcken, abgeschlagenen Armen und
Beinen, Köpfen selbstverständlich auch, ganzen, zerteil-
ten, zermanschten, mit Kadavern von Pferden mit he-

rausquellenden Eingeweiden, unter denen erstickte und zerschmetterte Kavalleristen klemmten, mit zersplitterten Gestellen geborstener Geschütze, mit zerfetzten Uniformen, nein, damit nicht genug, denn: Der Grund, die Erde, der Boden war nicht mehr der Boden, der er zuvor gewesen war, er war nicht mehr grün wie das Gras und nicht mehr braun wie die Scholle, nicht mehr grau wie der Stein, sondern von einem grellhellen Rot: satt getränkt von all dem in den Stunden zuvor vergossenen Blut, Tausenden von Litern.

Nun war es so, dass kurz zuvor ein Lyoner Chemiker namens François-Emmanuel Verguin einen Farbstoff entdeckt hatte, dem große Bedeutung in der Textilindustrie beigemessen wurde. Der Chemiker nannte die Farbe Fuchsin, nach einer ihr ähnelnden Blumenblüte, die ursprünglich in Südamerika und Tahiti zu Hause war, sich aber gerade als Zierpflanze in Europa einer aufkeimenden Beliebtheit erfreute: der Fuchsia. Die Franzosen waren stolz auf den industriellen Fortschritt und des Chemikers patentierte Entdeckung, sie mochten aber auch die großen kriegerischen Heldentaten ihrer Soldaten, an die man sich noch in ferner Zukunft erinnern sollte, schließlich weiteten sie den Ruhm der großen Nation beträchtlich. Also benannten die Obrigkeiten die Farbe Fuchsin flugs um, zu Ehren des Sieges und der Schlacht mit dem blutroten Grund, in Magenta nämlich – eine Erinnerung an einen blutgetränkten

Boden dreißig Kilometer westlich von Mailand. Seither heißt die Farbe so. Und irgendwie verwundert es mich nicht, dass ich sie nicht mag, diese Farbe, nie mochte, auch nie mögen werde.

Nichts für ungut, mit bestem Gruß, Max Küng

PS: Song zum Thema, recht hübsch sogar, gemächlich: *Magenta* von Thomas Burkhardt, 2015.

Ein Kerl von einem Käfer

23. August 2014

Wir sind so gerne in der freien Natur, weil diese keine Meinung über uns hat.« Das schrieb Nietzsche, fiel mir ein, als ich knirschenden und knackenden Schrittes durch den Wald ging, aber ich hatte so meine Zweifel an dem Satz, denn ich fand doch, dass die Bäume auf mich herunterblickten. Auch die Sträucher schauten streng. Und dann lief mir einer über den Weg, der keinen Hehl daraus machte, dass er mich nicht mochte. Als er mich bemerkte, erhob er seine Waffen: ein Hirschkäfer.

Was für ein faszinierendes Tier, das mir so mutig sein Geweih entgegenstreckte (das selbstverständlich kein Geweih ist, sondern ein Paar Mandibeln), obwohl es nichts auszurichten wüsste gegen die robuste Sohle meiner Meindl-Wanderschuhe, aber: Natürlich zertrete ich keine Käfer! Nie! Schon gar nicht ein solches Prachtexemplar. Ich ging vielmehr auf die Knie und betrachtete das Wesen fasziniert. Hätte der Käfer sprechen können, er hätte sicher gesagt: »Ich hasse die freie Natur, weil mir Menschen über den Weg laufen und mich betrachten, als wäre ich vom Zirkus. Als wäre ich ein Freak. Aber hey, komm nur näher, ich mach dich platt, ich zersäble deine dicke Nase. Komm nur her, du …«

Imponiergehabe ist eine der Charaktereigenschaften, welche man typischerweise einem Macho zuschreibt. Imponiergehabe ist zugleich Drohung wie auch Locken: Es soll rivalisierende Geschlechtsgenossen einschüchtern, aber auf das andere Geschlecht betörend wirken. Und dieser Hirschkäfer, er drohte. Nachdem ich mit meinem iPhone fünfundzwanzig schlechte Fotos des Tieres geschossen hatte, ließ ich es in Ruhe und ging weiter. Die Bäume verdrehten die Augen.

Wieder in der Zivilisation, besorgte ich mir ein bisschen bedruckten Wald, also ein Buch, um mehr über den Hirschkäfer zu erfahren, denn wie so oft: Man weiß nichts. Nichts. Nichts. Das Buch war nicht dick, aber je mehr ich las, desto größere Gefühle entwickelte ich für den kleinen Käfer. So imposant der männliche Hirschkäfer anzusehen ist, so stark er scheint und martialisch im Gehabe: Ihm ist ein kurzes Leben beschert. Es dauert bloß drei bis acht Wochen. Und diese drei bis acht Wochen dienen einer Aufgabe: Frau finden, Kinder machen. Erschwerend kommt hinzu, dass das gewaltige Werkzeug des männlichen Hirschkäfers recht unnütz ist. Für die Nahrungsbeschaffung ist es ganz und gar ungeeignet. Um an den Saft des Eichenbaums zu gelangen, benötigt der männliche Hirschkäfer entweder einen wunden Baum oder aber die Hilfe eines Weibchens, welches mit seinem kleineren, aber praktischeren Kieferwerkzeug die Rinde ritzt. Der männliche Hirschkäfer ist unfähig, für sich selbst zu sorgen. Nicht selten kommt es vor, dass dieser Saft durch Pilzbefall in Gärung gerät und dadurch alkoholhaltig wird. Der berühmte Koleopterologe (das ist nichts Unanständiges, bloß ein anderes Wort für Käferkundler) Adolf Horion beschrieb den Hirschkäfersuff wie folgt: »Erst fangen sie an zu krakeelen, dann taumeln sie vom Baume herunter, versuchen in drolliger Weise, bald auf dem einen, bald auf dem anderen Bein zu stehen, wobei sie immer von Neuem umpurzeln, bis sie schließlich den Rausch verschlafen.« Beim Trinken kommen sich auch die Geschlechter näher. Das geht dann so: Das Weibchen öffnet mit seinem Werkzeug den Saftfluss des Baumes und sondert Lockstoffe ab, das Männchen fliegt heran, meist in der Abenddämmerung – ganz so, als ginge es in eine Bar. Selbstverständlich sind da weniger Weibchen als Männchen; der große ungarische Entomologe (das ist kein Enten-, sondern ein Insektenkundler) Friedrich F. Tippmann beschrieb gar sogenannte Rammelbäume, auf denen Hunderte männlicher Hirschkäfer um wenige Weibchen kämpften. Als wäre das Leben des männlichen Hirschkäfers nicht schon beschwerlich genug, muss er nämlich einen Kampf gewinnen, ein anderes Männchen besiegen, auf den Rücken legen, vom Ast stoßen, ansonsten kann er sich mit keinem Weibchen paaren. Der Geschlechtsakt dauert dann im Schnitt achtzehn Minuten. Kurz darauf wird gestorben.

Die vom Weibchen gelegten Eier entwickeln sich zu Larven. Bis wieder ein strammer Hirschkäfer das Licht des Waldes erblickt, dauert es acht Jahre. Acht Jahre! Acht Jahre im Boden als Wurm, dann drei bis acht Wochen auf der Erde: Was für ein Leben. Kein Wunder, kam der Kerl so aggressiv daher.

Drei Dutzend zertifizierte Dachlatten

31. August 2013

Das Blatt einer Kreissäge zu sein, so mühelos, so scharf und so unerbittlich. Wenn man so durch die Zeit käme, den Alltag und seine Beschwerlichkeiten, seien sie beruflicher Natur oder Klassenzusammenkünfte, wenn einem dies mit dieser souveränen Geradlinigkeit und Bestimmtheit gelänge wie diesem rotierenden Blatt der Kreissäge, das eben durch das Bündel Dachlatten schnitt, das wäre ein erstrebenswertes Leben. Diese Konsequenz; diese Direktheit, diese Gnadenlosigkeit, diese …

»Gut so?« Das Heulen der Maschine schwoll ab, und der Mann hob den Gehörschutz von seinen Ohren. Es war ein junger Mann, wohl Mitte zwanzig, Rastalocken, freundliches Lächeln, sein Körper steckte in der unförmigen Uniform des Do-it-yourself-Ladens. Er kürzte eben schnell drei Dutzend Dachlatten auf die von mir gewünschte Länge von 223 Zentimetern. Mit den Dachlatten hatte ich etwas vor. Denn: Dann und wann verspürt man das Bedürfnis, etwas zu schaffen von mehr oder weniger bleibendem Wert. Etwas, auf das man in Wochen – oder Monaten gar – noch zeigen und sagen kann: Das hab ich gemacht, mit meinen Händen, ich. Es mag vielleicht krumm sein und schief und wackelig und hässlich und unnütz, aber das habe ich gemacht, ich. Also fährt man in den Baumarkt, um sich die Dinge zu beschaffen, aus denen man die Dinge von bleibendem Wert herstellt, zum Beispiel Holz, Nägel, Schrauben. Und Dachlatten waren einfach unschlagbar. Zweieinhalb Meter Holz für keine zwei Franken, obendrein noch aus zertifizierter Produktion.

»So gut?«, wiederholte der Mann, seine Worte variierend, so gut man zwei Worte variieren kann. Noch immer hing ich meinen Kreissägeblatt-Lebensphilosophien nach. Ich nickte. »Möchten Sie die Abschnitte mitnehmen?« Darüber hatte ich mir noch keinerlei Gedanken gemacht, ich überlegte. Drei Dutzend kurze Hölzer von je 27 Zentimetern Länge, was konnte man damit anfangen? Der Mann sagte: »Holz kann man immer gebrauchen. Vielleicht haben Sie ja Enkel, die gern schreinern.«

Man ist so alt, wie man sich fühlt. Das sagt man gemeinhin. Und es mag stimmen, solange es sich um das eigene Gefühl handelt. Gefühle von Außenstehenden jedoch nehmen auf die Persönlichkeitspropaganda eines Individuums keinerlei Rücksicht, vor allem nicht die Gefühle eines Zuschneiders mit Rastalocken, dessen

Gehirn sicherlich mit dem einem Wahrheitsserum nicht unähnlichen Stoff THC geflutet ist.

Zuerst weigerte ich mich, das gehört zu haben, was der Zuschneider gesagt hatte, dann aber fielen die Worte umso schwerer auf mich nieder: »Vielleicht haben Sie ja Enkel?« Einen kurzen Moment dachte ich darüber nach, dem Mann einen Kopfstoß zu versetzen, da ich aber solche Dinge nur aus Filmen kenne, die ich irgendwann in Flugzeugen gesehen habe, und gleichzeitig ahnte, dass zwischen Filmen, die man in Flugzeugen sieht, und der Realität so etwas wie ein Unterschied bestehen könnte, ließ ich es bleiben.

»Vielleicht haben Sie ja Enkel?«

Ich bin so alt, dass ich gar nicht weiß, wie alt ich bin. Ich vergesse es immerzu, denn es ist nicht wichtig, ich mache mir nichts aus Zahlen. Aber ich weiß: Geboren wurde ich im Jahr 1969. Hätte ich mit zwanzig ein Kind gezeugt, und hätte dieses mit zwanzig ein Kind gezeugt, dann hätte ich heute Enkel im knapp schreinerfähigen Alter. So falsch lag der Typ mit den Dreadlocks nicht, aber trotzdem will man solche Dinge nicht hören.

»Nein, ich habe keine Enkel«, sagte ich dem Mann, »wenigstens sind mir keine bekannt. Auch von Urenkeln weiß ich nichts. Aber wer weiß schon alles, oder?« – »Hm«, sagte der Do-it-yourself-Rasta etwas übertrieben nachdenklich und legte dabei auch noch die Hand an sein Kinn. Nach einer Weile sagte er: »Und die Abschnitte?« – »Ja, ja, ich nehme sie.« Der Rastamann in der Uniform machte sich daran, die Holzabschnitte mit Klebeband zu tragbaren Kuben zu bündeln. Er ließ sich viel Zeit dabei, denn er ließ konzentrierte Vorsicht walten; so als baue er einen megagroßen kubistischen Joint. Und mit jeder Sekunde, in der er mit dem Klebeband hantierte, wurde ich eine Sekunde älter. Er aber auch. Und sogar das Blatt der Kreissäge. Und der Enkelsatz des Mannes verlor seinen Schrecken, er verblasste, löste sich auf, wie ein Tropfen Tinte, der in ein Glas Wasser gefallen ist.

Gott ist genau

7. September 2013

Man sagt: Während eines Nahtoderlebnisses könne es vorkommen, dass das eigene Leben wie ein Film vor dem inneren Auge abläuft, innert einem Bruchteil einer Sekunde. Man nennt dies auch Lebensbilderschau oder Lebensfilm. Ein Drittel aller Nahtoderfahrungen beinhalten solche Erlebnisse.

Dann und wann mache ich mir Gedanken über dieses Phänomen. Und ich glaube zu wissen, wie es genau abläuft. Innert diesem Bruchteil einer Sekunde (wenn man also beispielsweise an einem sonnigen Tag aus dem Haus tritt, in den Himmel blickt und plötzlich sieht, dass ein Steinway-Flügel kurz davor ist, einem auf den Kopf zu fallen) wird sich Folgendes vor dem inneren Auge abspielen: Man betritt einen Raum, in dem Stühle stehen, an der Decke ein flackerndes Neonlicht. Man zieht an einem Automaten ein Ticket mit einer Nummer drauf, zum Beispiel 675, dann muss man auf einem Stuhl sitzend warten, bis man an der Reihe ist. Sobald man an der Reihe ist, die Zahl 675 auf einem Display aufleuchtet, muss man ein Zimmerchen betreten. Ein alter Mann taucht auf, er ist klein und trägt einen blauen Kittel, fragt nach dem Namen, notiert ihn, dann geht er wieder. Nach einer Weile erscheint der Mann erneut, diesmal zieht er ächzend einen quietschenden Roll-wagen über den Linoleumboden, auf dem Wägelchen schwere Stapel von dicken Büchern. Die Bücher bein-halten alles, was man sein Leben lang gesagt und gehört hat. Es ist die totale Transkription: der erste Kreisch im Kreißsaal das erste Wort überhaupt (»Gagga«), der erste Fluch und die Worte, die man seiner ersten Freundin ins Ohr flüsterte, der zweiten Freundin, der dritten Freundin und so weiter. Gelogenes. Tiefe Wahrheiten. Banalstes. Telefongespräche. Lohnverhandlungen. Mit-gebrüllte Sprechchöre im Fußballstadion. Selbstgesprä-che, während man die Steuererklärung ausfüllte. Nachts in Träumen Genuscheltes oder auch Geschrienes. Alles steht in diesen Büchern. Jeder einzelne Satz. Jedes ein-zelne Wort. Bis hin zu dem Moment, in dem man eben war, als man nach oben blickte und den Steinway-Flügel kommen sah: »Fuck!«

Gott ist sicher ein verdammt genauer Typ, denn er weiß, dass der Teufel im Detail steckt. Und so wird die-sem absoluten Transkript des Gesagten und Gehörten noch ein Anhang folgen, nämlich in Form einer Statis-tik. Ich bin sicher, Gott liebt Statistiken. Dieser Statistikzusatz listet die hundert Sätze auf, die man am häufigsten gesagt und gehört hat in seinem Leben.

Ich bin auch ziemlich sicher, dass der am häufigsten gehörte Satz in meinem Leben »Ja.« sein wird – so wie der am häufigsten gesagte »Nein.«. Obwohl ein Einwortsatz sicher nicht das ist, was man unter einem ausgewachsenen Satz versteht.

Ich bin aber auch ziemlich sicher, dass der Satz, den ich am meisten gehört habe und der mehr als zwei Wörter beinhaltet – noch vor »Liebst du mich?« und »Haben Sie eine Supercard?« und »Und bis wann genau ist der Text fertig?« –, dieser sein wird: »Gibst du mir ein Papier?« Es ist nämlich so, dass ich am Esstisch dort sitze, wo nebendran die Rolle mit dem Haushaltspapier auf ihrem marmornen Ständer steht. Und wenn jemand ein Stück Haushaltspapier möchte, weil er die Cornflakes verschüttet hat, weil das Weinglas umkippte, weil die Hände voll Tomatensoße sind, dann werde ich gefragt: »Gibst du mir ein Papier?«

Der alte Mann mit dem blauen Kittel räuspert sich und sagt: »Lesen Sie alles ganz genau durch. Und wenn es okay ist, unterschreiben Sie hier unten, drücken Sie fest, wegen der Durchschläge.« Dann reicht er einem ein Clipboard mit Formularen drauf. »Und wenn etwas nicht okay ist? Wenn ich etwas so nicht gesagt habe?« Der Mann seufzt und zuckt die Schultern. Dann geht er.

10. September 2016

Liebe Architektinnen, liebe Architekten

Mit dem Velo war ich unterwegs. Dabei sieht man viel Schönes, denn das Geniale am Velo ist ja auch das Tempo: so schnell, dass man weit kommt, so langsam, dass man so manches Detail mitbekommt. Meine Lieblingsstelle zurzeit ist die Ortsausfahrt von Hauptikon Richtung Uerzlikon, wenn man linker Hand die letzten Häuser passiert und rechter Hand nur noch Obstbäume stehen und dahinter irgendwo der Weiler Rossau liegt, bei dem ich mich immer frage, ob es bei der Namensgebung zu einer friedlichen Einigung von einem Pferde- und einem Schweinezüchter gekommen war. Nun, die Straße ausgangs Hauptikon fällt ab, sodass man eine Weile nicht sieht, wohin man fährt, wie der weitere Weg verlaufen wird, dabei aber die Alpen erblickt in ferner Ferne, und dann kommt die kurvige Abfahrt und rechter Hand der Nussbaum, wo immer, immer die getigerte Katze sitzt und über einem Mauseloch meditiert und auf mein rufendes Zischeln nur schnell gelangweilt den Kopf hebt, um sich gleich wieder ins Loch zu versenken.

Es sind Momente großer Idylle, eine ideale Kulisse für Alltagsfluchten. Aber mit dem Velo kommt man auch an andere Orte. Orte, welche nicht so idyllisch sind. Beispielsweise wenn man um den See fährt oder durch die Agglomerationszonen. Dort gibt es keine mausenden Katzen, dafür aber viele, viele Häuser, gebaut von Architektinnen und Architekten, also von euch. Nicht selten sind es Häuser von grässlicher Hässlichkeit, dass ich mich frage, dann und wann: Was hat die Welt euch angetan, liebe Architektinnen, liebe Architekten, dass ihr so Rache an ihr nehmt? Wurdet ihr in der Schule gehänselt? Widerfuhr euch etwas anderes, sodass ihr beschlossen habt, euch zu Architekten ausbilden zu lassen und in Form von Glas und Stein, Beton und Kies Hässlichkeit zu säen, streuen, klotzen und so einen ästhetischen Retard-Terror zu betreiben?

Irgendwann stieg die Straße an, es ging einen nicht langen, dafür aber steilen Hügel hinauf, und sobald der Weg streng wird, neigt man dazu, selber streng zu werden, mit sich, der Welt und den Architekten. Ich dachte, als der Puls im Schädel hämmerte und die Muskeln in den Beinen sauer wurden: Man sollte alle einsperren. Alle Architekten einsperren. Ja, dachte ich und erkannte,

dass ein paar Probleme entstünden: Wenn alle Architekten eingesperrt wären, wer baut dann die Knäste?
Außerdem: Im Journalismus wird auch viel Blödsinn
geschrieben. Müsste man also auch alle einsperren. Die
meiste Musik, die gemacht wird, ist furchtbar. Auch alle
einsperren? Und die, die Leute einsperren, die sind bestimmt die Schlimmsten der Schlimmen, die müsste man
als Erste einsperren. Sowieso: Einsperren ist schlecht;
außer man tut es freiwillig, sperrt sich selber ein, so wie
die beiden Belgier Bram und Florian es getan haben,
die sich vor Ladenschluss bei Ikea in einem Schrank
versteckten und anschließend die Nacht im verschlos-
senen Möbelhaus verbrachten. (Das Filmchen davon
mit dem Titel *Two Idiots at Night in Ikea* brachte ihnen
etwas YouTube-Ruhm.) Dies ist einerseits kindisch interessant, andererseits: Ich finde schon eine Stunde Ikea
schlimm, tagsüber, bei geöffneten Ladentüren, eine
ganze Nacht aber, ich denke, da trägt man sicher einen
Schaden davon. Es könnte durchaus sein, dass Bram
und Florian als Spätfolgen dieses Abenteuers Architek-
tur studieren werden, in die Schweiz reisen und dann
in Wollerau beispielsweise Vierfamilienhäuser hochziehen.

Als ich schließlich auf dem Berg oben war und später mit Schuss wieder hinunterfuhr, stimmte mich die
Topografie milder, und ich fand die Idee lächerlich,
alle Architekten einsperren zu wollen. Das wäre total

unverhältnismäßig! Ein paar würden genügen, sagen wir: jeden Zweiten?

Mit konkreten Grüßen, Max

PS: Song zum Thema: *Architecture & Morality* vom gleichnamigen Album von Orchestral Manoeuvres in the Dark, 1981.

Von Mäusen und Menschen

12. September 2015

Käse! Ich liebe Käse!

Manchmal denke ich, in meinem letzten Leben muss ich eine Maus gewesen sein. Auf vieles kann ich gut und gern verzichten. Sei es Schweinsgeschnetzeltes. Sei es weiße Schokolade. Sei es Milch im Kaffee. Aber niemals möchte ich den Käse missen – nicht vor, nicht während und nicht nach dem Essen. Und dank dem Käse werde ich bald sehr, sehr reich sein!

Das Geniale an genialen Geschäftsideen ist meistens, dass sie genial sind. Das weniger Geniale an genialen Geschäftsideen ist, dass sie bisher in 100 Prozent aller Fälle andere Menschen hatten. Ja, ich hätte auch gern *Minecraft* entwickelt und meine Firma für 2,5 Milliarden an Microsoft verkauft. Ja, ich hätte auch gern die Dampflokomotive auf den Markt gebracht. Den Hosenträger, Büstenhalter oder Sitzball erfinden? Klar. Gern. Eine geniale Idee sollte für ein Leben reichen. Bloß eine einzige Idee. Bisher blieb mir diese leider versagt – bisher.

Ich fing klein an, machte so weiter und blieb mir diesbezüglich treu. Mein erstes Geld als selbstständiger Unternehmer auf dem freien Markt verdiente ich mit dem Verkauf von Mäuseschwänzen. Ein Mäuseschwanz, auf der Gemeindeverwaltung abgeliefert, gab 50 Rappen bar auf die Kralle. Mäuse gab es zuhauf, jedoch war es kein schöner Job. Ich hatte nie Freude daran, weder am Stellen der Fallen noch an der Entfernung der zerdrückten Mäuse aus diesen. Auch kein Gefallen fand ich am Abschneiden der überaus zähen Schwänze mit der stumpfen, rostigen Küchenschere. Aber es gab Geld dafür. Sechs Mäuseschwänze, und man konnte sich eine Packung Zigaretten kaufen. Aus den Mäuseschwänzen wurden irgendwann die Wörter. Wörter sind ähnlich mühsam zu ernten wie Mäuseschwänze, sind jedoch nicht so lukrativ. Mit Wörtern kommt man auf keinen grünen Zweig, höchstens zu einem mit Blättern gefüllten Papierkorb.

Bald aber wird es vorbei sein mit dem mühsamen Darben. Denn heute Morgen wachte ich auf, und ich wusste, es durchfuhr mich wie ein Blitz: Bald herrsche ich über ein Imperium, eventuell Kontinente überspannend, denn ich hatte diese geniale Idee, auf die ich 47 Jahre gewartet habe.

Zur Idee: Man ist selten allein auf der Welt, egal was einen antreibt. Und so bin ich auch mit meiner Käseleidenschaft nicht einsam. Nicht wenige dieser Käsefreunde werden sich aber in den nächsten Jahren in Ermangelung einer anderen Religion dazu entscheiden, fortan vegan zu leben. Und Veganer zu sein, heißt auch, auf Käse zu verzichten. Nie mehr höhlengereiften Emmentaler. Nie mehr sardischen Casu Marzu. Noch nicht mal Mozzarella auf der Pizza. Eine schreckliche Vorstellung für manchen. Nun gibt es natürlich bereits veganen Käseersatz. Beispielsweise die »Sheese« genannte Produktelinie der schottischen Firma Bute Island Foods. »Sheese« hat rein gar nichts mit Käse zu tun, außer einer gewissen optischen Assoziation. Und genau dort setzt meine geniale Geschäftsidee ein. Ich plane nämlich, den veganen Käse aus Käsefüßen zu extrahieren. Es gibt so viele Füße auf der Welt, und ein jeder Fuß verfügt über eine Unzahl von Schweißdrüsen (plus/minus 500 pro cm²). Verbringt der Fuß einen Tag in einer Socke in einem Schuh, so riecht er danach – man weiß es – wie ein perfekt zur Reife gebrachter französischer Spitzenkäse.

Das Geniale an der genialen Idee: Sie ist ausbaufähig. Ich könnte mir vorstellen, den Käsefußkäse gäbe es auch mit Pilzen. Vielleicht auch mit crunchy Hornhautchips. Oder für die urban-weibliche Kundschaft in einer »Hunter-Gummistiefel Limited Edition« mit Schottenmuster auf der Verpackung. Für Männer den »Camel-Boots Special mit Aschekruste«. Käse aus Käsefüßen: dass da noch niemand draufgekommen ist. Die Veganer werden es lieben. Bald werde ich stinkreich sein!

Das neue Lotto

13. September 2014

Selten war ich von etwas so überzeugt. Ich war mir sicher, ich wusste es, genauso wie Windlifter Dinge wusste, bevor sie geschahen: Am nächsten Tag würde ich ein reicher Mann sein. Ich hatte die 9 angekreuzt, die 21, die 36, die 41, die 42 und die 49, plus die Jokerzahl, aber die verrate ich dir nicht, die bleibt mein Geheimnis.«

»Und dann bist du aufgewacht als das, was du warst: ein armer Mann.«

»Ja.«

»Und wer ist Windlifter?«

»Der Schwerlasthubschrauber mit indianischen Wurzeln im Film *Planes 2* – Immer im Einsatz. Er ahnt Dinge, die dann tatsächlich geschehen.«

»*Planes 2?* Das ist ein Kinderfilm, oder?«

»Ja.«

»Du träumst davon, im Lotto Millionen zu gewinnen, und schaust dir Kinderfilme an?«

»Äh, ja. Er ist aber nicht so gut, wie ich gehofft hatte. Obwohl die 3-D-Effekte recht hübsch geraten sind.«

»Und du stellst dir dann vor dem Einschlafen vor, was du mit dem Geld machen würdest?«

»Ja. Das tue ich.«

»Ist das nicht ein bisschen … peinlich? Davon zu träumen, reich zu sein? Das dünkt mich sehr profan.«

»Nein, es sind schöne Gedanken. So wie man sich eine einsame Insel vorstellt als wunderbare Sache, obwohl man weiß, dass eine einsame Insel in Tat und Wahrheit einen in den Wahnsinn treiben würde wegen der Langeweile, der irre lauten Zikaden, der Sandwürmer, die ihre Eier unter deinen Zehennägeln ablegen, und so weiter. Aber die Idee davon – sie ist schön.«

»Und was würdest du mit dem Geld anstellen?«

»Ach, viele Dinge. Ich würde mir neue Schuhe kaufen, alte Meister, solche Sachen. Chip-Tuning für den Saab.«

»Du solltest vor allem einen neuen Briefkasten kaufen, einen XXL-Briefkasten, damit die Bettelbriefe Platz haben, in denen dich Leute bitten um Geld für Projekte, wie etwa mit dem Einrad rund um die Welt zu fahren und dabei Geld zu sammeln für die Fußschweißliga oder einen anderen guten Zweck.«

»Nun, der gute Zweck käme nicht zu kurz. Ich wäre ein guter reicher Mann, das weiß ich. Ich wäre gut zu den Menschen, natürlich wäre ich vor allem gut zu mir selber, aber auch zu den anderen. Wie der heilige Sankt Martin.«

»Ich glaube, das ist ein Pleonasmus.«

»Was? Reich und gut zu sein?«

»Nein: Der heilige Sankt, weil ›Sankt‹ heißt ja ›heilig‹.«

»Hm.«

»Wegen dem Lotto: Du weißt, dass die Chance, im Schweizer Zahlenlotto den Hauptgewinn abzuräumen, bei 1 zu 31 Millionen liegt, oder?«

»Ja.«

»Gut, das heißt, du fährst auf einer Strecke von 310 Kilometern mit dem Auto, sagen wir also von Schaffhausen nach Genf …«

»… warum soll ich von Schaffhausen nach Genf fahren? Eine Expresslieferung Schaffhauserzungen für danach süchtige, in Genf ansässige Scheichs?«

»Nur so als Beispiel für eine 310 Kilometer lange Strecke. Du fährst auf einem Meterband mit Zentimetereinteilung, und du würdest irgendwann einen Kaugummi aus dem Fenster spucken, er müsste genau auf dem richtigen Zentimeter zu liegen kommen.«

»Ich würde niemals im Leben einen Kaugummi aus einem fahrenden Auto spucken. Das ist verboten.«

»So groß ist die Chance: verschwindend klein. Ich glaube, die Chance, auf der Fahrt von Schaffhausen nach Genf im Sekundenschlaf einen kurzen, aber letzten Traum zu haben, die ist um einiges größer.«

»Ich spiele trotzdem.«

»Nun, ich spiele ja auch.«

»Tatsächlich? Das hätte ich nicht gedacht.«

»Ja, aber anders. Ich spiele, indem ich nicht spiele. Ich fülle den Zettel aus, aber ich gebe ihn nicht ab. Dann schaue ich die Ziehung. Und bisher lag ich jedes Mal richtig: Ich hatte nicht gewonnen. Und das Beste: Ich spare den Einsatz. Da kommt ganz schön was zusammen mit der Zeit.«

»Und wenn die Zahlen doch mal stimmen sollten? Wenn du alle sechs richtig hättest plus Zusatzzahl?«

»Dann? Dann habe ich eine super Story. Stell dir das mal vor: Ich hätte die richtigen Zahlen und gewinne doch nicht, weil ich den Lottoschein nicht abgegeben habe. Das gäbe eine schone Geschichte fürs Regional- fernsehen oder den ›Blick‹. Und säße ich dann in der Kneipe, dann würden alle tuscheln: ›Schau mal, das ist der, der 50 Millionen nicht gewonnen hat … armes Schwein!‹ Ich wäre eine lebende Legende! Aber eben: Die Chancen, sie stehen 31 Millionen zu 1, dass alles so weitergeht, wie es bis anhin ging. Und das ist mir ganz recht so.«

Geleckte Lippen, kleine Krümel

19. September 2009

Ich stieg ins Tram am Bahnhof, und mit mir schwappte eine Horde spanischer Fußballfans hinein. Die Türen schlossen sich. Und plötzlich drang dieser Geruch in meine Nase. Ein grässlicher Gestank kroch durch die behaarten Löcher hoch in mein Gehirn. Dort wurde Alarm ausgelöst, die Sirenen schellten los, Botenstoffe wurden auf ihre Reise geschickt, mein Körper verkrampfte sich, und alle verfügbaren Sinnesorgane begannen unverzüglich mit der Ursachenanalyse. Die Ohren hörten, ob sich jemand erbrach. Ob jemand würgte oder keuchte. Nichts. Nur Johlen aus Mündern, in denen von Dosenbier gelähmte Zungen ihre schwere Arbeit verrichteten. Die Augen suchten den Boden des Trams nach etwas ab, das nicht dorthin gehörte, aber: nur der übliche Trambodendreck. Mit der rechten Hand fuhr ich unter mein Gesäß, fühlte, ob ich in etwas saß. Aber da war nichts.

Es stank gewaltig. Und ich kannte den Geruch: Erbrochenes. Typisch, dachte ich, ein Tram voller Fuß-ballfans, und schon übergibt sich einer. Aber irgendwie dachte ich auch: Moment, das ist gar nicht der Geruch von Erbrochenem. Der Geruch von Erbrochenem war nicht so schlimm, wie dieser Geruch es war, der in der Basisnote eindeutig auch einen Hauch von Durchfall aufwies. Und dann, dann sah ich es. Ich sah sie.

Sie saß auf dem Sitz vor mir. Eine Frau um die fünf-zig. Mit einem »Dar-Vida« fuhr sie in einen Becher, den sie in der Hand hielt, schaufelte den Inhalt des Bechers in kleinsten Portionen in ihren Mund. Dann leckte sie sich die Lippen, an denen kleine Krümel hingen. Und wieder steckte sie das Dar-Vida in den Becher.

Auf dem Becher stand nicht »Ben & Jerry's Chocolate Chip Cookie Dough Ice Cream«. Auf dem Becher stand auch nicht »Häagen-Dazs Coconut Macaroon«. Auf dem Becher stand auch nicht »Sorbetto Ingwer-Limet-ten«. Nein. Auf dem Becher standen vier Buchstaben. Ein Z wie Zillertal. Ein I wie Initialsprengstoff. Ein B wie Bermudadreieck. Ein U wie Urlaubsbekanntschaft.

Es gibt viele Dinge, die »Zibu« heißen. Zibu heißt unter anderem eine Informatikfirma in Köniz, Kanton Bern, welche 1997 gegründet wurde. Zibu Informatik befindet sich allerdings in Liquidation. Zibu heißt ein Mextai-Restaurant in Acapulco, in dem ich noch nie war, weil ich noch nie in Acapulco war, weil ich noch nie in Mexiko war. »Mextai« steht für die Mischung von mexikanischer und thailändischer Küche; ein interessantes Konzept.

Zibu heißt auch ein Männerverein in Schwarzenburg. Warum der Verein Zibu heißt, das weiß ich nicht, doch ich weiß, dass auf seiner Homepage so manches Bild zu sehen ist, welches zu Studien zum Thema Öffentlichkeit/Privates herhalten könnte. Das Motto des Vereins lautet: »Primitiv isch äbä geil.«

Zibu also steht für vieles. Doch Zibu steht vor allem für das eine. Es ist die Abkürzung für Ziger-Butter, auch bekannt als Ankeziger, wobei sich Ziger auf Schabziger bezieht, eine Käsespezialität aus dem Glarnerland. Zibu ist das Alpenanthrax.

Das war es, was die Frau aß in dem Tram, das voll war mit spanischen Fußballfans. Ich weiß nicht, was die Fans erzählten, als sie wieder in ihrer Heimat waren. Dem Bild der Schweiz hat es eher nicht genutzt.

Unter der Sonne
Venkatanarasimharajuvaripetas

20. September 2014

Am Anschlagbrett eines Pilates-Studios hing ein Plakat mit dem Programm der nächsten Tage. Es würde einen »Info-Abend« geben, dann einen Kurs zum Thema »Vertrauen«, einen »Pranayama-Workshop«, eine »Weltweit synchronisierte Friedensmeditation« und samstags um 19 Uhr »Radikale Selbstvergebung«. Als ich »Radikale Selbstvergebung« las, bekam ich große Lust, etwas sehr Schlechtes zu tun. Also ging ich in ein Café und bestellte Gift in Form von Kaffee mit Zucker und, um das noch zu toppen, einen Schokoladencroissant. Dann schlug ich die Zeitung auf. Dort stolperte ich über eine Annonce für eine Einführungsvorlesung an der ETH Zürich, Departement Mathematik: »Professor Dr. Arnulf Jentzen spricht im ›Auditorium Maximum‹ an der Rämistrasse 101 über ›Approximationen von nichtlinearen stochastischen Differenzialgleichungen‹.«

Und tausendmal mehr als die spitzeste Spitze eines

Nagelbrettes den Rücken eines unter der Sonne bei Venkatanarasimharajuvaripeta liegenden Fakirs pikste mich eine Frage: Woher kommen die Namen? Denn: Jedes Ding hat einen Namen. So ist der Mensch: Kaum sieht er etwas, kaum hat er mit seinem Finger darauf gezeigt, muss er etwas dazu sagen, muss es sogleich benamsen. Pilates etwa: Weshalb heißt Pilates Pilates? Zu Hause schaute ich sofort in der Enzyklopädie nach, Band 17, PES–RAC, auf Seite 171 aber, dort, wo »Pilates« hätte erklärt werden müssen, stand nichts darüber, dafür erfuhr ich, dass der Pilanesberg eine ringförmig angeordnete Hügelgruppe in Bophutha-Tsawana in Südafrika ist; ich erfuhr, dass Pilâtre de Rozier mit Vornamen Jean-François hieß, Ballonpionier war und als solcher in einer Eigenkonstruktion ums Leben kam, 1785, und ich erfuhr, dass Pilaw ein »Reisgericht mit Hammel- oder Hühnerfleisch« ist.

Zu »Pilates« musste ich googeln und las, dass Herr Pilates ein deutscher Boxer war, der Polizisten trainierte und die nach ihm benannte Technik während des Ersten Weltkrieges als in England Internierter mit seinen Lager-Mitinsassen verfeinerte, und dass er später Max Schmeling trainierte.

Herr Pilates hieß mit Vornamen übrigens nicht Pontius, sondern Joseph Hubert. Deshalb heißen Dinge oft so, wie sie heißen: nach ihrem Erfinder. Und so ist es auch bei der Holundersaft-Kur namens Sambu, die ich in der Drogerie gekauft hatte, als Akt der moderaten Selbstkasteiung: Sie wurde von einer Naturheilkundlerin namens Dr. Dünner »zur Bekämpfung von schädlichem Übergewicht« entwickelt. Marketingtechnisch ist es natürlich von Vorteil, dass Dr. Dünner tatsächlich Dr. Dünner hieß und nicht Dr. Dicker oder Dr. Wanst oder Dr. Riesen-Ranzen.

Kürzlich erfuhr ich, weshalb Google Google heißt. Ich hatte in den letzten Jahren fast täglich etwas gegoogelt, aber nie, weshalb Google Google heißt. Herausgefunden habe ich es, weil ein Kind mich fragte, welches die größte bekannte Zahl sei. Auch dies gehört nicht zu meinem Standardwissen, denn in meiner Welt ist jede Zahl über 1000 sehr groß. Also googelte ich, und so kam ich auf eine Zahl mit einem Namen. Der Name der Zahl heißt Googol, und die Zahl selbst lautet 10 000 000 000 000 000 000 000 000 000 000 000 000 000 000 000 000 000 000 000 000 000 000 000 000 000 000 000 000 000 000 000 000 000 000 000 000 000 000 000 000 000. Das scheint mir recht viel, wenn auch unklar ist, von wovon. Auf diese Zahl kam ein Mathematiker namens Edward Kasner – und weil diese Zahl einfach eine Zahl war und dringend einen Namen brauchte, fragte er seinen neunjährigen Neffen, wie er sie nennen würde. Der Neffe namens Milton Sirotta kratzte sich am Kopf, hirnte nach und sagte dann: »Googol«. Zum Glück fiel Milton etwas schön Klingendes ein, ich kenne da andere Neunjährige.

Aber sie heißt Googol, und das gefiel ein paar Leuten so sehr, als sie ihre Firma gründeten, vor noch nicht sehr vielen Jahren, dass sie sie Google nannten (auch wenn nicht ganz klar ist, ob absichtlich oder durch einen Verschreiber aus dem »ol« in Googol das »le« in Google wurde).

Nun wusste ich, warum Pilates Pilates heißt und Google Google und dass es in Indien eine Eisenbahnstation namens Venkatanarasimharajuvaripeta gibt. Warum sie so heißt, weiß ich nicht. Wie ein Googol anderer Dinge ebenfalls nicht. Da bitte ich um Vergebung. Radikal.

Drauf und drin

3. Oktober 2015

Was man nicht alles verpasst im Leben. Den 30. Geburtstag des Excel-Listenprogramms habe ich ebenso verpennt wie den 35. des Paten meines jüngeren Sohnes (nachträglich nur das Beste, lieber Christian: Bleib, wie du bist, Kuss an Frau und Kinder, und ich hab nicht vergessen, dass ich dir noch die hundert Franken schulde). Und nun musste ich auch noch lesen, dass Tag des Butterbrotes war, ohne dass ich ihn gefeiert hätte, am 25. September. Hierzulande kümmert sich ja kaum jemand um das Butterbrot, in Deutschland aber, dort ist es ganz anders. Dort werden in Zeitungen Oden an das Butterbrot verfasst – eben aus Anlass des »Tags des Deutschen Butterbrotes«. Hier bei uns ist das Brot den Leuten recht egal. Die »deutsche Brotkultur« aber: Habtachtstellung! Tatsächlich ist es so, dass viele mir bekannte, bei uns halbwegs sesshaft gewordene Deutsche über die mangelnde hiesige Brotkultur klagen. Mit feuchten Augen erzählen sie von der Ur-

287

kruste, dem Roggenvollkornschrotbrot mit Backhonig oder dem sauerländischen Sauerteigbrot. Das deutsche Brot ist Identität – und steht deshalb in seiner Vielfalt seit vergangenem Jahr auf der UNESCO-Liste des immateriellen Kulturerbes.

Nun, diese Liste des immateriellen Kulturerbes der UNESCO ist lang – und es gehören recht seltsame Dinge dazu, etwa in Deutschland das »Finkenmanöver im Harz« (ein Gesangswettbewerb zwischen Zucht-Buchfinken in burkamäßig verhüllten Käfigen), in der Schweiz der »Eierleset« (ein Frühlingsbrauch, der schwer zu erklären ist, aber immer damit endet, dass der örtliche Turnverein sternhagelvoll über Festbänke stolpert und sich in corpore erbricht), in Österreich das »Wissen um die Haselfichte als Klangholz«.

Zurück zum Butterbrot. Bei Wikipedia heißt es: »In Teilen Norddeutschlands bezeichnet das Wort Butterbrot eine belegte Scheibe Brot, wobei Butter nicht zum Belag gehören muss.« Aha! Da haben wir's! Man nennt etwas Butterbrot, aber Butter muss nicht drauf sein. Betrug! Arglist! Täuschung! Und schon sind wir bei Volkswagen, dem Konzern, der saubere Autos verkaufte, die gar nicht sauber sind. Da denkt man immer: In Deutschland ist alles korrekt und richtig. Dabei aber ist das Verhältnis der Autoindustrie zur Politik ähnlich wie einst jenes von Pablo Escobar zur Justiz. Und das Leidtragende, das ist das Auto. Das arme Auto. Was muss es nicht immer einstecken. So eine wunderbare Erfindung, wohl das komplexeste Konsumgut überhaupt, aber letzten Endes halt doch von Menschenhand gebaut – und darum unrein, verdorben, sündhaft wie der Mensch selbst.

Erst unlängst stand ich am wie ein zerfetzter Rocksaum zersiedelten Rand der Stadt im Schauraum eines VW-Händlers und ging in Kreisen um den neuen Passat herum, einen Autoverkäufer im Schlepptau; der wurde nicht müde, wort- und gestenreich die Vorzüge des Neuwagens zu preisen. Damals war ich einfach ein Interessierter, der langsam um ein Auto schritt, retrospektiv kommt mir mein Verhalten vor wie jenes eines Geiers um einen Kadaver in spe. Damals bestellte ich keinen Volkswagen, 1. weil ich meinem Saab Treue geschworen habe, 2. weil ich gar kein Geld dafür habe, 3. weil ein VW mir viel zu normal schien, sexy wie ein Butterbrot, ich dachte: Ich bin ein mittelalterlicher mittelständiger Sack, aber ich muss doch nicht das Auto eines mittelalterlichen mittelständigen Sackes fahren. Nun aber, nach dem Skandal, ist alles anders: Der VW ist zu einem Gangsterauto mutiert, plötzlich ist so ein Passat nicht mehr langweilig, kommt nicht mehr als banale Bünzlikutsche daher, sondern als vielschichtiger Charakter mit einem durchtriebenen Innenleben. Er hat transzendiert, seine Energie ist nicht Strom, Benzin oder Diesel, sondern kriminell; das hat was. Und: Wie tief wird wohl sein Preis sinken, wenn keiner mehr den Passat haben will? Wenn er auf 9000 Franken unten ist, schlag ich zu. Vielleicht aber gibt es für das Geld dann auch die ganze Firma.

Die (wahre) Geschichte von Babar

9. Oktober 2010

Spätestens dann, wenn Kolumnisten nichts mehr einfällt, fällt ihnen ein, dass sie Kinder haben. Und dann denken sie: Ein Kind kostet mich so viel Zeit und Nerven, Geduld und Geld, jetzt ist es an der Zeit, dass es ein bisschen amortisiert wird. Also schreiben sie eine Geschichte über das Kind, denn das Leben mit Kindern ist reich an farbigen Episoden; weshalb also diesen übervollen Schatz nicht etwas plündern? Ich jedoch möchte festhalten: Das würde ich niemals tun. Niemals. Denn so etwas kann man seinem Kind nicht antun. Auf gar keinen Fall!

Mit meinem Sohn betrachte ich ein Kinderbuch. Der Bub heißt Oscar und das Buch Babar, genauer *Die Geschichte von Babar, dem kleinen Elefanten*. Das Buch ist wie ein Supermodel: Es ist sehr groß und dünn. Es handelt aber nicht von einem Supermodel, sondern von einem herzigen Elefanten, der aus der Wildnis davonrennt, nachdem seine Mutter vor seinen Augen von einem

Großwildjäger des Elfenbeins oder auch der puren Lust am Töten wegen abgeschossen wurde. Babar vergießt viele Tränen über dem Kadaver, und dann rennt er davon, bevor der Jäger auch ihn noch niederstreckt. Er rennt und rennt, so schnell er kann, und weit tragen ihn die kurzen dicken Beine, bis er in eine große Stadt kommt, um dort von einer Frau aufgegabelt zu werden.

Die Frau ist alt und reich, alleinstehend, und sie wohnt recht chic. Die alte Frau nimmt sich des einsamen Elefanten an und schenkt ihm, was ein Gentleman so braucht: elegante Schuhe, einen tollen Hut, einen Anzug nach Maß und einen roten Sportwagen mit offenem Verdeck. Sie gibt ihm, was er sich nur wünscht. Babar zieht bei der alten Frau ein. Sie speisen zusammen, sie führt ihn in die Gesellschaft ein, und »am Morgen machen sie zusammen Gymnastik«. Babar ist eine klassische Stricher-Story; aber meinem Sohn gefällt die Geschichte. Sie gefällt meinem Sohn sogar so sehr, dass er gleich noch ein Babar-Buch erzählt bekommen will, nachdem ich ihm das erste erzählt habe. Das zweite Buch Babar heißt *König Babar* und handelt von der Verwirklichung von sozialistischen Ideen in Schwarzafrika. Wie es sich für sozialistische Ideen in Schwarzafrika gehört, spielt das Herrscherpaar in weißen Kleidern Tennis. Der Herrscher über alle Elefanten und Untertiere ist nun natürlich Babar. Als gemachter Mann kam der African Gigolo aus der Stadt in den Busch zurück. Dort

tritt er nach dem Pilzgifttod des tattrigen Regenten dessen Nachfolge an.

Babar trägt fortan eine Krone auf seinem Haupt,
wie es sich gehört für einen Führer, und zu seiner Frau
macht er seine Cousine Celeste, was eigentlich bedenk-
lich wäre, aber bei Elefanten scheint man das nicht so
eng zu sehen, wenn der Cousin seine Cousine heiratet
und mit ihr Kinder zeugt, eins nach dem anderen. Im
Namen Celeste schwingt ja der Begriff Inzest auch leicht
mit. Nun. Babar und Celeste spielen also Tennis, gerne
auch im Doppel gegen Herrn und Frau Pilophage. Mit
dem Rüssel halten sie den gespannten Schläger und ja-
gen den kleinen Ball über den Platz im fein säuberlich
gerodeten Urwald, und jedes Mal, wenn ich Celeste so
sehe in ihrem strahlend weißen Tenniskleidchen, muss
ich an Mirka denken, die Frau von Roger Federer. Ich
weiß aber auch nicht, warum.

Das nutzlose schwarze Ding

12. Oktober 2013

Der Held in meinem Freundeskreis heißt Manuel. Denn er ist der Einzige seiner Art. Aber: Mein Freundeskreis ist nicht wirklich ein Kreis. Bei einem so vagen Gebilde wie einer Ansammlung von Freunden verschiedenster Qualitäten von einer so klaren geometrischen Form wie einem Kreis zu sprechen, ist nicht richtig. Ein Freundeskreis ist ein amöboides, sich stetig veränderndes Gebilde ohne Außenmauer, durchlässig, manchmal wie die deutsch-deutsche Grenze im November '89. Um dieses Gebilde zu zeichnen, welches meinen Freundeskreis in einem Moment präzise abbildet, dafür benötigt man keinen Zirkel, sondern eher eine Schrotflinte.

Auf jeden Fall gibt es in diesem Freundesgebilde genau eine Person, die kein Handy besitzt. Kein Nokia. Kein Samsung. Kein iPhone. Kein BlackBerry. Und das ist dieser Manuel. Ein Mensch, der kein Mobiltelefon sein Eigen nennt, der oszilliert zwischen visionärem

Kämpfer um Selbstbestimmung und unter Soziophobie-verdacht stehendem, ideologisch verknöchertem Kommunikations-Ötzi.

Ich war mir lange nicht sicher, was ich davon halten sollte. Einmal habe ich Manuel gefragt, warum er denn kein Handy habe. Er sagte, es sei keine Verbohrtheit, keine Verweigerung, kein Protest, sondern: Er brauche es schlichtweg nicht. Er habe ja im Büro einen fixen Telefonanschluss, zu Hause ebenfalls. Wenn er nicht im Büro oder zu Hause sei, dann sei er unterwegs und wolle nicht auch noch telefonieren. Außerdem gab er zu bedenken: Wenn man angerufen werde, habe das meistens irgendwelche Folgen, nicht selten unangenehme, zum Beispiel zusätzliche Arbeit. »Und ich wüsste gar nicht, wo ich ein Telefon hintun sollte: Im linken Hosensack ist mein Schlüsselbund. Im rechten mein Portemonnaie. Da ist gar kein Platz.«

Gleichzeitig attestierte ich bei mir selbst eine zunehmend ungesundere Nähe zu meinem Smartphone: Immerzu zieh ich es aus dem Hosensack, um zu sehen, ob jemand anruft, ob jemand geschrieben hat. Ich checke meine Mails. Schaue, wie das Wetter wird. Checke den Batteriestand. Manchmal höre ich es klingeln, obwohl es nicht klingelt. Es summt, obwohl es nicht summt. Und kürzlich suchte ich mit leichter Verzweiflung in der ganzen Wohnung mein Handy, bloß um irgendwann festzustellen, dass ich grade damit am Telefonieren war.

Das Gerät scheint zu einer Erweiterung meiner selbst geworden zu sein.

Dann durfte ich eine Lektion erfahren, dort, wo man generell viel lernen kann: auf Reisen, in einem fernen Land. Ich stieg in ein Flugzeug, sah mir einige schlechte Filme an, blickte aus hoher Höhe auf viel Sibirien hinab, und ein paar Stunden später setzte das Flugzeug auf. Kaum gelandet, schaltete ich mein iPhone wieder an. Es gab aber kein Netz. Auch als ich an dem trägen Schuppenpanzer von Gepäckband auf meinen Koffer wartete: kein Netz. Als ich mit dem Zug durch die Reisfelder Richtung Megacity fuhr: kein Netz. Man denkt ja immer: Die Welt ist der Ort, wo alles überall funktioniert, außer vielleicht auf hoher See, in der sturmgepeitschten Arktis oder in der wüsten Wüste. Dass es ein Land gibt, wo das Handy aus im Grunde wohl recht unkomplizierten Kompatibilitätsgründen einfach nicht funktioniert, damit rechnet man nicht.

Am ersten Tag nahm ich mein iPhone noch mit, aus lauter Gewohnheit, griff immer wieder in den Hosensack, zog es hervor und blickte auf das Display: Hatte jemand angerufen? Ein SMS geschickt? Aber: kein Netz. Zuerst ärgerte ich mich, doch dann überkam mich eine Entspannung. Am zweiten Tag ließ ich das nutzlose schwarze Ding einfach im Hotel. Es war ganz so, als hätte ich eine Fessel abgelegt. Die Woche ohne Handy war eine Kur. Ich sah nun, welche Freiheit mein

Freund Manuel besitzt. Irgendwann dachte ich: Er ist mein Vorbild, mein Held. Auch ich möchte ein Leben ohne mobile Kommunikation.

Und als ich wieder zu Hause landete, kaum hatte das Flugzeug angedockt, ließ ich, entgegen der alten Gewohnheit, mein iPhone einfach weiterschlafen. Daheim schrieb ich Manuel keine SMS, sondern einen Brief, auf das Briefpapier, das ich in einem Anfall von Nostalgie vor ein paar Jahren hatte drucken lassen, 500 Blatt, von denen noch 487 vorrätig sind. Ich schrieb: ;-)

Das große Buch vom Käse

Die Tasche lag zu meinen Füßen unter dem Tisch wie ein schlafender Hund. In der Tasche war ein Buch. Ich hatte es am Abend zuvor gefunden, als ich den Keller räumte. Es heißt *Das große Buch vom Käse* und zeigt in prächtigen Fotografien verschiedenste Käsesorten der Welt: Gewina Zfatit aus Nordgaliläa; Kackavalj aus Bosnien und Herzegowina; oder griechischen Hutkäse, Kefalotiri genannt, dessen Laib nicht nur wie ein Hut aussieht, sondern auch so, als schmecke er wie einer.

Ich hatte keine Ahnung, woher und wie dieses Buch in meinen Besitz kam. Bis ein kleines Zettelchen aus dem Buch zu Boden fiel, wie ein Blatt von einem Baum im Herbst, hin und her, bis es dort lag und ich es aufhob. »Leihfrist«, las ich, »14. 05. 1998«. Mein Name stand auch auf dem von einem Computer ausgedruckten Zettel, ausgebleicht, aber noch gut lesbar, so wie jener der Bibliothek und die Uhrzeit, wann ich es ausgeliehen hatte, nämlich um zwanzig nach zehn am Morgen des 8. April des Jahres 1998. Das war vor exakt 4167 Tagen.

Ich wusste nicht, was ich mit dem Buch anfangen sollte, also steckte ich es in die Tasche, als ich das Haus verließ. Ich wollte es irgendwo verschwinden lassen. Wäre es ein Revolver, würde ich ihn von einer Brücke in einen Fluss werfen. Aber Bücher kann man nicht in Flüsse werfen. Und so kam es mit in die Mittagspause.

Wir saßen in einem Restaurant, wo japanische Nudelsuppe serviert wird, und mit großer Andacht studierte ich die japanischen Geschäftsmänner am Nebentisch, welche laut und sicher die Nudeln aus der Suppe in sich hineinsogen. Sie sprachen und nickten sich zu. Sie sahen aus wie zenbuddhistische Headbanger.

»Wenn es etwas gibt, was ich schrecklich finde«, sagte die Frau mir gegenüber, »dann sind es Männer ab einem gewissen Alter in engen Hosen. Es ist eine furchtbare Mode, dass sich alte Männer noch in enge Hosen zwängen.« Ich wusste nicht, was ich denken sollte, denn ich konnte kaum denken; zu sehr schnitt mir meine Hose in den Kniekehlen die Blutversorgung ab. Es war eine schwarze Jeans von Acne, eine schwedische Marke, deren Markenzeichen es ist, besonders grausame, enge Schnitte zu schneidern. Ich hatte sie im Ausverkauf gekauft. Hosen kaufe ich immer im Ausverkauf, denn eine Hose zu kaufen, ist eine gar lästige Sache, zu welcher ich nur fähig bin, wenn Prozente motivierend unterstützen.

Die Frau, sie wusste wohl, wovon sie sprach, denn sie arbeitet bei einer Modezeitschrift. Und sie hatte keine Ahnung, in was für einer engen Hose ich dort saß, denn ich war schon am Tisch, als sie ins Lokal kam. Ich sagte nichts, schlürfte meine Suppe und versuchte, nicht daran zu denken, dass eben nun in einer Bibliothek in Basel die Angestellte aus der Mittagspause kam und wie ich tags zuvor einen Zettel fand, der irgendwo liegen blieb seit 1998. Dann griff sich die Bibliothekarin hastig einen Taschenrechner und kalkulierte die aufgelaufenen Mahngebühren mit Zins und Zinseszins.

Ich dachte: Die Hose bringt mich um, bald hätte ich ein Blutgerinnsel im Bein, bald einen Hirnschlag. Und ich dachte auch, ich dürfte nicht zu viel denken. Zu meinen Füßen lag stumm und schlafend eine Tasche mit einem Buch darin mit nichts drin als dem ganzen Käse der ganzen Welt.

Arrivage massif

Man tut eine Reise und kehrt zurück nach Hause, nicht selten mit Erinnerungen, manchmal sogar mit solchen guter Natur. Nur ist es so, dass Erinnerungen flüchtige Viecher sind: Im Nu sind sie verschwunden, und es bleibt noch nicht einmal die Erinnerung an die Erinnerung. Deshalb brauchen wir ein Material, an das wir sie binden können, ein Medium: das Souvenir. Das geplättete Blatt einer Kastanie für den Gang durch das Bergell; der geklaute Bakelit-Aschenbecher für den Abend im Café Loos in Rotterdam; und der Schlüsselanhänger in Form des Eiffelturms erinnert mich noch heute daran, wie ich mit einer Magen-Darm-Grippe in einem verwanzten Hotel an der Rue du Faubourg-Poissonnière lag, eine Woche lang, ächzend, einst.

Wieder war ich in Frankreich, aber nicht in einer großen Stadt, sondern auf dem Land, wo es nichts gab, das man hätte mit nach Hause bringen können, außer ein paar Fotos einer recht romantischen Landschaft unter einem grauen Herbsthimmel – unhörbar auf den stillen Bildern das infernalische Dröhnen der Tiefflug übenden Mirage-Kampfjets der französischen Luftwaffe.

Bis ich den Supermarkt betrat. Schon beim Eingang verkündeten große gelbe Schilder Großes. »ARRIVAGE MASSIF DE POMME DE TERRE BINTJE – LE SAC DE 25 KG«. Und im Laden drin dann, als habe man Schützengräben erbaut, Sack auf Sack, alle voller dicker ungewaschener Kartoffeln, ein ganzes Labyrinth. Ich musste einen solchen Sack haben. Also hievte ich ihn – nicht ohne Anstrengung – in den Einkaufswagen, rollte den zur Kasse und zahlte. Normalerweise kaufe ich Kartoffeln einzeln auf dem Markt. Noch nie in meinem Leben erstand ich 25 Kilogramm von irgendetwas aufs Mal. Die Frau an der Kasse sagte, sie hätte gern 4 Euro und 79 Cent von mir.

So viel kosten 25 Kilo Kartoffeln in einem Supermarkt in Frankreich: 4 Euro und 79 Cent.

Das stimmte mich nachdenklich. 25 Kilo für 4 Euro und 79 Cent.

Ich dachte, ich könnte mir einen Bart wachsen lassen, ein Übergwändli kaufen, Helly-Hansen-Faserpelzunterhosen montieren, einen stinkenden Stumpen zwischen die Lippen klemmen und mit dreckigen Gummistiefeln an den Füßen die Kartoffeln auf dem Markt in Basel, Bern oder Zürich verkaufen. Ich könnte sie zu »Bergkartoffeln aus dem Abulatal« umdeklarieren. Dafür löst man nämlich pro Kilo gut und gern 12 Franken. Kaufte ich im Supermarkt in Frankreich vier Säcke zu 25 Kilo, dann ergäbe das bei einem Investment von gerade 20 Franken einen Straßenpreis von satten 1200 Franken. Bei dieser Marge würde jeder Drogenhändler grün vor Neid.

Die Kartoffeln stammen übrigens aus Frankreich, denn als Produzent steht auf einem Etikett der Name Bateman SARL, ansässig in 59190 Hazebrouck. Nun klingt der Name Hazebrouck natürlich so, als würde jemand schwer betrunken von seiner Lieblingskolumnistin Hazel Brugger schwärmen (»… Hazebrouck-ischm-Fall-vill-bessr-asss-dr-Chnnng …«), in Tat und Wahrheit handelt es sich jedoch um eine Kleinstadt an der belgischen Grenze. Ein Ort im Arrondissement Dunkerque mit Geschichte, denn Hazebrouck war während des Ersten Weltkriegs ein wichtiger Nachschubposten der Alliierten, weswegen sich im Jahr 1918 eine deutsche Frühjahrsoffensive gegen Hazebrouck richtete, mit Hunderttausenden von Toten – allerdings ohne Erfolg. Früher also ein Nachschubposten für die Alliierten, heute ein Nachschubposten für Supermärkte, um dort Bintjesack-Stellungen zu errichten mit hunderttausend Knollen zu Kampfpreisen. 25 Kilo für 4 Euro und 79 Cent. Noch lange nachdem die letzte Kartoffel des Sackes, zu langen Pommes frites geschnitzt, im siedenden Öl der Fritteuse ihr heißes Ende findet, werde ich daran denken müssen, an diese Zahlen, die mehr über Europa erzählen als ein Schlüsselanhänger in Form des Eiffelturms: 25 Kilo für 4.79 Euro.

Aus dem Museum der Dialoge

18. Oktober 2014

In einer Bar. Zwei Männer im Gespräch, die beiden sind vielleicht vierzig Jahre alt, sie trinken Bier. Es läuft Musik. Ich glaube, es ist die neue CD von Caribou. Die Musik ist recht laut, aber die Männer sind lauter.

»Sag: Wie hieß die Frau, auf die Mehmet Scholl stand?«

»Mehmet wer?«

»Scholl. Der ehemalige Fußballer.«

»Ach, der. Ich dachte schon, du meinst den Erfinder der Gesundheitssandale. Den Doktor Scholl. Aber beim Fußballer – keine Ahnung, auf wen er stand.«

»Es ist eine Schauspielerin.«

»Miss Marple?«

»Etwas jünger.«

»Tootsie?«

»Nein, eine Deutsche.«

»Rudi Carrell?«

»Sie hat Momo gespielt, als sie noch ein Kind war.«

»Momo? Das ist doch ein Hersteller von Leichtmetallfelgen aus Italien. Für Subaru Impreza und so.«

»Nein, Momo ist eine Figur aus dem Film, der auch so heißt, nach dem Buch, das auch so heißt, von diesem Typen, der auch *Die unendliche Geschichte* geschrieben hat.«

»Ah, das Kinderbuch. Jetzt fällts mir ein. Hab ich nie gelesen. Ich hab nur *YPS* gelesen, *Michel Vaillant*, *Fix und Foxi*. Ist mir jedoch irgendwie vertraut – aber war Momo nicht ein Junge?«

»Nein, Momo ist ein Mädchen.«

»Also für mich klingt Momo schwer männlich. Moma wäre weiblich.«

»Glaub mir, Momo ist ein Mädchen …«

»… ich weiß bis heute nicht, ob Wickie ein Mädchen ist oder Junge …«

»… und im Film wurde sie gespielt von … ah, ich weiß nicht mehr.«

»… meinst du, dein Fußballer weiß, dass Momo ein Mädchen ist?«

»Sie hatte große Augen und Locken.«

»Ah! Meinst du die mit den irren Locken?«

»Genau. Ich glaub, sie hieß … ah … gleich hab ich's … Bo…Bo…Bo… etwas mit Bo…«

»Boko Harum!«

»Das glaub ich nicht.«

»Warum nicht?«

»Boko Harum ist doch eine Rockband.«

»Nein, die Rockband heißt Procol Harum. Das weiß ich zufälligerweise genau. Ich hab irgendwo noch eine Platte von denen.«

»Hatten die einen Hit?«

»Das war kein Hit, das war ein Megahit. Er hieß *A Whiter Shade of Pale*.«

»Ist das ein Song aus einer Zahnpastawerbung?«

»So mit Orgeln. Ein Schmachtfetzen. Der lief immer beim geschlossenen Tanzen an den Blauringpartys, Spaghettitanz und so.«

»Aber wie hieß die noch gleich, die Momo spielte?«

»Fällt mir echt nicht ein, sorry, muss ich passen.«

»Warte, ich schau mal nach.«

Ein Smartphone wird gezückt. Es wird gegoogelt. Einen Moment ist Ruhe zwischen den beiden. Der ohne Smartphone nimmt einen Schluck Bier. Dann sagt der Mann mit dem gezückten Smartphone:

»Radost Bokel!«

»Was?«

»Radost Bokel. Das ist der Name der Schauspielerin.«

»Verrückt! Dass dir das einfällt! Du bist echt der letzte Marokkaner des Kinderfilmwissens.«

»Ich glaub, es heißt Mohikaner: der letzte Mohikaner, nicht Marokkaner. Und es ist mir nicht eingefallen. Ich habs ja eben gegoogelt. Hier stehts: Radost Bokel, geboren am 4. Juni 1975 in Bad Langensalza. Später hat sie sich dann für den *Playboy* ausgezogen und ging ins Dschungelcamp.«

»Trotzdem. So was muss man erst mal googeln können. Du bist voll der letzte Momo.«

»Ja, der letzte Momo.«

»Der letzte Momo und sein Kind.«

»Was heißt denn das?«

»Und wer war der ehemalige Fußballer gleich wieder, der auf Momo stand? Murat Yakin?«

»Nein. Das ist doch ein japanischer Schriftsteller.«

Und so ging das Gespräch weiter. Ein Stück davon habe ich aus der Bar transportiert, konserviert und in das Museum der Dialoge gestellt, in den »Saal der Gespräche von Männern um die vierzig mit schon mehr als einem Bier intus«. Es steht dort in der Mitte des Raumes auf einem Sockel aus Marmor. Der ist sicher sehr schwer.

22. Oktober 2016

Lieber Klumpen

Eine Weile her, seit ich dir geschrieben habe. Man kommt ja zu nichts, so streng ist der Alltag, und noch strenger sind: die Ferien. Dort befinde ich mich gerade, in einem Haus in Frankreich, es ist fünf Uhr morgens, und ich bin so früh wach, weil ich nicht schlafen kann, und schlafen kann ich nicht, da mein Magen sauer ist vom Wein des Vorabends, was nicht an der konsumierten Quantität liegt, sondern an der Qualität. Frankreich hat ja diesen Ruf, dass die Dinge so gut seien, das Essen, der Wein, die Knusprigkeit der Baguettes, aber ich erlebe es ganz anders, hier in der nordöstlichen Provinz. Bisher war jeder Wein aus dem Supermarkt enttäuschend, egal ob der für zwei oder der für zwölf Euro. Egal, wie viele Goldmedaillen auf dem Etikett prangen. Egal, wie verschnörkelt die Schrift flattert. Nächstes Mal nehme ich italienischen Wein mit in die Ferien. Apropos italienischer Wein, einen solchen hatte ich an einem rituellen Mittagessen mit Hitsch und Mäggä vor zwei Wochen.

Rituale und Traditionen sind ja wichtig, vor allem jene, die ohne größeren Sinn sind. Jährlich treffen wir uns in der Kronenhalle, um unser Kicker-Fußball-Onlinewettspiel zu würdigen, respektive: Der, der am schlechtesten die Bundesligasaison getippt hat, der muss am Ende die anderen einladen. Auch zur Tradition gehört es, Bœuf Robespierre zu bestellen. Kennst du das? Beinahe rohes Rindsfilet wird dünn geschnitten am Tisch auf einem Gaskocher im Teller etwas geköchelt. Es sieht nicht sehr schön aus, was dann vor einem auf den Tisch gestellt wird, so rot und braun, nicht roh, nicht gar, schmeckt aber wunderbar. Genauer sieht es so aus, dass entweder Hitsch oder Mäggä, ich weiß nicht mehr, welcher, behauptete, das Gericht heiße seines Aussehens wegen Robespierre, denn der berühmte Revolutionär habe unter einer schweren Hautkrankheit gelitten, Skrofulose, genauer gesagt, und an die erinnere das Gericht auf dem Teller. Tatsächlich erinnert ein Teller Filet Robespierre optisch an etwas Übles, doch ist die Behauptung falsch, es habe mit Robespierre zu tun. Ich habe es nachgeschlagen: Robespierre litt nicht unter Skrofulose, es war Jean Paul Marat. Also müsste das Gericht Bœuf Marat heißen. Oder Bœuf Skrofulose.

Wir saßen in der Kronenhalle im Chagall-Stübli, das so heißt, weil dort die Bilder des berühmten Malers hängen, aber nach einer Weile wurde es mehr und mehr zum Schiele-Stübli, was nicht mit den Bildern dieses berühmten Malers zu tun hatte, mit Egon Schiele, sondern mit dem Sehvermögen, vor allem, als die Rechnung an den Tisch getragen wurde und ich aus dem Augenwinkel eine Zahl sah, die mich mehr an Astronomie denn an Gastronomie erinnerte. Es tat meiner guten Laune keinen Abbruch. Im Gegenteil. Ich musste ja nicht bezahlen. Nun, danach hatte ich noch einen Coiffeurtermin, bei Sandra, und das Erstaunen über die Höhe der Restaurantrechnung hielt mich nicht davon ab, auf dem Coiffeurstuhl bald einzunicken. Als ich wieder aufwachte, hochschreckte ob eines eigenen Schnarchers, da waren meine Haare fast gänzlich verschwunden, und für einen Moment war mir, als blickte ich nicht in einen Coiffeurspiegel, sondern in einen Teller Filet Robespierre. Dann war der Moment vorbei, und die Wirklichkeit kam wieder über mich. Zum Glück. So. Nun bist du wieder auf dem neusten Stand. Sonst ist nicht viel passiert, und nun muss ich meinen Göttikindern noch Postkarten aus den Frankreich-Ferien schreiben. Und dann zum Bäcker. Die Baguettes nämlich, die sind noch immer superknusprig in Frankreich, auch hier in der Provinz im Nordosten. Ich melde mich bald wieder.

Liebe Grüße und bis bald, Max

PS: Die Raben sind wach, machen einen Heidenkrach.
PPS: Song zum Thema: *Bim Coiffeur*, Mani Matter.

Du schöne, schnelle Zukunft, damals

2. November 2013

Die Dame des Speisewagens stellte sich breitbeinig in den Gang, es ruckelte, und es sah aus, als tanze sie zu einer Musik, die nur sie hörte. Sie sah aus, als wäre sie ein Roboter, dem ein paar bekiffte Studenten eben eine Lambada programmiert haben. Wir fuhren aus dem Bahnhof Zürich, und sie rief mit dünner Stimme: »Entschuldigung, ich muss Ihnen leider mitteilen, dass infolge einer technischen Störung der Speisewagen nicht in Betrieb genommen werden kann. Wir haben keinen Strom. Tut mir leid.«

Ein müder Chor von leisem Gestöhne erklang. Nur einen störte das nicht, den Mann am Nebentisch. Er zuckte mit der Schulter und griff in seinen Rucksack, holte zwei Dosen Feldschlösschen-Bier heraus und – »knack, pffff« – öffnete die erste, nahm einen Schluck und schaute zufrieden aus dem Fenster.

Es war im 8-Uhr-Zug von Zürich Richtung Kiel, ICE 76. Irgendwie war ich ganz froh, dass der Speisewagen nicht funktionierte, denn sonst hätte ich einen Kaffee bestellt und ihn sehr wahrscheinlich auch getrunken. Ohne diesen ICE-Kaffee – das wusste ich – ist das Leben besser. Denn er ist scheußlich, grauenhaft, schrecklich, entsetzlich, furchtbar, grausig, schauderhaft, schauerlich, widerlich, gar gräulich, widerwärtig.

Andererseits ist dieser Kaffee – auch wenn er nicht schmeckt – ein funktionales Getränk. Man darf ihn einfach nicht mit Kaffee im Sinne von Kaffee verwechseln, Kaffee also, wie man ihn etwa im Caffè Mulassano in Turin bekommt, sondern muss ihn als warme, güllenartig trübe Flüssigkeit mit einer einzigen Eigenschaft betrachten: der des Wachhaltens. Also war es dann doch ganz gut, dass – es muss kurz nach Olten gewesen sein – der Mann mit der rollenden Minibar vorbeikam. Ich hielt ihn auf und bestellte einen Kaffee. Oh, sagte er, leider dürfe er hier nichts verkaufen, weil wir uns im Speisewagen befänden.

»Aber der Speisewagen funktioniert nicht. Wir sitzen hier nur rum. Es gibt keine Getränke.«

»Tut mir leid, ich darf hier nichts verkaufen.«

»Fragen Sie doch bitte die Dame von der deutschen Speisewagengesellschaft!«

Der Minibarmann geht zur Speisewagenfrau. Sie unterhalten sich. Die Frau schüttelt den Kopf, und der Mann kommt zurück und schüttelt ebenfalls seinen Kopf, lächelt, sagt: »Ist blöd, ich weiß, tut mir leid.«

»Und wenn wir nun vor die Türe gehen? Die Schiebetür dort?«

»Dort kann ich Ihnen gern einen Kaffee rauslassen.«

»Aber hier nicht?«

»Nein, hier ist Speisewagen …«

»… der nicht funktioniert …«

»… Speisewagen ist Speisewagen.«

Der Minibarmann lachte, und ich lachte, und so ziemlich alle im Speisewagen lachten, außer die Frau in Uniform. Kaffeelos ging ich zu meinem gegen Gebühr reservierten Sitzplatz in einem nahen Wagen, setzte mich auf den grauen Sitz, wollte etwas lesen. Doch: Der Sitz des ICE, er klappert und quietscht, er jammert, er ächzt – auch die anderen Sitze mit ihren Gästen machten ihre Geräusche, bald ist es ein vielstimmiges Konzert im Abteil, ganz so, als höre man ein Exzerpt aus Pierre Henrys Komposition *Variations pour une porte et un soupir*, eine großartige Komposition übrigens, aufgenommen im Jahr 1963, damals, als man noch dachte, die Zukunft werde schön und schnell. Heute weiß man: Die Zukunft von damals besteht heute, da sie Jetztzeit ist, aus klemmenden Türen, verstopften Toiletten, Verspätungen und fehlerhaft stromgespeisten Speisewagen.

Irgendwann, wir waren bereits nach Deutschland eingedrungen, funktionierte der Speisewagen wieder. Und natürlich bestellte ich beim Schaffner einen Kaffee, denn der Himmel war gar grau und das Land flach, es

drückte einem die Augenlider nieder, dieses Deutschland im Herbst.

»So, der Herr, Kaffee, Zucker, Sahne«, sagte der
Schaffner, stellte eine dampfende Tasse auf dem klap-
pernden Klapptisch ab. Ich nahm einen scheuen Schluck.
Es war, wie aus einer Autobatterie zu schlürfen. Aber es
machte wach für die nächsten hundert Kilometer und
um zu hören, was der Schaffner gerade durch den Lautsprecher verkündete: »Sehr geehrte Fahrgäste, infolge
eines technischen Problems kann dieser ICE zurzeit nur
mit 80 Stundenkilometern verkehren. Ich danke für Ihr
Verständnis. Diir Läidis änd Tschentelmän, bikohs of
tekknikkäl …«

Die Zukunft ist schön und schnell – bis sie dann ein-
trifft. Leider aber ist die Zukunft – im Gegensatz zu
einem ICE – immer auch sehr pünktlich.

Die Asche Italiens

3. November 2012

Menschen sind dumm. Immer wieder darf man es erfahren, zuweilen am eigenen Geist. Es ist erst ein paar Tage her, da saß ich auf einer kleinen Terrasse eines kleinen Hotels in einem kleinen Ort an der ligurischen Küste und blickte aufs Meer. Es waren die letzten Tage nach langen Ferien. Sie dauerten schon so lange, dass ich dieses so seltsame wie seltene Gefühl empfand, das Büro zu vermissen: den engen Lift mit dem Aushang der Kantinenwochenmenüs, den immerzu am immer defekten Kopierer werkelnden Techniker, den Anblick des grauen, fleckenunempfindlichen Teppichbodens. Ich wendete den Blick ab vom Meer, in dem kein Mensch zu sehen war, nahm einen Filzstift und ein Blatt Papier und fing etwas an, was ich schon lange hatte tun wollen, nämlich aus dem Kopf Italien zu zeichnen mit all seinen Regionen, Gebirgen, Flüssen und Seen.

Den Umriss schaffte ich ganz gut, fand ich zumindest. Lächelnd schaute ich auf den gezeichneten Stiefel, der zwar nicht wie ein Lederstiefel von Sergio Rossi aussah, sondern eher wie eine Prothese aus dem Ersten Weltkrieg, aber ich war zufrieden: Ja, das war eindeutig Italien. Und ich hatte auch nicht die Inseln vergessen, weder Sizilien noch Elba noch Korsika noch die Äolen, obwohl ich irgendwie wusste, dass Korsika nicht zu Italien gehört, Elba eigentlich Sardinien sein sollte und es auf den Äolen öde ist. Am Ende zeichnete ich noch die Isola del Giglio inklusive MS Costa Concordia, deren Lage mir zugutekam, denn es ist viel einfacher, ein liegendes Schiff auf einen Plan zu zeichnen als ein Schiff von oben gesehen. Schließlich begann ich mit der Einteilung in die Regionen: oben links das Aostatal, dann das Piemont, darunter Ligurien. Irgendwo setzte ich einen Punkt, schrieb »Milano« und fing an, darüber nachzudenken, wie denn das eigentlich heißt, dort wo Milano liegt. Es wollte mir einfach nicht einfallen. Am Strand flogen ein paar Möwen hoch, laut lachten sie mich aus.

Menschen sind dumm. Jedes Mal, wenn ich in Italien in den Ferien bin, nehme ich mir vor, danach gleich einen Italienischkurs zu belegen. So auch diesmal. Als der Kellner mich in einem Restaurant fragte, ob ich Italienisch verstehe, da rief ich: »Sì, sì.« Ich wollte auf keinen Fall mit einer deutschsprachigen Speisekarte dasitzen, das würde die ganzen Ferien zerstören. Dem jovialen »Sì, sì« fügte ich nach einem kurzen Anflug von

317

Demut noch etwas hinzu, während ich dem Kellner die Hand hinhielt, zwei Zentimeter zwischen Daumen und Zeigefinger zeigend: »Poquito«. Der Kellner schaute etwas irritiert, gab mir aber die italienische Speisekarte, hinter der ich mich versteckte, einen gewissen Groll hegend gegen meinen Lehrer von damals, der mir hätte Italienisch beibringen sollen.

Er hatte es nicht geschafft.

Ich wusste in dem Moment aber auch, dass in Ligurien während der Herbstferien der Groll gegen Lehrer (wie auch immer er geartet sein sollte) ein gewisses Ausmaß nicht überschreiten durfte, sonst wäre man verloren. Wer Probleme mit Lehrern hat, der sollte im Herbst das Verreisen grundsätzlich vermeiden.

»Lombardei«, sagte meine Frau, die plötzlich auf der Terrasse stand, »bestehend aus den Provinzen Varese, Como, Lecco, Bergamo, Brescia, Mantua …« Ich winkte ab, zerknüllte das Papier zu einer schneeballgroßen Kugel, tat sie in den Aschenbecher, der einst eine Kokosnuss war, und klopfte meine Taschen nach einem Feuerzeug ab, als Aktivierungsenergie für eine Redoxreaktion mit der schwer nach Meer duftenden Luft als Oxidationsmittel; nichts als Asche sollte bleiben von Italien.

»Gehen wir schwimmen?«, fragte mich meine Frau.

Die Hotelbesitzerin kam auf die Terrasse. Mit einem Filzstift strich sie auf der Tafel mit den angebotenen

Glaces eine Sorte, wie sie es am Tag zuvor schon getan hatte. Gestern ging für diese Saison die »Mambo Amarena« aus, heute die »Ringo«, morgen würde es wohl die »Banita« sein. Bald würde die Truhe abgetaut werden. Am Strand demontierten sie die Strandbars und die Umkleidekabinen. Ein Tätowierter kärcherte ein rotes Rettungsboot. Die Liegestühle standen zusammengelegt in Reih und Glied an der Hausmauer.

Wir Menschen sind so dumm, dachte ich, als ich ins Meer schritt, von dem ich nichts wusste – außer dass es groß ist. Und das ist doch ziemlich viel, wenn nicht vielleicht alles sogar.

Fauchende kleine Katzen

8. November 2014

Geräusche: Manche begleiten einen ein Leben lang. Das erste große Geräusch, das ich hörte und an das ich mich noch erinnern kann, kam von einem Auto. Es war ein lauschiger Sonnentag, wir spielten bei Lienhards im Garten Federball, sehr wahrscheinlich verlor ich, wie meistens beim Federball und allen anderen Sportarten auch, der Tag ging vorbei in einer Leichtigkeit, die Sommertage in der Woche fünf der großen Ferien für Kinder haben, kurz bevor ihnen langweilig wird und sie sich auf den Wiederanfang der Schule freuen. Wir standen in kurzen Hosen im hohen Gras und hörten die feinen Geräusche des Federballspiels, die gespannten Schläger, die durch die warme Luft gejagten gefiederten Bälle. Dann kam aus der Ferne ein Quietschen, ein Heulen, ein erster dumpfer Knall, noch mehr Quietschen, das Heulen wurde lauter. Wir blickten hinunter auf die Straße, die das Dorf durchschnitt, der Garten der Lienhards lag etwas erhöht wie eine Bühne. Ein Auto kam herangejagt, offenkundig viel zu schnell – ein auf dem Lande zu jener Zeit weitverbreiteter Fahrstil. Der Wagen nietete die Ortstafel um, schlitterte vom einen Randstein zum anderen, räumte einen Lattenzaun ab, tack, tack, tack, und jagte schließlich eine Hausfassade hoch, um von dort wieder herunterzufallen, die Räder in den Himmel zeigend, direkt auf das Wagendach. Das Geräusch aller zur selben Zeit platzenden Autoscheiben, des sich deformierenden Blechs, Stahls – diese Komposition eines aus der Höhe fallenden Wagens, so kurz sie war, so heftig war sie.

Der Fahrer blieb nahezu unverletzt. Es gab nur Sachschaden an Straße, Garten und Haus und einen Totalschaden, der einmal ein Auto gewesen war. Und es gab dieses heftige Geräusch, das seither in meinem Kopf ist, zusammen mit anderen Geräuschen der Kindheit, dem reifen Apfel, der unvermittelt vom Baum fällt, oder dem Fauchen von jungen Kätzchen, kurz nachdem ihnen die Augen aufgegangen sind.

Es gibt Kombinationen, die sind fatal. Pizza plus Schokolade beispielsweise oder Lexotanil 3 mg plus drei Long Island Iced Teas oder physikalische Gesetzmäßigkeiten plus die eigene Dummheit. Das ist ebenso, 48 Punkt groß in Helvetica Bold, in Marmor gemeißelt wie das wahre Phänomen, dass die Vorfreude die schönste Freude ist. Und ja, die Vorfreude war elefantös, als ich mich diesen Herbst auf den Weg in die Ferien machte, das Auto belud mit Koffern und Kindern und Krimskramskisten – und dann noch das Rennvelo auf den Dachträger und los, schnell, schnell. Die betörend kurvigen Sträßchen durch die gewaltigen Wälder und sanften Hügel hinter Belfort warteten. Ein paar Minuten später führte der Weg – es musste noch eine kleine Besorgung gemacht werden – in eine Tiefgarage. Mit Schwung ging es in das dunkle Loch hinunter. Das Geräusch eines auf einem Autodach festgebundenen Fahrrads, welches sich mit heimischer Betonarchitektur misst, das Bersten von Stahl und Karbon, der Aufprall wegspritzender Kleinteile auf dem harten Grund, die kurzen Sekunden, bis man begreift, was eben geschehen ist, die Bitterkeit, die in einem aufsteigt, die implodierende Vorfreude, die Blicke zwischen Mitleid und Schadenfreude von zu Zeugen gewordenen Passanten und die wie eine dunkle Wolke über einen kommende Scham: Wer es nie gehört hat, dieses Geräusch eines sterbenden Fahrrads, ermordet durch die eigene Beschränktheit, zerrieben am Eingang eines unterirdischen Parkings, der hat nicht gelebt. Und wer es je gehört hat, der wird es nicht vergessen, niemals, nie.

12. November 2016

Liebe Sibylle Berg

Im Flugzeug sitzend, las ich Ihren Artikel auf *Spiegel online*. Er trug den Titel »Nichts gegen Kinder, aber …« Nun finde ich Titel mit dem Wort »aber« schon mal großartig, in Kombination mit »…« und auch noch »Nichts« noch besser. Das ist fast ein bisschen wie »Alien vs. Predator und auch noch Superman«: vielversprechend.

Neben mir saß ein Kind. Das Kind sagte: »Was machst du?« – »Ich lese einen Artikel von Frau Berg.« – »Andrea Berg? Die Schlagersängerin? Ihr Album *Seelenbeben* war eben auf Platz 1!« – »Nein. Nicht Andrea. Sibylle.« – »Keine Schlagersängerin also?« – »Nein, eher ein misanthropischer Schläger, eine Dystopie-Schnulze.« Das Kind wandte den Blick gelangweilt aus dem Flugzeugfenster und sagte mit fester Stimme: »Bei wie viel Prozent liegt die Wahrscheinlichkeit, dass wir abstürzen?« Ich tat so, als hörte ich nichts, übersummte die Frage mit Korsakows *Hummelflug,* las weiter. Es geht im Artikel um die Überbevölkerung! Sie schreiben, es gebe zu viele Menschen, man solle aufhören mit dem verdammten Kindermachen, denn war die Überbevölkerung einst bloß ein abstraktes Gespenst, so sei sie nun Realität: »Verstopfte Straßen in London, Wohnungsknappheit in Berlin, Arbeitslosigkeit in Italien.« Ich dachte: *Foxtrott Uniform Charlie Kilo* – ein englisches Wort, weil: Wir waren ja auf dem Weg nach genau dem London, in dem die Straßen verstopft sind, weil die Erwachsenen nicht verhüten!

Zwei Tage später saß ich in einem dieser schwarzen Londoner Taxis, neben mir ein Kind und eine Frau, genauer die Frau, mit der ich dieses Kind gezeugt hatte. Das Kind blickte aus dem Taxifenster, sog die Welt in sich hinein, und das Taxi fuhr und fuhr und fuhr, denn: Die Straßen waren gar nicht verstopft (im Gegensatz zu mir, verdammte Hühnerfüße im Royal China …). Nein. Der Verkehr in London flutschte so schön, die Taxis, Doppeldeckerbusse und Oligarchenlamborghinis schoben sich so mühelos durch die Einbahn-, Zweibahn-, Dreibahnstraßen, alles ging so reibungslos, dass ich am liebsten das Fenster des Taxis heruntergekurbelt und in die Straßen geschrien hätte: »Macht Kinder! Es hat noch Platz!« Am allerallerliebsten wäre ich zurück ins Hotel gefahren, um gleich noch ein paar Kinder zu machen. Aber das ging nicht. Denn ich hatte ja schon ein Kind dabei. So könnte man sagen: Nichts gegen

Kinder, aber sie hindern einen daran, Kinder zu machen. Und an ein paar anderen Dingen auch noch. Beispielsweise Bücher zu lesen. Ja, Kinder sind die größten Feinde der Literatur. Aber dies ist eine andere Jammerstation. Apropos Jammerstation. Sie schreiben in Ihrem Artikel noch: »Kinder sind großartig. Sie schenken Freude, sind sinnstiftend für die Eltern, sie zu beobachten macht glücklich, und bevor Kinder von diversen Einflüssen versaut werden, kann man behaupten, dass sie die angenehmsten Menschen auf der Erde sind.«

Ich weiß ja nicht, wie viele Kinder Sie haben, aber es stimmt nicht, dass Kinder die angenehmsten Menschen auf der Erde sind. Kinder sind ausgesprochen egoistisch und schwierig und zeitweilen sehr, sehr unangenehm. Kinder sind nicht selten so wie Donald Trump.

Aber Sie haben recht: Kinder sind schon toll, und am Ende einer Reise, auf dem Heimweg, wenn sich das Flugzeug vom London City Airport erhebt, eine Avro RJ100, Jumbolino genannt, und man mit einem Ohr auf besorgniserregende Geräusche von wo auch immer lauscht, Rumpel, Surren, Rasseln, denn ein Jumbolino ist wie eine Experimental-Big-Band, so reich an unbekannten Sounds, da kann man sein Kind fragen: »Und, mein Sohn, was hat dir an London am besten gefallen?« Man denkt, das Kind sage nun: »Das 40-mm-Flakgeschütz von Bofors auf dem Museumskriegsschiff HMS Belfast.« Oder: »Das blöde Gesicht des Tiefsee-Anglerfischs mit seinen biolumineszierenden Kinnbarteln im Naturhistorischen.« Oder: »Big Ben.«

Aber nein. Das Kind blickt stirnrunzelnd, während der Jumbolino erzittert, denkt nach, sagt dann: »Ich habs.« – »Ja?« – »Die beheizte WC-Brille im Hotel.«

Kinder! Da geht einem einfach das Herz auf, ohne »Nichts« und »aber« und »…«.

Gruß. Max Küng

PS: Song zum Thema: *Babies* von The Pulp vom Album *His 'N' Hers.*

Mädchenhaar

14. November 2015

In Thun, elftgrößte Stadt der Schweiz, spätabends, Richtung Bahnhof, auf dem Heimweg nach einer Lesung im unglaublichen Café Mokka, seit dreißig Jahren bald letztes Widerstandsnest für Kultur, bevor die unerbittlichen Alpen beginnen, da kam ich mit einem Herrn ins Gespräch. Wir hatten denselben Weg, zu Fuß dem Wasser entlang, schwarz und zäh wie Öl floss die Aare, wir sprachen über dies und das, kamen auf Bücher, er sagte, er möge die Finnen, nannte ein paar Namen, die mir nichts sagten, es hätten auch Sauna-Weltmeister sein können. Ich fragte ihn, ob er etwas mit Sprache zu schaffen habe, ob er ein pensionierter Finnischlehrer sei, er lächelte und schüttelte den Kopf. Er sei im Forstwesen gewesen, ein Förster, der den Ausgang aus dem Wald gefunden habe, sagte er. Ich sagte: Bäume! Wälder! Wunderbar! Erzählte ihm, dass ich mich selbst und meine Familie in den Wald schleppte, sooft es ging, zuweilen auch gegen deren Willen, geknebelt, gefesselt,

327

jetzt im Herbst, weil der Wald von einer irren Schönheit ist, wenn die hölzernen Riesen die Chlorophyll-Produktion herunterfahren, abstellen, der grüne Saft aus den Blättern weicht, mehr und mehr, bis sie fallen, eins nach dem anderen, fallen, fallen.

Aber leider, sagte ich, wisse ich eigentlich nichts über Bäume, könne nicht den Haselnussbaum von einer Tanne unterscheiden. Und wie wir so gingen und ich auf die Uhr schaute, ob ich meinen Zug noch schaffen würde, da blieb er stehen. Auch ich blieb stehen. Er hob ein Blatt vom Boden, braun schon. »Kennen Sie den Baum, von dem dieses Blatt gefallen ist?« Fragend blickte ich ihn an. »Ginkgo«, sagte er, und dann erzählte er knapp und kurz, wie einzigartig dieser Baum sei, hundert Millionen Jahre alt, dass Goethe ein Gedicht über das Blatt verfasst habe, der Blattstiel keine Mittelrippe habe, sich die Blattadern bereits gabelförmig am Stiel trennten, die Adern an Haare erinnerten, weswegen man ihn auch Mädchenhaarbaum nenne.

Und während er es erzählte, wirkte er absolut zufrieden, das Gesagte klang wie ein kleiner Brocken aus einem guten Leben. Leider hatte ich vergessen, den Herrn nach seinem Namen zu fragen, als ich ihm die Hand gab. Er musste in die andere Richtung, nahm den Bus ins Emmental.

Später im Speisewagen hockte ich an einem Tisch mit vom Tag gezeichneter Decke, dreckig, fleckig, da

dachte ich: Heute etwas gelernt über einen Baum namens Ginkgo. Das ist schon recht viel, für einen Tag:
dass man etwas lernt. Damit sollte man zufrieden sein.
Und wenn ich dann ein älterer Herr sein würde, in ein
paar Jahren, dann wollte ich auch so sein wie der Mann
in Thun: gutgelaunt, zufrieden und wissend um die
Bäume, die herumstehen, in unseren Städten und Wäldern, und darauf warten, dass wir unter ihnen vorbei-
spazieren, sie bestaunen, die Füße in den Blättern, die
von ihren Ästen gefallen sind. Raschelndes Laub: Gibt
es ein beruhigenderes Geräusch?

Laut kreischten die Eisenräder der Bahn. Im Speisewagen nebenan hockten zwei Typen aus der Immo-
bilienbranche, auch ältere Herren. Hätte man sie für
einen Film als Immobilientypen gecastet, mit Rolex
am Arm und Wampen zwischen Rückgrat und Tischkante, alle würden rufen: Übertrieben! Überzeichnet!
Klischee! Der eine erzählte laut, er sei persönlich bekannt mit dem Kerl, der eben in den Medien sei, der
Gammelwohnungen zu überrissenen Preisen vermietete
und deswegen festgenommen wurde. »Er hat sich nichts
zuschulden kommen lassen, außer das Sozialamt über
den Tisch zu ziehen, aber he: Dafür ist es ja da, oder?« –
»Ha, ha«, sagte der andere. »Ha, ha«, sagte auch Ersterer.
Laut klang ihr Lachen, als wir durch die Nacht fuhren,
finster, aber nicht ohne Ende.

Schönheit der Asymmetrie

28. November 2015

Eben noch ewige Liebe versprochen, Treue geschwo-ren, mit schwülstigen Worten, schon ächzt die Ser-volenkung. Der Motorblock leckt, als tropfe er ölige Tränen, der Turbolader heult asthmatisch, kündigt thea-tralisch sein baldiges Ende an, die Stoßdämpfer rum-peln, als hätte Fritz Hauser seinen Übungsraum unter den Kotflügeln. Der Garagist wischte die schwarzdre-ckigen Finger an einem Lumpen ab und verdrehte die Augen, als ich ihn fragte, ob es sich lohnen würde, den Saab zu flicken. »Für das Geld, das Sie da reinstecken müssen, können Sie ein neues Auto kaufen.«

Ich war traurig. Aber ich war auch heiter. Denn so manches Leid bringt auch Freude mit sich. Wie damals, als die Freundin Schluss machte auf dem Pausenhof. Schade natürlich, ja, aber andererseits: Eine neue Freun-din in Aussicht zu haben, war auch kein übles Konzept. Man muss in die Zukunft blicken, nicht zurück.

Und so stehen wieder lange Nächte für mich an, mit

aufgeklapptem Laptop auf den Beinen auf dem Sofa hockend, auf der Suche nach einem neuen alten Auto auf Autoscout; Tage, erfüllt von Spaziergängen über mit Wimpeln geschmückte und umzäunte Kiesplätze, Besuche am Rande von Siedlungen, Agglomerationen – und Gespräche mit Gebrauchtwagenhändlern, die immer die gleichen Gespräche zu sein scheinen (»... ein guter Wagen ... gehörte einer Witwe, fuhr nur ganz selten und sorgfältig ... irgendwann fand sie, er sei ihr zu groß, sie wolle was Kleineres, so einen Polo, ja, und immer in der Garage über Nacht, also hätte ich nicht schon ein Auto, ich würde zuschlagen«).

Nur: Das Geschäft mit gebrauchten Autos basiert auf asymmetrischen Informationen. Der Anbieter und der Nachfrager verfügen bei einem anstehenden Geschäft nicht über die gleichen Informationen. Bei einem Occasionsauto weiß der Anbieter meist recht gut über die von ihm angebotene Qualität Bescheid. Die Käuferin oder der Käufer hingegen kann Qualitätsunterschiede nicht wirklich erkennen (ohne Hinzuzug von Fachfrau, Fachmann). Deshalb ist es wichtig, ein Klima des Vertrauens zu schaffen. Das wissen die Autoverkäufer. So schreibt ein Händler in Küsnacht zu einem Volvo XC90: »Der Wagen wurde von einer Dame sorgfältig gefahren, Nichtraucherin, servicegepflegt, Zahnriemen neu ersetzt.« (Ich hoffe: beim Auto, nicht bei der Dame.) Er schreibt zu einem BMW: »Vom ehemaligen Musiklehrer meines Bruders.« Das schafft Sicherheit, auch wenn man nicht weiß, um welches Instrument es sich handelt, das der Bruder lernte. Auch schwer drogensüchtige Doublebass-Drum spielende Death-Metal-Schlagzeuger hatten irgendwann ja mal einen Musiklehrer. Der Garagist schreibt: »Sehr gepflegter Mercedes, von meinem Buchhalter als Zweitwagen gefahren.« Der Garagist schreibt: »Ein Super 55 AMG, neuwertig, von Manager als Drittwagen gefahren, CH-Wagen, servicegepflegt, muss gesehen werden.« Aber was für ein Manager? Vielleicht war er Manager einer konkursiten Risikokapitalgesellschaft und benutzte den Drittwagen, um Stress abzubauen, indem er mit Karacho über frisch gepflügte Äcker fuhr?

Man weiß es nicht. Man kann bloß vertrauen. Wie so oft im Leben. Und ich wusste nicht, was ich davon halten sollte, als ich in Oerlikon über einen Platz ging, maschendrahtumzäunt, die Autos ansah, hineinblickte in verschlossene Interieurs wie in fremde Welten, gegen die Pneus kickte mit dem beturnschuhten Fuß und auf Schritt und Tritt verfolgt wurde von einem 60-Kilo-Rottweiler, der dem Occasionsverkäufer gehörte, der in einem Häuschen hockte und Kette rauchte. Der Rottweiler hatte keine Kette, er trottete frei, blickte mich an, und seine Augen sagten: »Mach kein Seich! Ich hab Hunger.«

Das Leben ist asymmetrisch: Wir wissen nicht, was

wir wissen könnten, aber es in Erfahrung zu bringen, ist ein Ding großer Anstrengung. Da hilft nur: glauben. Und zwar an das Gute in den Dingen, und seien sie auch aus Stahl, Blech, Aluminium und Gummi. Bis wieder die Servolenkung ächzt.

Ferien mit Wenger

1. Dezember 2012

Er saß im Frühstücksraum eines Hotels an einer Feriendestination, und er köpfte, drei Tische entfernt, ein Ei mit einem schnellen Messerschlag. Ich wusste: Dieser Mann hat in seinem Leben schon so manches Ei enthauptet. Und mir war, als hätte ich dieses Gesicht schon mal irgendwo gesehen. Die Frage war nur: wo?

Drei Tage dauerte es, bevor es mir wieder einfiel. Am ersten Tag dachte ich kaum darüber nach, am zweiten Tag ununterbrochen, am dritten Tag folgte ich dem Mann nach dem Frühstück unauffällig und mit dem nötigen Abstand durch die Lobby, zwei Treppen hinauf, einen Gang hinunter, bis er seinen Schlüssel in das Türschloss steckte und im Zimmer verschwand. Nummer 26. Später ging ich an die Rezeption und fragte nach, ob mein Zimmer eventuell auch noch ein paar Tage länger verfügbar wäre. Die Rezeptionistin mit dem geschwungen geschriebenen »Luisa« auf dem Namensschild holte den Reservationsplan hervor und studierte ihn murmelnd, während ich mich ebenfalls über den Plan beugte und las: »Zimmer 26: Wenger«.

Wenger ... Wenger: Es ratterte und knatterte in meinem Gehirn – dann wusste ich, woher ich den Mann kannte und warum es mir überhaupt wieder einfiel. Ein paar Tage zuvor hatte ich in der Zeitung ein Bild von runden Handgranaten in einer eckigen Kiste gesehen. Bei Kugeln in Kisten denke ich sofort an meine Kindheit, an den Estrich, der über eine steile Stiege und eine enge Luke zugänglich war, dort lagen unter einem Dachbalken die Kisten mit den Weihnachtskugeln, die seltsam mit der Umgebung kontrastierten, so glänzend und dünnhäutig auf dem dunklen, staubigen Dachboden. Es war unsere Aufgabe als Kinder, die fragile Ware sicher von dort oben die Treppen hinunter zum Weihnachtsbaum zu transportieren.

Die Dinger auf dem Zeitungsbild aber waren keine Weihnachtskugeln. Sondern Handgranaten aus dem syrischen Bürgerkrieg. Nun sind Handgranaten in Kriegen keine Seltenheit, aber es waren Granaten, die in der Schweiz hergestellt wurden, von der bundeseigenen Ruag, echte Schweizer Qualitätshandarbeit, und ich hatte diese Granaten schon zuvor gesehen. Der Mann vom Frühstücksraum hatte sie mir präsentiert, er gab darüber Auskunft, wenn auch etwas widerwillig, damals in einem Vorort von Paris, vor Jahren, als ich eine Militärwaffenmesse besuchte. Dort präsentierte die Ruag unter einer von der Decke hängenden Schweizer Fahne all die schöne Ware: Unterschallgeschwindigkeitsmunition für Scharfschützen (»Whisper« genannt, Prospekt: »… ohne durch Schießlärm den Vorteil des Überraschungsmoments preiszugeben und Unbeteiligte unnötig zu beunruhigen …«), Leuchtspurgeschosse und eben eine Handgranate namens »Pearl«. »Pearl« heißt sie, weil der explosive Kern der Granate von einem Mantel umhüllt ist, der aus Hunderten von kleinen Stahlkugeln besteht, die aussehen wie Perlen. Natürlich dienen sie nicht zum Schmuck, sondern um nach der Explosion alles in der Umgebung zu zerfetzen, zu zerreißen, zu durchschlagen, Wände, Türen, Köpfe, auch Schutzwesten.

Als ich Herrn Wenger damals darauf ansprach, dass es doch seltsam sei, dass die Schweiz Handgranaten herstelle, weil wir Schweizer uns doch so sehr rühmen, friedlich zu sein und neutral und besser als die anderen, da sagte er: »Ach, Handgranaten macht doch jeder. Sogar die Österreicher machen Handgranaten.«

Es regnete, so blieben viele im Hotel, man saß in der Bar oder in der Lobby und trank Schwarztee mit einem Tropfen Milch, bis es draußen wieder freundlicher würde, wie es der Wetterbericht voraussagte. In der Lobby fand ich auch Herrn Wenger auf einem Sessel, in Wandermontur las er eine Zeitung, seine Frau saß daneben, ein Taschenbuch in den Händen, ein Krimi.

Ich wollte ihn ansprechen, aber ich war mir nicht

ganz sicher, ob es wirklich der Herr Wenger war, den ich meinte. Und was hätte ich sagen sollen? »Wie läuft das Granatengeschäft?«

Dann gingen die Ferien zu Ende. Herr Wenger fuhr nach Hause, so wie ich und andere, und wie die Schweizer es allgemein gern tun, am Donnerstag schon, weil es am Freitag mehr Rückreiseverkehr gibt, am Samstag noch mehr und am Sonntag sowieso. Am Montag nach den Ferien würde Herr Wenger seiner Frau am Morgen einen Abschiedskuss geben, die Gartentüre hinter sich zuziehen, mit dem Bus zur Arbeit fahren oder mit seinem Auto, vielleicht auch mit dem Velo. Irgendwo detoniert vielleicht gerade eine Handgranate und reißt einen in Stücke oder auch nicht. Irgendwo in Thun tut in einem Büro einer seine Arbeit. Denn sonst tut sie ein anderer, vielleicht ein Österreicher gar.

Lieber Amancio Ortega

Ich weiß nicht, wie es Ihnen ergeht, aber ich liebe Kugeln. Ich liebe Glacekugeln und Kugeln aus Schnee, die man größer und größer rollt und zu Schneemännern türmt, ich liebe die kopfigen Kugeln in den alten IBM-Schreibmaschinen und die »Arancini« genannten Dinger aus Reis, auch die Erdkugel halte ich für recht gelungen. Je weniger exakt eine solche Kugel beschaffen ist, desto lieber ist sie mir. Und es ist eines meiner Hobbys, Kugeln zu googeln. Ja, so eine Kugel ist eine runde Sache.

Zu meinen Lieblingskugeln gehörten auch jene fünf Stück an der Fassade eines Hauses an der Bahnhofstrasse in Zürich. Es ist ein Haus der Architekten Haefeli Moser Steiger, ich denke, Sie kennen es, denn Sie sind dort Mieter, genauer Ihr Modehaus Zara, das von Ihnen gegründet wurde. Bis vor ein paar Jahren war Bally dort zu Hause, deswegen heißt das Haus auch Bally-Haus, und auf den 1968 vom Zürcher Grafiker Gérard Miedinger gestalteten Kugeln standen die fünf Lettern B und A, zweimal L und einmal Y. Das Haus steht unter Denkmalschutz, wie auch die Schrift. Nun ja, eben, dann zog Bally aus und Zara ein, und Sie wollten nicht in einem Haus hausen, welches den Namen einer fremden Firma trägt, ganz so wie eine neue Flamme von ihrem Typen verlangt, er solle den tätowierten Namen der verflossenen Schabe auf seiner Brust weglasern lassen.

Also hat man die Originale demontiert und lässt sie irgendwo verrotten, und stattdessen hängen nun Kopien dort mit LED-Anzeigen, und statt BALLY las ich: ACQUA. Ich war recht in Gedanken, was das Wort in diesem Kontext bedeuten mochte, als eine Freundin des Weges kam. An meinen Händen hingen Zara-Tüten mit Kinderkleidern darin, die ich eben gekauft hatte, und sie schimpfte sogleich mit mir, denn sie ist sehr streng, kam mit vielen Beispielen, dass mir Sturm im Kopf wurde: Zwangsarbeitsvorwürfe gegen Zara in Brasilien, Kinderjacken mit hormonell wirksamen, krebserregenden Chemikalien, Steuertricksereien dank Tochterfirmen in der Schweiz und Holland.

Von nichts kommt nichts, das ist schon klar. Aber, lieber Señor Ortega, stimmt das? Es ist ja schon erstaunlich, was Sie da geschafft haben: vom mittellosen Laufburschen zum zweitreichsten Menschen der Welt zu werden, und zwar mit nichts anderem als dem Verkauf von Billigkleidern. Natürlich stellt sich einem auch die Frage, wie das funktioniert. Einerseits Hosen für 20 Franken. Andererseits Ihr Vermögen von geschätzten 70 Milliarden. Unser Geiz und Ihr Reichtum − ist es womöglich so, dass die Arbeiterinnen und Arbeiter in den Fabriken die Party bezahlen? Dies auf jeden Fall ist das, was meine Freundin behauptete − und die Tüten in meinen Händen wurden schwer, als sei darin die Schuld der Welt.

SCHAM hat ja auch fünf Buchstaben, aber SCHAM werden wir nicht lesen, dort, an der Bahnhofstrasse, sondern bloß Wohlfühlworte, obwohl es durchaus angebracht wäre, dass wir uns schämen: ein Haus und ein Andenken so zu schänden. Zum Denkmalschutz sagt man gerne Ja − außer, es kommt der reiche Mann aus Kastilien: ziemlich bally-balla.

Meine Freundin ging ihres Weges, und noch eine Weile stand ich dort und dachte darüber nach, was sie gesagt hatte und was ACQUA mir sagen wollte. Auch Ihre Angestellte im Untergeschoss wusste es nicht, sie hatte bloß gesagt: »Die Schrift, äh, äh, keine Ahnung, ist irgendwie Kunst oder so?« Tags darauf stand dann dort: FAMOS. Irgendwie Kunst oder so, das ist es wohl auch, wie man zum reichsten Menschen Europas wird. Ziemlich famos auf jeden Fall. Und da fällt mir auch noch ein Wort ein mit fünf Buchstaben: KUGEL. Die könnte ich mir echt geben, wenn ich noch länger über alles nachdenke.

Apropos nachdenken: Was hat sich eigentlich die Fachstelle Reklamebewilligungen dabei gedacht, diese LED-Schrift zu genehmigen? Die Worte sind so verwirrend, dass es nicht mehr lange dauern kann, bis ein Autofahrer vor lauter Rumstudieren über den tieferen Sinn eines solchen Wortes nicht um die Kurve fährt, sondern geradeaus in den Herkulesbrunnen oder den herzigen Weihnachtsstand mit den bunten Socken und Finken rast. Wollen wir das?

Saludos, Max

Song zum Thema: *Money* in der Version von Barrett Strong (1959) oder von The Flying Lizards (1979).

Ein großer Träumer war ich nie

4. Dezember 2010

Ein Mann aus Kentucky namens Harvey Westmoreland, ein Mann mit einem Bart wie der Weihnachtsmann und einer Statur wie dessen Sack, kam in Streit mit zwei anderen Männern. Es ging um den Verkauf eines roten Aufsitzrasenmähers. Man war sich des Preises wegen uneinig. Die anderen Männer waren wohl schon etwas angetrunken, auf jeden Fall eskalierte der Streit, und die beiden bedrohten ihn erst mit Worten, dann mit Messern, dann mit einer Pistole. Sie schnitten ihm den Bart ab. Anschließend zwangen sie Harvey Westmoreland, seinen eigenen Bart aufzuessen. So hat er es der Polizei erzählt. Die beiden Übeltäter kamen vor Gericht und wurden verurteilt.

Als ich die Meldung in der Zeitung las, war es schon recht spät am Abend. Draußen war es dunkel wie tief in der Mammut-Höhle von Zentral-Kentucky (mit 590 Kilometern die längste Höhle der Welt). Bald würde ich ins Bett gehen. Und dies mit einem Wissen, das ich zuvor nicht besaß: dass mich jemand zwingen könnte, meinen eigenen Bart zu essen. Das waren gute Voraussetzungen für einen schlechten Traum der besten Art.

Doch ein großer Träumer war ich nie. Vor allem nicht nachts: Dann schlafe ich. Am Morgen wache ich auf, an einen Traum erinnere ich mich nie. Es gibt nur einen Traum, der mir in Erinnerung blieb, aus meiner Kindheit. Ich träumte, ich hätte meine Zähne voller Löcher, und jemand stopfte zu Klumpen zerknüllte Aluminiumfolie hinein. Es war ein langer Traum.

Da ich kein großer Träumer bin, bedeutet mir auch die Traumdeutung nichts. Ich halte es mit dem Schlafforscher Allan Hobson, der nichts von Symbolik und Interpretation hält, sondern die Träumerei als eine Art Wahnsinn betrachtet, ein elektronisches Gebrutzel der Nerven in der Nacht; so bedeutungsvoll wie unadressierte Werbung im Briefkasten.

Am nächsten Morgen jedoch wachte ich auf mit einem Gefühl von größtem Glück. Als sei ich durch ein Tauchbad der Seligkeit gezogen worden. Im Badezimmerspiegel sah ich mir selbst grinsend entgegen.

Es gab keine andere Erklärung, als dass ich geträumt haben musste; und zwar etwas extrem Schönes. Ich dachte nach, doch es fiel mir nichts ein. Also beauftragte ich meinen inneren Inspektor Columbo, dem Grund des langsam schwindenden Gefühls des Glückes auf die Spur zu kommen. Während ich beim Frühstück

saß und das Koffein in mir komplexe Dinge in Gang
brachte, kam der Traum tatsächlich wieder zum Vorschein, wurde aus dem Meer des Vergessens angespült.
Er ging so: Ich wühlte in meiner Tasche nach Hand-
schuhen. Mir war kalt. Ich war in einem Wald. Origi-
nellerweise war Winter. Doch anstatt der Handschuhe
fand ich zwei zerknüllte Zweihunderternoten. Ich zog
sie heraus, strich sie glatt, ein Grinsen kam über mich,
und trunken vor Glück wachte ich auf.

Natürlich war ich enttäuscht von mir: zwei Zweihunderternoten, und ich war glücklich. Hätte ich je Zweifel an der Bedeutungslosigkeit von Träumen gehabt, sie
wären nun zerstreut wie eine in zweihundert Stücke
zerrissene Losniete an der Turnerabend-Tombola in
Tenniken, Baselland.

Dann aß ich meine Vollkornfrühstücksflocken. Weil
keine Milch mehr da war, schmeckten sie recht trocken.
So wie der Bart von Harvey Westmoreland, dem Mann
aus Kentucky, wahrscheinlich.

Rybczyn'ski, Knappskog und kinderbedingter Alkoholismus

8. Dezember 2012

Freunde, Bekannte, Wildfremde sagen: »Schreib doch mal über …« Und dann folgt eine Idee, ein Wunsch, eine Anregung, worüber man schreiben könnte, worüber sie schreiben würden, oder – auch mal als Befehl formuliert – worüber geschrieben werden muss.

Ein Wildfremder beispielsweise sagte kürzlich auf dem Markt, als ich gerade einen Bund Mangold in den Händen hielt: »Sie sind doch der, der immer dieses Zeugs schreibt, oder? Schreiben Sie mal was Gescheites. Die Nichte des Bruders meiner Mutter strickt herzige Wollpullover für Hunde, die sie online verkauft, mit dem Erlös möchte sie einen alten Alfa Romeo restaurieren und dann damit in den Jemen fahren. Darüber sollten Sie schreiben!«

»Schreiben Sie darüber, dass die Menschen mehr rohe Zwiebeln essen sollten, sie desinfizieren den Magen.«

»Schriben Sie dock mal was ühber Rihanna.«

Ein Bekannter sagte: »Dieser Fernsehwerbespot für das Digitalradio, in dem Menschen von einem Raum zum anderen gehen und in der Türe Persönlichkeit und Geschlecht wechseln, der treibt mich in den Wahnsinn. Vor allem die tanzende Frau, am Ende, mit ihren X-Beinen, bevor die Kamera wegzoomt und all die Räume zu einem großen Schweizerkreuz werden, das von diesen prototypischen Trotteln bewohnt wird. Diese irrenhausgute Laune, die macht mich rasend. Darüber solltest du mal schreiben! Außerdem ist die Idee geklaut von Zbigniew Rybczyn'skis Videoclip zu John Lennons *Imagine*. Schreib doch mal was über Rybczyn'ski.«

»Schreib über die Überlegenheit des Charmes des Bündner Mannes insbesondere in außerkantonal urbanen Gebieten und den Zusammenhang mit dem Schlafen auf Rosshaarmatratzen.«

»Schreib mal was über Bjørn Halvard Knappskog, den Monopoly-Weltmeister von 2009.«

Ein Freund sagte: »Schreib doch mal über den Zusammenhang von kleinen Kindern und Spätnachmittag/Frühabend-Alkoholismus.«

Normalerweise schaltet mein System bei Ideen von außen innert Millisekunden auf den Göschenen-Airolo-Modus, doch in letzterem Fall legte die Anregung in meinem Kopf einen Zwischenhalt ein, kletterte einen dunklen Gang hoch in mein Gehirn und schlug dort einen Gong.

Mein Freund fing an zu erzählen. »Meine Frau und ich, wir sind ja so moderne Menschen, die sich alles teilen. Wir haben ein gemeinsames Postkonto, wir teilen uns die Arbeit im Haushalt und auch die Kinderbetreuung. Nun ist es so, dass ich die Tage sehr, sehr streng finde. Manchmal denke ich: Hey, das hat mir niemand gesagt, dass es so extrem werden würde, ich habe das Kleingedruckte nicht gelesen. Aber natürlich darf man sich nicht beklagen, denn Kinder zu haben, ist das Allerschönste auf der Welt, und ich bin ja auch nicht der Erste, der eine Familie gründete. Aber ich merke, wie ich an normalen Wochentagen dem frühen Abend entgegenfiebere. Ab 17 Uhr verspüre ich ein wohliges Gefühl, weil ich weiß, dass es bald Apéro gibt. Die Kinder setze ich dann vor den Fernseher, ›Kika‹, und mit meiner Frau — so sie da ist — hocke ich in der Küche, mache den Kühlschrank auf, und ich sage dir: dieses erlösende Geräusch des Knacksens des Blechdeckels. Als würde man der Bestie Alltag das Genick umdrehen. Bin ja auf Blechdeckelwein umgestiegen. Grüner Veltliner. 13 Franken. Saugut. Im Sommer lege ich ihn gerne noch zehn Minuten in den Tiefkühler, das gibt den zusätzlichen Kick. Mit dem ersten Schluck setzt so etwas wie flüssige Erlösung ein, eine Entspannung. Langsam erkenne ich ein Abhängigkeitsmuster, ich denke, meine Kinder treiben mich in diesen Apéro-Alkoholismus.«

Ich hörte meinem Freund zu, nickte verständnisvoll,

sagte dann und wann »hmm« oder »verstehe«. Dann schaute ich auf die Uhr. Es war etwas nach 16 Uhr. »Etwas früh, oder?«, sagte mein Freund. »Ja«, sagte ich, »etwas früh.«

Und ich dachte: Das könnte durchaus etwas sein, worüber zu schreiben sich lohnt. Denn, so ahnte ich, so wie meinem Freund könnte es noch dem einen oder der anderen ergehen, irgendwie.

10. Dezember 2016

Liebe Vanessa Eisenhower

Heute Morgen, die Augenlider waren noch schwer
wie Guillotinenklingen, da dachte ich, ich schaue
mal wieder bei Facebook vorbei, bevor ich mich um die
wirklich wichtigen Dinge des Tages kümmere (Scrabble! Scrabble! Scrabble!). Nur ganz schnell wollte ich
vorbeischauen, denn ich wusste, sonst wäre ich bald verloren und gefangen in dem zähen Strudel der kleineren
Anliegen und größeren Probleme meiner elektronisch
aktiven Mitmenschen, die wissen wollen, welches die
beste Bürokaffeemaschine sei, ob jemand Erfahrungen
mit einem fair produzierten Mobiltelefon habe, die allen erzählen, sie seien angekränkelt von einer Magen-
Darm-Grippe oder noch immer angeekelt von diesem
Donald Trump. Ja, manche jammern, weil sie die Fratze
von Donald Trump nicht mehr sehen können. Aber das
war gestern. Heute sind jene da, die sich über die aufregen, die sich über Trump aufregen. Und morgen kommen die, die sich über die aufregen, die sich über die

aufregen, die sich aufregen. Und ich denke, ich könnte vielleicht einer der Ersten auf Facebook sein, die sich über die aufregen, die sich über die aufregen, die sich über die aufregen, die sich aufregen.

Facebook ist wie der sandige Todestrichter eines Ameisenlöwen. Kennen Sie den Ameisenlöwen? Nicht gerade herzig oder süß, jedoch ein faszinierendes Tier, das seine kräftigen Kieferzangen bis 180 Grad nach hinten biegen kann – dazu vielleicht später mehr. Also, ich schaue bei Facebook vorbei (meine junge Nichte nennt es ja mit einem Augenbrauenheben »das Altenheim der digitalen Welt«, gefolgt von einem Gähnen à la Dimitri). Da sehe ich in meinem dortigen Briefkasten: Post! Eine Freundschaftsanfrage. Von Ihnen, Frau Eisenhower: Wow, was für ein Name, der hat das Gewicht eines Flugzeugträgers. Wer hätte nicht gern Freunde mit solchen Namen!

Normalerweise nehme ich jede Art von Freundschaft an, klick, ohne auch nur eine Sekunde zu studieren, klick, deshalb habe ich ja auch schon 2909 Freunde, klick, von denen ich nicht behaupten kann, klick, dass ich von allen den Aszendenten oder die Schuhnummer kenne. Es ist jedoch grundsätzlich gut, viele Freunde zu haben, zum Beispiel, wenn man mal in einen finanziellen Engpass geraten sollte – wenn mir jeder dieser Freunde nur 100 Franken borgt (und dazu sind Freunde ja da), dann habe ich im Nu 290900 Franken beisammen. Das ist ein rechter Batzen. (Andererseits: alle mal zum Bier einladen? Oje.) Wie dem auch sei, liebe Frau Eisenhower, ich dachte, Sie seien Amerikanerin, dann aber sehe ich: Sie wohnen in Lachen, dem Hauptort des Bezirks March im Kanton Schwyz. Ich mag Lachen, denn da hab ich mal vor KV-Absolventen einen Vortrag gehalten über meine Zeit als KV-Absolvent, außerdem ärgerte ich kürzlich meine Frau, als wir mit dem Auto an Lachen vorbeifuhren, auf der Autobahn, die dort nervige Kurven zieht, weil ich zu lachen begann. »Warum lachst du?«, fragte sie. Und ich sagte erst nichts, dann: »Es wurde mir befohlen, von einem grünen Schild mit weißer Schrift.« Ja. Lachen. Ein herrlicher Ort, auch wenn ich ihn nicht kenne.

Frau Eisenhower, Sie sind offenbar 24 Jahre alt und schreiben mir dies: »Hallo, ich 'm Vanessa, schön, Sie kennenzulernen! Kommen Sie und finden mich! Bereiten Sie alle Ihre Fantasien und Wünsche zu füllen! Ich bin einer, der nie genug, smart und heiß wie fuck!«

Das sind alles sehr sympathische Eigenschaften und Absichten, liebe Vanessa Eisenhower, aber ich denke, wir können trotzdem nicht Freunde werden. Gerne jedoch nehme ich Ihre Anfrage zum Anlass, Facebook wieder zu schließen und für eine Weile das sein zu lassen, was es ist, den Telefonhörer in die Hand zu nehmen und einen richtigen Freund anzurufen, um ihn zu treffen. Klumpen beispielsweise. Ohne »heiß wie fuck!«

zwar, dafür trotzdem nett. Ups, da sehe ich gerade, bei Facebook, in meinem Briefkasten: Eine Mary Orlando Koontz aus Riehen hat mir geschrieben. Sie möchte meine Freundin werden. Mal schauen. Klick!

Cheers, Max

PS: Song zum Thema: *Are »Friends« Electric?* von Tubeway Army, 1979.

Ultramafische Brocken

11. Dezember 2010

Magma ist kein Speiseeis im Lutscherformat, das dreihundert Kalorien auf hundert Kubikzentimetern konzentriert, sondern etwas noch Reichhaltigeres, nämlich die Füllung unserer Erde: flüssiges Gestein, tausend Grad heiß. Wenn es durch Vulkane an die Oberfläche schießt, fließt oder tröpfelt, dann nennt man es auch Lava. In meinem Freundeskreis gibt es keine Vulkane: Das Wissen über die Pickel der Erdkruste und das Vorgehen darin habe ich aus einem Buch mit packenden Farbbildern von vielen, vielen gewaltigen Eruptionen. In dem Buch steht auch, dass es vier Arten von Magma gibt. Die Unterscheidung betrifft den Anteil des Siliciumoxids. Das ist nun schon recht kompliziert, und ich möchte nicht weiter ins Detail gehen, bloß möchte ich noch erwähnen, dass es mafisches sowie ultramafisches Magma gibt. Ich erwähne dies, weil ich noch nie zuvor davon hörte, dass mafisch existiert: Ich habe die seltene Gelegenheit, als erster Mensch in der langen Geschichte dieses Magazins jenes Wort zu erwähnen, das so viel heißt wie »stark magnesium- und eisenhaltig«.

Wie ultramafische Brocken Magma bei einem heftigen Ausbruch eines wütenden Vulkans, so prasseln Nachrichten auf uns ein, tagtäglich, und es sind schlechte Nachrichten, die zu verkraften nicht immer ganz einfach sind. Sie kommen im Radio, im Fernsehen, sie stehen in den Zeitungen: Eine Frau wirft in England eine lebende Katze namens Lola in einen Mülleimer, wo diese einen ganzen Tag miauzen muss, bis man sie findet. Die Frau wurde von einer Überwachungskamera gefilmt, identifiziert, überführt und sagte dann: »Es ist ja bloß eine Katze.« Ein junger Bub namens Amin G. haut in Schüpfen, Kanton Bern, dem Wirt vom Löwen den Aschenbecher über den Kopf und sagt dann: »Mir tut das überhaupt nicht leid. Der Wirt erzählt Scheiße.« Im schwyzerischen Muotatal verschwindet spurlos ein Wasserfall. In Bern wird von Vandalen ein mobiler Pizza-Holzofen vollgesprayt.

Man könnte denken, die Welt ist nichts anderes als eine nie versiegende Quelle schlechter Neuigkeiten. Doch es geht auch anders.

Um präzise sechs Minuten nach sechs Uhr morgens brummte mein Handy wie ein dickes Insekt. Eine SMS-Nachricht. Ich schlief noch, aber ließ mich gerne wecken: Eine Nachricht so früh hat eine enorme Dringlichkeit und eine unausweichliche Attraktivität. Sie kam von meiner Bank, die gar keine Bank ist, sondern die Post. »Sie haben eine neue Gutschrift erhalten.« Moderne Kommunikationsmittel lassen es zu, dass man diesen Service beanspruchen kann: Sobald Geld auf mein Konto überwiesen wird, werde ich benachrichtigt. Man sagt, Geld schlafe nie. Nun, seit ich diesen Service der Post beanspruche, weiß ich, dass es zumindest sehr früh auf den Beinen ist. Manchmal erhalte ich die frohe Botschaft um neun nach sechs. Einmal um dreizehn nach sechs. Immer aber kommt sie, wenn ich noch schlafe. Warum dem so ist, das ist das Geheimnis der Post. Aber es gibt schlechtere Nachrichten, von denen man sich wecken lassen muss. Viel, viel schlechtere.

Und da ich schon mal wach bin, denke ich im Halbschlaf darüber nach, was ich mit dem Geld anstellen werde, das eben auf mein Konto floss. Komischerweise fällt mir immer etwas ein, immer. An jenem Morgen waren es ultramafische Muffins in einer nicht zu geringen Anzahl.

»Aaaahhhh« und »oooohhhh«
und »uuuuhhhh«

14. Dezember 2013

Das Telefon klingelte. Das Festnetz. Wobei Klingeln nicht das richtige Wort ist, denn bei den heutigen Telefonen klingelt ja nichts mehr, es scheppert eine elektronische Melodie aus einem kleinen Lautsprecher. Dass der Festnetz-Knebel also Musik von sich gibt, ist so selten, dass ich das Ding immer wieder betrachte, als betrachtete ich es zum ersten Mal, mit Verwunderung, Erstaunen. Und mit dem schnell erscheinenden Wissen, der Erfahrung, dass auf dem Festnetz nur noch die anrufen, die man weder kennt noch mit ihnen sprechen will: Leute, die sich Herr Schulze nennen, aber man hört, dass sie wohl aus Bangalore anrufen, die einem einen Schlüsselfundzentralen-Service anbieten, eine Meinungsumfrage machen zum Thema Medienkonsumverhalten, die Vorzüge von Weinen aus Griechenland preisen, oder es ist wieder mal einer von der Cablecom oder einer von der Zürich-Versicherung, der wegen der Krankenkasse anruft und einem auch noch frech kommt.

Aber es war Klumpen.

»Erfreut, deine Stimme zu hören, ich dachte schon ...« – »... Ich weiß, dass jemand von der Cablecom anruft und so tut, als ginge morgen die Welt unter, wenn er dir nicht die Box für Digitalfernsehen ins Haus schicken darf.« – »Genau.« – »Nun, ich hab die ultimative Lösung für solche Anrufe gefunden. Es nützt ja nichts, mit denen zu reden. Argumente helfen da nicht. Ich stöhne nur noch ins Telefon. Ich ächze. Ich mache ›aaaahhhh‹ und ›oooohhhh‹ und ›uuuuhhhh‹, konsequent, und zwar so lange, bis die von sich aus auflegen. Das ist die beste Möglichkeit, solche Telefonate mit nachhaltiger Wirkung zu beenden.« – »Aber du könntest doch einfach auflegen.« – »Ja, aber es ist weitaus befriedigender, wenn du SIE dazu bringst, aufzulegen. Ich rufe dich aber aus einem anderen Grund an.« – »Schieß los.« – »Ich habe ein Problem. Und zwar kam das so: Ich ging im Büro auf die Toilette, das kann ja vorkommen. Viele Menschen auf dieser Welt müssen auf die Toilette, damit bin ich nicht alleine. Ich war ganz in Gedanken versunken, hirnte gerade an etwas herum, man kann auf Toiletten ja sehr gut nachdenken. Ich denke, das hat auch damit zu tun, dass die Toilette einer der wenigen Orte ist, an denen man zögert, an seinem Handy rumzufummeln. Nun ja, wie dem auch sei, als ich getan hatte, was ich hatte tun müssen, wusch ich mir die Hände, das Wasser rauschte, ich pumpte den quietschenden Seifenspender leer, trocknete die Hände ab und wollte eben zur Tür wieder hinaus, da passierten zwei Dinge gleichzeitig. Einerseits kam mein Chef herein. Ich nickte ihm zu. Er nickte zurück. Dann verschwand er in der Toilettenkabine. Gleichzeitig fiel mir ein, dass ich vergessen hatte zu spülen.« – »Oje.« – »Genau: Oje. Was tun? Ich konnte ja schlecht zurück und klopfen und sagen: ›Entschuldigung, Chef, ich habe vergessen zu spülen. Es gab gestern übrigens Szegediner Gulasch, mit Sauerkraut, und dazu Főzelék. Ein tolles Rezept von Freunden mit tief in den Osten reichenden Wurzeln.‹« – »Und was hast du getan?« – »Ich ging zurück an meinen Arbeitsplatz und tat, was man dann so tut: sich kurz räuspern und so tun, als wäre nichts gewesen.« – »Und was geschah dann?« – »Nichts. Außer dass mein Chef mir seither nie mehr die Hand gegeben hat.« – »Das kann Zufall sein.« – »Ich habe deswegen schon ziemlich schlechte Träume. Was soll ich tun?« – »Gute Frage.« – »Hast du mir einen Rat?« – »Lass mich nachdenken …« Ich dachte nach, nach einer Weile fragte Klumpen: »Und?« – »Tja, tut mir leid, es fällt mir nichts ein, was es da noch zu tun gäbe. Am besten wechselst du den Beruf, vielleicht auch die Stadt, das Land.« – »Ich glaub, ich sollte die Erinnerung an das Geschehene einfach spülen.« »Gute Idee«, pflichtete ich

ihm bei. »Der Mensch hat die Fähigkeit, Dinge vergessen zu können. Nutze diese Kraft. Und hoffe, dass auch
dein Chef sie nutzt.«

In der Wohnung, in der einst Max Frischs Beziehung zu Ingeborg Bachmann in die Brüche ging

19. Dezember 2009

Es gibt im Journalismus kaum mehr Prinzipien, außer ein paar persönlichen, die man pflegt wie ein sonderbares Hobby oder eine Marotte. Ein solches Prinzip ist, dass ich nicht über meinen Sohn schreibe. Er ist ein wunderbarer Bub, eben vier Jahre alt geworden, und er soll nicht darunter leiden, dass er einen Vater hat, der ein Ich-Journalist ist, dem nichts einfällt und der deshalb seine Kinder missbraucht, damit er Stoff hat für seine Texte.

»Du hast einen langweiligen Beruf«, sagte mein Sohn, als wir mit dem Auto in eine dunkle Winternacht fuhren, um in einer Gemeinde am Zürichsee Freunde zu besuchen, die in der Wohnung leben, in der einst Max Frischs Beziehung zu Ingeborg Bachmann in die Brüche ging. Die Scheibenwischblätter quietschten, und mein Sohn zerkaute kleine bunte Zuckereier und sagte, als sich seine spitzen Zähne in den süßen Mantel der Eierchen gruben, es klinge ganz so, als gehe er im Sand. »Es krost.« Ich sagte ihm, da habe er ganz recht, mit beidem. Er sagte, ich solle einen neuen Beruf lernen, einen spannenderen. »Was denn?«, fragte ich ihn. »Polizist«, sagte er. Ich fuhr beinahe in den Graben, der kein Graben war, sondern eine Hausmauer. Morgen gleich solle ich die Polizeischule anrufen und fragen, ob ich Polizist werden könne.

Meine Frau wollte einst Polizistin werden. Konkret: Kripo. Das hatte sie mir einst gestanden während eines querschlägerreichen, sonntagabendlichen *Tatort*-Schusswechsels, verbunden mit meinem hochheiligen Versprechen, niemandem je davon zu erzählen. »Versprochen«, sagte ich. Und niemals habe ich jemandem davon ein Sterbenswörtchen erzählt. Ich selbst trug mich bisher nie mit diesem Gedanken, auch da mein Leumund einen schlechten Atem hat, weil ich einst ein WM-Fußballspiel im Fernsehen dem Zivilschutz vorzog, was hier mit Gefängnis bestraft wird, wenn auch nur bedingt. Zu meinem Sohn sagte ich: »Soso, Polizist. Aber als Journalist kann ich eine Geschichte über dich schreiben, zum Beispiel als du beim Linard-Bardill-Konzert im Tierpark Langenberg die Ohren zugehalten und gerufen hast: ›Ich will gehen‹, und ich rief: ›Ist es zu laut?‹, und du: ›Nein. Zu blöd.‹«

»Sicher nicht!«, sagte mein Sohn scharf. »Doch«, sagte

ich, »die Leute lieben es, Geschichten über Kinder zu lesen, vor allem zur Weihnachtszeit.« Mein Sohn schüttelte den Kopf. »Sicher nicht. Sonst hau ich dir eins auf den Kopf.«

Als ich in der Wohnung stand, in der sich Max Frisch und Ingeborg Bachmann gegenseitig auf die Nerven gingen (vor allem sie ihm mit ihrer ungehobelten Art, laut auf die Schreibmaschine einzudreschen), sah ich aus dem Fenster und auf den See, den ich nicht sah, sondern bloß die Dunkelheit, schwarze Tinte, und weit weg das andere Ufer des Sees, welches wie ein breit getretener Christbaum elektrisch funkelte. Hier also hatte Max Frisch gestanden, seine Pfeife gestopft, und ich fragte mich, ob er sich je gefragt hatte, ob er Polizist werden wollte. Ingeborg Bachmann wird ihn das kaum je gefragt haben. Polizist. Warum nicht? Ich sagte es leise vor mich hin, hörte, wie es klang: »Kommissar Küng, Sie sind festgenommen. Keine Mätzchen.« Und ich sah mich schon in der schicken Uniform in einem Streifenwagen sitzen, darauf wartend, dass einer käme und etwas Falsches mache. Und der, der käme dann an die Kasse!

Die Löcher zwischen den Dingen

18. Dezember 2010

Dinge geschehen. Dinge vergehen. Sie nehmen ihren Lauf. Sie hören wieder auf. Es war vor einem Jahr, als ein Winter zu Ende ging, der einer der jämmerlichsten seiner Gattung war, in der Erinnerung noch grauer, als er tatsächlich wohl gewesen ist, denn die Erinnerung ist eine machtige Verklärungsmaschine. Ich hatte damals die grandiose Idee, einen großen Artikel zu schreiben über den Schnee, den ich so vermisste. Eine regelrechte Ode an die Flocken sollte mein großer Schnee-Artikel werden.

Ich wollte gleich mit dem Schreiben beginnen, doch es kam etwas dazwischen. Es war wohl die Faulheit. Also beschloss ich, statt zu schreiben, spazieren zu gehen durch den pfützenreichen Matsch des endenden Winters. Am nächsten Tag würde ich mit der Arbeit beginnen. Am nächsten Tag kam mir wieder etwas dazwischen: Ich ging nachmittags ins Kino, vormittags hatte ich im Plattenladen zu tun. Und dann war die Woche schon fast vorbei. Ich nahm mir nun wirklich vor, gleich am nächsten Morgen mit der Arbeit zu beginnen, stellte sogar den Wecker scharf auf sieben. Doch just an jenem Abend kam der Winter zurück. Und wie! Es fing an zu schneien, es schneite die ganze Nacht, und auch am nächsten Morgen fielen die Flocken betörend langsam vom Himmel (herunter), der kein Himmel war, sondern ein hypnotisches Gemälde.

Es musste sofort ein Schneemann gebaut werden. Doch der Schnee war noch zu trocken. Da stopfte ich die Karotte in die Jackentasche, stapfte in den Keller und kam mit meinem entflammten Tatendrang und einem Bobschlitten wieder herauf. Ein Zweiplätzer. Rot. Das Kind klatschte in die Hände, es klang dumpf, es trug gute Handschuhe und eine Roger-Staub-Mütze. Es war parat.

Das Kind setzte sich auf den Bob, und weil der Schnee nicht aufhörte zu fallen und die Räumungsfahrzeuge nicht nachkamen mit dem Räumen, kein Blinken von Warnlichtern, kein Rasseln von Schneeketten, nichts als eine Stadt, deren Lärm erstickt wurde auf sanfteste Art, saß der Bub die ganze Zeit in seinem Bob, bis man zur Bahn kam, die auf den Berg hochfuhr. Oben machten sich auch andere Väter mit ihren Kindern bereit für die große Abfahrt. Die mit den Schlitten aus Holz schauten unfreundlich. Denn die mit den Davoserschlitten ächten jene mit Plastikbobs. Die Bremsen der Bobs würden die

Piste zerstören, sagen sie. Das war dem Vater egal, dem Buben sowieso, und der Bob quittierte die Vorwürfe mit dem wohlig kratzenden Geräusch eines eisernen Bremshebels auf hartem Grund.

Der Bob fuhr schnell und schneller, und als die Kurve kam, glitt er glatt durch sie hindurch, die nächste nahm er nicht minder elegant. »Die Löcher zwischen den Bäumen«, rief der Bub, »die machen mir Angst.« – »Du musst keine Angst haben. Es wird nichts passieren. Ich verspreche es dir.« Der Bub nickte und hielt das Steuer fest im Griff. Von den Baumstämmen war nichts zu sehen, nur weiße Silhouetten.

Es gibt diese Kurzgeschichte von Dürrenmatt: Eine Eisenbahn fährt in einen Tunnel, der recht kurz sein sollte, aber einfach nicht mehr aufhören will. Ich wünschte, sie wäre wahr, und der Tunnel wäre dieser Wald, durch den wir glitten. Die Fahrt dürfte niemals zu einem Ende kommen. Niemals; niemals; niemals. So wie andere Dinge, von denen man sich wünscht, sie würden niemals enden und es dann trotzdem tun: aufhören. Einfach so.

Mein Dank gilt (nebst vielen anderen Menschen) all jenen, welche sich in den letzten Jahren um meine Texte gekümmert haben: als Ideengeber, als Produzenten, Lektoren, Korrektoren. Insbesondere danke ich dem *Magazin*-Chefredaktor Finn Canonica sowie seinen Mitstreitern Michael Bader, Sven Behrisch, Isolde Durchholz, Mikael Krogerus, Anuschka Roshani, Bruno Ziauddin und, und, und: Danke!